日本の歳時伝承

小川直之

角川文庫
20905

日本の歳時伝承

目次

まえがき

ほうっとする程長い白浜の先は、また目も届かぬ海が揺れてゐる。其波の青色の末が、自《オノ》づと伸し上る様になつて、頭の上まで拡がつてゐる空だ。其が又、ふり顧《カヘ》ると、地平をくぎる山の外線の、立ち塞つてゐる処まで続いてゐる。四顧俯仰して目に入るものは、此だけである。日が照る程風の吹くほど、寂しい天地であつた。さうした無聊な目を睜《ミハ》らせる物は、忘れた時分にひよつくりと、波と空との間から生れて来る—誇張なしに—鳥と紛れさうな刳《ク》り舟の姿である。

という文章で始まる折口信夫《おりくちしのぶ》の「若水の話」（昭和二年〈一九二七〉草稿）は、大正十年（一九二一）と大正十二年（一九二三）の、いずれも夏の沖縄民俗採訪の後で執筆したものである。大正十年は沖縄本島とその周辺、十二年は本島から宮古島《みやこじま》を経て石垣島《いしがきじま》へ渡っている。この二度の沖縄と八重山《やえやま》での民俗採訪は、その後の折口学の形成に大きな影響を与えている。その影響は、二度の沖縄行きがなければ折口学は成立しなかったと言えるほどである。

折口にとっての沖縄は、それ程までに大きな意味をもつのであり、その一つを教えてくれるのがこの「若水の話」冒頭の文章である。折口は沖縄の風景や人々の暮らしぶり、言語や儀礼、芸能などの伝承の中から、ヤマトの古代を実感しようとしているのであり、この文章はそのことをよく示している。折口はこれに続けて「我々の血の本筋になつた先祖は、多分かうした島の生活を経て来たものと思はれる」といい、沖縄の浜辺で得た心象から一気に日本列島の古代へと思いを馳《は》せるのである。

それはどのような「島の生活」かといえば、「村には歴史がなかつた。過去を考へぬ人たちが、来年・再来年を予測した筈はない。先祖の村々で、予め考へる事の出来る時間があるとしたら、作事《サクジ》はじめの初春から穫《ト》り納《イ》れに到る一年の間であつた」という生活である。

「村には歴史がなかつた」とは衝撃的な表現だが、要は人間がもった原初の時間意識は、循環的な意識であり、それは作付けから収穫までを一年とするサイクルであったという。それが後に去年と今年を区別し、対立させて考えるようになり、過去を振り返ることで村落生活に歴史観が現れ始め、また一方では、一年の中に二つの年の型を入れて中元の時期を境に二つに区分するようになったと説いている。

歴史意識の発生は、古代語の「こそ（こぞ）」や「をと」の意味から導き出しているが、循環的時間観念のサイクルである農作による一年は、おそらく『魏志倭人伝《ぎしわじんでん》』の裴松之《はいしょうし》の注にある「魏略に曰く、其の俗正歳四時を知らず、但ミ春耕秋収を記して年紀と為すのみ」（和田清・石原道博編訳『魏志倭人伝・後漢書倭伝・宋書倭国伝・隋書倭国伝』岩波文庫）が発想のもとになっていると思われる。

このことはともかく、注目すべきは昭和二年の時点で折口は、本書で扱っている歳時伝承は一年という時間の循環の中で成り立っていることと、日本の歳時伝承は、中元の時期を境に一年が二分される両分制という構造的特質があるのを見抜いていることである。一年両分制については、具体例として六月と十二月の晦日《みそか》の大祓《おおはらえ》をあげ、また「遠い海の彼方なる常世の国に鎮る村の元祖以来の霊の、村へ戻って来るのが、年の改まる春のしるしであった」のが、後に七月の盂蘭盆《うらぼん》にも先祖の御霊《みたま》を迎えてまつるようになったと説いている。

折口は昭和五年（一九三〇）と七年（一九三二）に発表した「年中行事─民間行事伝承の研究─」（『折口信夫全集』17所収）では、「日本の年中行事に、通じて見られる根本の論理は、繰り返しと言ふ事であつて、民間の行事・風習には、何事によらず、繰り返す事が多い。春やつた事を、夏・秋といふ風に繰り返して行ふのである」とも指摘している。これが折口の説く日本の歳時伝承である年中行事がもつ構造的特質のもう一つである。折口の民間伝承研究は、伝承文化の形成や変遷、また伝承の構造を通時的に捉《とら》えようとしているのが特色といえる。折口が右にいう「繰り返し」という根本論理は、本書の「雛《ひな》人形と桃の節供」をはじめとする節供を扱った項を読んで頂ければわかるように、日本の歳時伝承にはたしかに存在し、それは「祓え」であることに特色がある。

日本の民間の歳時伝承に関する研究は折口信夫だけではなく、柳田國男《やなぎたくにお》にも『年中行事覚書』や『新たなる太陽』など、年中行事の全体を網羅する研究がある。柳田の研究は、全国から具体例を集めて比較することで地域的な異同を明らかにすること、その行事がもつ本来的な意味の解明と歴史的な変遷を見ようとしている。

ここでは柳田國男の研究を詳しく見ていくことは行わないが、歳時伝承の研究はまずもって折口や柳田の研究が基準となることはまちがいない。それは伝承文化学といえる研究で、本書もそうした折口や柳田の視点や方法に依拠しながら、日本の歳時伝承から四十項目を取り上げ、それぞれの行事内容などについて検討を加える。

本書では、まずは文化年間（一八〇四〜一八一八）に屋代弘賢《やしろひろかた》らが各地に発した

「諸国風俗問状」の答えや、斎藤月岑が江戸の年中行事を著した天保九年（一八三八）刊の『東都歳事記』など、江戸時代後期の資料を利用して十九世紀前半の様相を明らかにしている。ここからさらに過去に遡《さかのぼ》ったり、逆に現在の行事内容との対比を行ったりすることで、歳時伝承の内容の変遷を明らかにするようにした。こうした手法をとることで、従来の民俗学が説く歳時伝承の歴史や意味の説明を超えることができたのではないかと思っている。また一方では、日本各地の具体例をあげながらその異同についても触れ、地域的な特色を示すようにした。これらに加え、折口信夫が示したような歳時伝承の構造的な特質についても本文中で具体的な説明を行っている。

これらが本書のねらいであるが、取り上げた四十項目のそれぞれから右の点を読み取って頂けたら幸いである。

なお巻末には、日本の歳時伝承、年中行事に関する主だった研究を参考文献としてあげた。本書は「あとがき」に記すように月刊誌の『NHK俳句』に三年にわたって連載した記事をもとにしている。記事の性格上、各回での参考文献はいくつかを記事の中であげるに留《とど》めたので、一冊にまとめるにあたってはこれ以外の参考文献を巻末に付けた次第である。

歳暮と年の市【せいぼとしのいち】

「師走」という名

十二月の呼び方には、師走《しわす》だけでなく極月《ごくげつ》や果月《はてづき》、除月《じょげつ》、忙月《ぼうげつ》などがある。雪見月という雅名もある。さまざまな呼称があるが、「シハス」という言葉自体は「十二月」の読みとして『日本書紀』や『万葉集』に見られ、平安時代末の国語辞典である『色《いろ》葉字類抄《はじるいしょう》』では「シハス」に「臈月」を宛《あ》てている、この「シハス」の意味については、『色葉字類抄』は「俗云師馳」と説明し、平安時代後期の『奥義抄《おうぎしょう》』や鎌倉時代の語原辞典である『名語記《みょうごき》』でも、同じく師が東西を馳《は》せ走る月で「師馳せ」の意味だという。実際に京都東寺《とうじ》の康正《こうしょう》二年（一四五六）の百合文書《ひゃくごうもんじょ》には「師馳下旬時分」と書かれている。「師馳せ」の「師」は師《し》僧《そう》のことであり、現在一般的な「師走」の表記は江戸時代以降のようである。

ところが「シハセ」の語原説はこのほかにもあって、四季が果てる意味の「四極

（シハツ）」だとか、農事が終わって収穫した穀物をシネハツル月がシハスになった、年末のありさまをいう「セハシ」の語がもとである、などがある。最後の「セハシ」説は契沖《けいちゅう》による『万葉集』の注釈書である『万葉代匠記《まんようだいしょうき》』（一六九〇年完成）の説である。

このように十二月をいう「シハス」の語原に関する諸説を見ていくと、これは言葉が先で後に文字が宛てられたようで、「師馳せ」が語原だとしても何故年末月に師僧が馳せるのかはわからない。寺院は経典解釈の学問所でもあったことを思えば、教師が走ることで間違いない。しかし年末である理由は不明である。言葉は文化とともにあるので、真の語原理解は簡単ではなく、年末に師僧が走るのは素直に考えれば法要のためとなる。それには後でも触れる『徒然草《つれづれぐさ》』の大晦日《おおみそか》にある魂祭《たままつ》りもあったのかもしれないが、意味が解明ができるかどうか、現時点では確かなことはいえない。

歳暮

師走の語原はともかくとして、この月には正月を迎えるための準備がいくつもある。日々隅々まで掃除しておけば必要ないが、そうはいかないから大掃除をしなければならないし、新しい年の弥栄《いやさか》を願うためには門松やしめ飾り、正月餅《もち》など揃《そろ》えなければならない品々がある。こうした師走の歳事のひとつが「歳暮《せいぼ》」で、親やお世話になった方々へ進物をする。

「歳暮」は、文献記録によれば室町時代は「歳暮礼」とか「歳末礼」といい、将軍家に年末の御礼を行い、その時に特別の品を贈ることが見えている。当時の幕府のしきたりを記した故実書である『年中定例記《ねんじゅうじょうれいき》』には、「歳暮の御礼」は十二月二十日からが恒例で、初めは僧侶《そうりょ》である上人《しょうにん》が対面に訪れ、次いで公家《くげ》が対面し、家臣たちの御礼は晦日になっている。公家は薬である「外郎《ういろう》」を進上したり、芸能である「田楽《でんがく》」をお目にかけたりし、家臣たちは僧による祈禱《きとう》の目録あるいは祈禱札である「巻数《かんじゅ》」や『源氏物語』などの絵を描いた扇、染め革、馬具である鼻革、元日用の御服などを進上している。

室町時代は、八月一日である「八朔《はっさく》」を「憑《たの》みの節供《せっく》」といって、上司への贈答儀礼が盛んに行われるようになった時代なので、『年中定例記』からは年末の歳暮礼も形式が整えられているのがわかる。武家に対して庶民の歳暮については記録が少ないが、延宝《えんぽう》四年（一六七六）の序をもつ江戸時代前期の京都の年中行事を記した黒川道《くろかわどう》祐《ゆう》編の『日次紀事《ひなみきじ》』には、身分にかかわりなく大晦日に「歳暮礼」を行っているのが見える。具体的には「金銀衣服酒肴《しゅこう》」を相互に贈答しあい、また親戚《しんせき》の間では鏡餅を贈りあうとある。やはり江戸時代前期である貞享《じょうきょう》五年（一六八八）の貝原益軒《かいばらえきけん》の『日本歳時記』には、十二月下旬には親戚に贈り物をして「歳暮を賀す」が、加えて一人住まいや困窮の者には自分の力に応じて財物を贈り、あるいは恩徳ある人やかかりつけの医師などにも分《ぶん》に応じて物を贈るべきだとある。江戸の年中行事を記した天保《てんぽう》九年（一八三八）の『東都歳事記《とうとさいじき》』では、「歳暮賀」として十二月下旬には知音《ちいん》・親戚に「歳暮」として餅や乾魚《ほしうお》などを贈り、その年に生まれた子どもには破魔弓《はまゆみ》、羽子板《はごいた》を贈るとしている。

室町将軍家の場合はともかく、江戸時代の市井の様子を見ていくと、まず歳暮は「歳暮礼」とか「歳暮賀」であり、御礼だけではなくお祝いの意味もあった。贈り物も『日次紀事』からは「金銀」が早くに使われているのがわかる。『東都歳事記』の餅、乾魚、破魔弓、羽子板は正月のための品々といえる。『日本歳時記』に見る贈り物への考え方は益軒の意見で、歳暮に公徳性を持たせようという気持ちが表れている。

歳暮の原義

右にあげた文献記録では歳暮の意味が十分につかみきれないが、民間に伝えられた年末の贈り物を見ていくと、嫁《か》した者が親元に鏡餅を届けるというのが各地にある。

また、本・分家の家々の間で餅を贈りあったり、岐阜県揖斐郡や鹿児島県曾於郡などでは、大晦日か元旦《がんたん》に本家や親元に飯や煮染《にし》め、なますなどのご馳走《ちそう》を据えたお膳《ぜん》を届けたりしたと伝えている。福岡県では、「嫁子鰤《よめごぶり》」と呼んで嫁した娘が親元に鰤を贈ることをならわしにしたところがある。長野県の松本《まつもと》周辺や安曇野《あずみの》では、その年に葬式のあった家にはアラミタマといって、大晦日に進物を持って見舞いに行ったという伝承がある。

このような伝承から歳暮は、お中元《ちゅうげん》が本来はお盆にまつる先祖霊への供物、あるいは「イキミタマ（生御魂）」といって親への進物であったのと同様な意味をもつといえよう。東北地方から関東地方にかけては、アラミタマに限らず、その家の先祖まつりとして御飯やおむすびを「御魂《みたま》の飯」と呼んで仏前に供えることを行っていた。鎌倉時代の『徒然草』には、大晦日の行事として東国では今でも「なき人のくる夜とて、霊祭《たままつ》るわざ」があると記している。さかのぼって平安時代の『枕草子』には、師走の晦日にはユズリハを亡き人の食い物の敷物にすることに感動している場面がある。大晦日の魂祭りは平安時代の『後撰和歌集《ごせんわかしゅう》』や『後拾遺和歌集《ごしゅうい》』にも見えており、当時は京都でも一般的だった。

こうした魂祭りとともに大晦日は年取りの晩でもあり、歳暮には加えて餅や鏡餅、

年の市（神奈川県平塚市浅間町）
正月用品を買い求める

お膳、鰤といった年取りのための食べ物を贈るという意味もあった。算《かぞ》えで年齢を表わした時代には、誰もが大晦日から元旦に歳を取ったのであり、そのための品々である。江戸時代の文献記録にある衣服、酒肴、餅、乾魚はこうしたものであり、破魔弓や羽子板は子どもの初正月の祝儀物である。そして、これらの物は子どもへの祝儀物を除けば、子から親へ、分家から本家への進物であり、その延長線上に家臣などから将軍家へ、現代風にいえば部下から上司へ贈ることになる。いわば尊長の年取りの賀であり、その心意が「歳暮の賀」や「歳暮礼」ということである。

年の市

年の市《いち》は今でも各地で見ることができる風景だが、この市では「歳暮賀」の品々も売られた。今でも東京・浅草《あさくさ》の浅草寺《せんそうじ》では年の市として十二月十七日から十九日まで羽子板市が開かれ、鎌倉《かまくら》の長谷寺《はせでら》でも十二月十八日に年の市があり、だるま・熊手・正月飾りや福寿草などが売られている。七百店以上が並ぶという十二月十五・十六日の東京都世田谷《せたがや》区の「ぼろ市」も年の市である。現在は一月にもぼろ市があるが、文化六年（一八〇九）の大場《おおば》家の『家例《かれい》年中行事』には十二月十四日に準備をして十五日に「市町《いちまち》」が開かれている。この市は彦根《ひこね》藩世田谷領の代官を務めた大場家の管轄下にあり、正月用品や日用雑貨、魚、紙、衣類、馬具などさまざまなものが扱われた。「市町」の「町（まち）」という名称は露店商いのことで、この言い方は各地にある。商店などが建ち並ぶ賑《にぎ》わしい場所をマチと呼ぶのはこれがもとになっている。

年の市（神奈川県平塚市浅間町）
神棚の社も並ぶ

先にもあげた『東都歳事記』には、十一月二十三日が現在の稲毛《いなげ》神社である川崎山王宮《かわさきさんのうぐう》の年の市、十二月十四・十五日が深川八幡宮《ふかがわはちまんぐう》、十七・十八日が浅草寺、二十・二十一日が神田明神《かんだみょうじん》、二十一日が川崎大師《だいし》河原《がわら》の平間寺《へいけんじ》、二十二・二十三日が芝神明宮《しばしんめいぐう》、二十四日が愛宕権現《あたごごんげん》、二十五・二十六日が平河天満宮《ひらかわてんまんぐう》、二十八日が薬研堀不動尊《やげんぼりふどうそん》の年の市と記されている。江戸の年の市は現在の富岡《とみおか》八幡宮である深川八幡宮に始まり、連日のように開かれていた。いずれも大変な賑わいだったようで、売られている品々は世田谷の「市町」と大きな差はないが、浅草寺の年の市では破魔弓や手まり、羽子板なども売られ、これが現在の羽子板市につながっている。「歳暮賀」として生まれた赤児に贈る破魔弓・羽子板はこうした市で買い揃えたのである。

忘年会

十二月は後半ともなれば大忙しだが、現在の忘年会は「年忘《としわすれ》」と呼ばれた。先の『日本歳時記』には、下旬に「年忘」といって父母や兄弟、親戚を饗《きょう》することがあると記している。『東都歳事記』では「別歳」と書いてトシワスレと読ませている。一年間事故なく過ごし、新年を迎えることを祝うのだという。御所の女官たちの日記である『御湯殿上日記《おゆどののうえのにっき》』の慶長《けいちょう》八年（一六〇三）十二月九日には天皇付きの乳母である「大御乳《おおおち》」以下、御所の女官たちが集まって「御としわすれ」を行い、日記に「めでたしめでたし」と記している。享保《きょうほう》二年（一七一七）の辞典である『書言字考節用集』には、年忘れを「分歳」「別歳」と表記している。読みはトシワスレである。

忘年会も結構古くから行われていて、江戸時代末の『秇苑日渉《げいえんにっしょう》』には、歳暮に親友たちが集まって宴会を開くのを「忘年」というと説明している。「忘年」という言い方はこの時代からのようである。

正月餅と餅搗き　【しょうがつもちともちつき】

師走と正月準備

十二月になると何となくあわただしくなるが、この月の歳事には、一日に「乙子朔日《おとごのついたち》」、八日に針供養《はりくよう》があり、京大阪などでは月の前半にいくつもの寺社で火焚《ひた》きや鎮火の行事や祭りが行われる。日本を代表する冬の祭りといえる埼玉県の秩父《ちちぶ》夜祭りは二日と三日、奈良の春日若宮《かすがわかみや》おん祭は十六日から十八日など、師走《しわす》になっても歳事は続く。

「乙子」は末子《ばっし》の意味で、一年最後の月である十二月の一日には、「乙子餅《おとごのもち》」といって餅を搗《つ》いて祝う。「乙子朔日」というのはおもに西日本での言い方で、東日本ではこの日を「川浸《かわびた》りの朔日」といい、やはり餅を搗く。この餅を「川浸餅」と呼んで川辺の水神に供え、またこれを食べると水難に遭わないなどと伝えている。自宅で裁縫を行うことが少なくなり、針供養は衰退ぎみだが、八日は二月からの「事《こと》」が終わる

「事納め」、逆にこの日から正月に向けての「事」が始まるから「事始め」の日ともいう。

そして、正月に向けての準備は家の中に溜《た》まった煤《すす》を払う「煤払い」から始まった。家の中に囲炉裏《いろり》や竈《かまど》があった時代には「煤払い」は必須で、これは十三日に行うことが多かった。家財道具すべてを屋外に出し、笹竹などで自作した特別な箒《ほうき》で煤を払い、畳の埃《ほこり》もはたいて、正月の歳神《としがみ》（歳徳神《としとくじん》）をまつる場を浄《きよ》めた。さらにこの日は「松迎え」などといい、門松にする松を山から伐《き》ってくる日でもあった。十三日とはいかにも早いように思うが、大きな寺社では今でもこの日に煤払いを行っている。

「煤払い」「松迎え」から始まる正月準備は、その後、「年の市」での買い物、下旬には歳暮の品々を贈り、初めて正月を迎える子どもがいる家には男児には破魔弓《はまゆみ》、女児には羽子板《はごいた》を母親の実家や親戚《しんせき》などが贈る。餅搗きや門松立て、注連飾《しめかざ》りはその後で、十二月二十六日頃から始まって三十日までに済ませ、大晦日《おおみそか》を迎えた。

江戸の「賃餅」と「引きずり」

天保《てんぽう》九年（一八三八）刊の『東都歳事記《とうとさいじき》』は、十二月二十六日の条に餅搗きを載せ、その様子を「おほよそ市井の餅搗きは、餅搗く者四、五人づつ組み合ひて、竈《かま》・

「歳暮交加図」（『東都歳事記』より）
左下の路傍で餅搗きをしている。門松売りや節季候（芸人）など賑やかな様子

蒸籠《せいろ》・臼《うす》・杵《きね》・薪《まき》なにくれの物担ひありき、傭《やと》ひて餅搗かする人、糯米《もちごめ》を出だして渡せば、やがてその家《い》の前にてむし立て、街中せましと搗きたつることいさましく、昼夜のわかちなし。俗に、これを賃餅《ちんもち》、または引きずりなどいふなり」と記している。

江戸の街ではこの時期になると、四、五人一組の人たちが竈や蒸籠、臼、杵などを担いで回り、頼まれるとその家の前で糯米を蒸して餅を搗く「賃餅」が盛んだった。その姿は街のあちこちで見られ、しかも「昼夜のわかちなし」というほどだという。「引きずり」というのは、餅搗き道具を引きずるようにして歩くからであろうか。家が狭く餅搗き道具の持ちようもない市井の多くの家は、こうして正月餅を用意したのである。

賃餅については、嘉永《かえい》四年（一八五一）版の『増補俳諧歳時記栞草《はいかいさいじきしおりぐさ》』でも、「餅舂《もちつき》此月の尾《おわり》、傭夫《やといびと》、昼夜となく木槌《きづち》を肩にし、街衢《ちまた》を巡り、高声に餅擣《もちかつ》をと呼《よぶ》」としている。賃餅搗きの人たちは「餅かつを餅かつを」と客を求めて街を巡ったのである。「賃餅」と「引きずり」は、江戸時代末頃には「賃餅」は店をもつ餅屋に依頼して餅を搗いてもらうこと、「引きずり」は自家の前で搗いてもらうことと区別されたが、『東都歳事記』の時代には「賃餅」も「引きずり」の形式だった。

自家の餅搗き

「賃餅」や「引きずり」というのは江戸町人のことであり、正月餅といえば自家で搗くのが一般的だった。江戸近郊の、現在の東京都世田谷区上町《かみまち》・大場家の文化六年（一八〇九）『家例年中行事』によれば、正月の餅搗きは十二月二十五日で、神仏に供える鏡餅は約六十個つくり、ほかに鎧《よろい》などに供える具足餅《ぐそくもち》、家族銘々《めいめい》の鏡餅、親類に歳暮として贈る鏡餅と、これらに添える菱餅《ひしもち》、さらに雑煮《ぞうに》の餅も含めての食用の餅は糯米、キビ、モロコシを材料に伸《の》し餅にしている。伸し餅というのは、搗いた餅を四

臼神様（静岡県熱海市上多賀）
餅搗きが終ると正月には臼も神としてまつる（加藤隆志氏撮影）

角に伸し、切り餅にしたものである。

大場家は当時、彦根藩世田谷領の代官を務めた家で、六十個もの鏡餅や具足餅をつくるのは、こうした家柄による。しかし、こうした家でも食用の伸し餅はキビやモロコシ餅もつくられ、米の餅ばかりではなかった。

具足餅はともかく、大場家のような自家で搗く正月餅の姿は、近年まで各地で見られたし、現在も自家で正月の餅を搗く家は多くある。たとえば愛知県豊川《とよかわ》市では、餅搗きは二十九日は「苦《く》餅《もち》」、三十一日は「一夜《いちや》餅《もち》」といって嫌い、二十八日か三十日に行うのが一般的である。餅搗きの前日には糯米を研いでザルにあげ、米が乾かないように蓋《ふた》をしておく。現在は動力餅搗き機が普及したが、臼と杵で餅搗きをした昭和四十年代までは、当日は朝まだ暗いうちに起きて米を蒸《ふ》かし始め、家族総出で昼頃までかかって餅を搗いた。

時間がかかったのは、搗く前に臼に入れた米を杵でこねる手間だけではなく、五臼も六臼も搗いたからである。一臼に搗く米の量は二升から三升で（一升は約一・八リットル）、これだけの餅を五臼、六臼と搗いたのである。豊川市でも昭和三十年頃までは、米だけの餅に加え、糯米にキビやアワを混ぜたキビ餅やアワ餅、御飯に炊く粳《うるち》米《まい》の粉を混ぜた粉餅などを正月餅としていた。

現在は正月の餅といえば米の餅を思い浮かべる方が多いと思うが、水田が比較的多いところでも、このように正月餅にアワ餅やキビ餅も搗いたし、水田が少ない山間の村落などでは、米だけの餅はわずかでアワやキビなどの雑穀餅を多く搗いていた。

供え餅と鏡餅

正月のための餅搗きは『家例年中行事』にもあったように、神仏への供物とする鏡餅をつくることも目的となっていた。このための餅は、一臼目の米だけの餅を使うのが一般的だが、先の豊川市では、一臼目は「あら臼」、三臼目は「身を切る」、四臼目は「死につながる」ので、縁起をかつぎ二臼目あるいは五臼目の餅で鏡餅をつくると伝える家がある。正月用の餅搗きには、臼の下には新しい稲藁《いねわら》を敷き、臼には注連縄《しめなわ》を張ることもあった。

餅搗きに縁起を担いだり、注連縄などで神聖さを表したりするのは、いうまでもなく供物の鏡餅をつくるためである。正月には鏡餅を歳神や大神宮《だいじんぐう》、家の中でまつる竈神《かまどがみ》、荒神《こうじん》、恵比寿《えびす》・大黒《だいこく》、さらには仏壇や床の間《とこのま》などに供える。大きさは供える神によって大小があるが、どれも重ね餅にするのが特色である。神々へ供物を「奉る」というのは、形としては供物を「立てて」、つまり積み上げて供えることにもとづいている。

この餅を鏡餅といって丸くするのは、丸い玉を神霊の象徴と考え、しかも丸い鏡は神の権威を表現するものだからである。神社の神殿の前に鏡が置かれたり、あるいは鏡自体を御神体としたりするのはそのためである。その名は神鏡に倣《なら》い、その形は魂を表現しているといえる。

新潟県岩船郡関川村《いわふねぐんせきかわむら》では、元日の朝に二つ重ねの大きな鏡餅の上に小さな丸餅を三つ並べたものと、ミカンやスルメ、昆布、松の枝を箕《み》の中に入れ、これを一家の主人がまず自分の頭の上にかかげ載せ、続いて神棚の前に座った家族一人一人の頭の上に、同じようにこの箕を戴《いただ》かせる。箕の中に入れた餅を「歳取《とし》り餅」と呼び、これを戴くことで一つ歳をとるのだという。年齢を「算《かぞ》え」で表わした時代には、だれもが元旦《がんたん》に歳をとったので、新しい年齢が授けられる儀礼を行い、これによって新たな年を生きる力をもらった。地方によっては正月の各自のお節膳《せちぜん》に小さな丸餅を付け、この餅を「年玉《としだま》」と呼んだ。年玉というのは、新たな年齢の魂ということで、これがいわゆる「お年玉」の原形である。

先にあげた『家例年中行事』にあった「家族銘々の鏡餅」は、こうした餅のことである。歳取り餅の習わしは奄美大島《あまみおおしま》にもあり、龍郷町《たつごう》では大晦日の晩には丸餅のトシトリムチを食べないと歳をとることができないと伝えている。

モチという食べ物

正月餅には「歳取り餅」や「年玉」のような精神性が存在するが、モチという名をもつ食べ物を日本各地でみていくと、糯米を蒸して臼と杵で搗いたものだけではなく、実に多様な食べ物が伝えられている。平安時代の漢和辞典である『新撰字鏡《しんせんじきょう》』には、モチは「黍」と記され、「モチヒ」という読みが与えられているが、モチヒの意味には諸説があって明らかになっていない。

各地のモチには、その製法からは正月餅のように米などを蒸して搗いたもののほか、米やソバ、モロコシなどを粉に挽《ひ》き、水を加えて練ってから蒸したり、茹《ゆ》でたり、焼いたものがある。また、長崎県などのカンコロ餅、静岡県などのイモナ餅のようにサツマイモや里芋《さといも》を蒸したり、茹でたりしてから練りつぶして丸めたものがある。モチは大別すればこれら三種類があるが、たとえばモロコシ餅という名のモチには、モロコシを蒸して搗いたものと、モロコシの粉を水で練り、これを蒸してから搗いたものがある。ソバ餅にも、ソバを米と混ぜて蒸して搗いたものとソバ粉を水で練って蒸し、さらに搗いたものがある。このようにモチは多種多様で、名称だけではどのようなものか判断ができない。しかし、このことを裏返していえば、それだけ日本人はモチに対する志向性が強く、さまざまなモチを求めてきたことがわかる。

しめ飾りと門松

【しめかざりとかどまつ】

さまざまな「しめ飾り」

私が住む神奈川県平塚《ひらつか》市では、オカザリと呼ぶ正月のしめ飾りは、稲藁《いねわら》を綯《な》って所どころに藁を垂れ下げて紙の幣《しで》を付けたシメナワ、竹の棒を芯《しん》にしてこれに稲藁を巻きながら下に垂らし、簾《すだれ》のようにしてこれに橙《だいだい》やウラジロ・ユズリハ・幣を付けたクミダレ、真ん中を太くして三つ編みにして幣を付けたゴボウジメ、数本の稲藁の上半分ほどを縄のように綯《な》って幣かユズリハを付けたイチモンカザリ（一文飾り）の四種を作って飾るのが一般的である。これら四種のしめ飾りは付ける場所によって区別している。藁を所どころに垂らしたシメナワは家の門口や玄関に、クミダレは家の中の神棚に、ゴボウジメは台所などにまつる恵比寿・大黒の棚に、そして一文飾りは火の神である荒神《こうじん》や水神《すいじん》である井戸神、屋敷内にまつる稲荷《いなり》社、また倉、屋外の便所など住居以外の建物の入口に飾っている。ゴボウジメを家の神棚に飾るなど、家による違いもあるが、さらに一文飾りは、大晦日《おおみそか》に行う鎮守社詣《まい》りや墓参りにも持参し、社前や墓前に供えている。

こうしたオカザリは、「一夜《いちや》飾り」といって大晦日に飾るものではないという。二十八日に餅搗《もちつ》きを行った後とか三十日に、家の主人がこの年に収穫した新藁を使い、家の座敷に莫蓙《ござ》を敷いて作るのがならわしとなっている。今では座敷に莫蓙を敷いて作るという家は稀《まれ》になっているが、昭和四十年代頃までのオカザリ作りにはこうした厳格さがあった。この時代までは、オカザリ作りで出た藁屑《わらくず》はゴミとして捨てるのではなく、集めてとっておき、正月十四日にオカザリや門松などを集めて燃やすセエトバライ（柴灯祓い）に持って行った。

正月のしめ飾りといえば、現在は輪飾り形式のもの、先にあげたゴボウジメ形式のもの、あるいは藁縄で縁起物ふうに亀や鶴をかたどった形式のものなど、玄関に飾りつけるものを思い浮かべる人が多いが、しめ飾りは玄関だけではなく、家の各所に違った形のものが付けられるのである。島根県出雲《いずも》地方では、家の床《とこ》に歳徳神《としとくじん》や天照大神《あまてらすおおみかみ》の掛軸を掛け、両脇の柱に若松の枝を付けて注連縄《しめなわ》を張り、これにユズリハやモロモキと呼ぶウラジロ、稲穂、大根、昆布、スルメ、ジンバ（ホンダワラ）、干柿、御幣《ごへい》などを取り付けている。そしてこの下には稲籾俵《いねもみだわら》を二俵並べ、その上に鏡餅などを供えてトコカザリ（床飾り）とした。さらに家の大黒柱や竈《かまど》、井戸などにもしめ縄を張って、前述のようなものを取り付けており、正月のしめ飾りの設《しつら》えは、地方ごとにさまざまな形式が伝えられている。

しめ飾りの原義

オカザリやトコカザリなどの名称からは、これは飾り物であるかのような印象を受けるが、しめ飾りの本来の意味は新年の歳神祭祀《としがみさいし》の結界《けっかい》を表すものである。その場が清浄であり、これによって神聖な空間であることを表現している。不幸にも家族や近親者が亡くなった家では、「ヒがかかっている」などといい、正月のしめ飾りをしないのは、その家には死の穢《けが》れがあり、喪《も》に服しているからである。歳神を迎えての新年の祭りを遠慮するという心意であり、暮れになると届けられる「喪中につき年賀欠礼」の挨拶状《あいさつ》も、こうした意味をもっている。

しめ飾りの「しめ」には、「七五三」「〆」「注連」「占め」「標」などいくつもの字が宛てられている。「七五三」は縄に垂らす稲藁の本数を七、五、三とすることから、「〆」は縄を張ることから、「注連」や「占め」「標」はいずれも占有するという意味からの表記である。それぞれがしめ飾りやしめ縄の特徴を捉《とら》えての表記であるが、

玄関のしめ飾り（三重県伊勢市）
「蘇民将来子孫家門」の札をつける

「しめ」は神聖な空間を表示するという原義からは、「標飾り」とか「標縄」がふさわしい。結界を表示する縄という意味である。しめ飾りの縄は、通常の縄とは逆に左縄で綯うというのも、その神聖さを表している。

東京都世田谷区上町の大場家の文化《ぶんか》六年（一八〇九）『家例年中行事』では、二十八日の正月のしめ飾り作りは、年男《としおとこ》となる者が水を浴び、髪も洗って身を浄《きよ》め、手拭《てぬぐ》いや下着である下帯《したおび》を新しいものに取り替えたうえで行うと記している。身を浄め、清浄な藁を使って「神縄」を綯い、神棚飾りや歳徳神の棚吊《つ》りなどを行っている。江戸時代にまでさかのぼると、しめ飾り作りは一層厳格だったのである。しかし一方では、天保《てんぽう》九年（一八三八）刊の『東都歳事記』を見ると、年の市でしめ飾りが売られており、現在の、街のしめ飾り売りの露店やスーパーマーケットでしめ飾りを買うような光景は、すでに江戸の街などにはあった。

三重県伊勢《いせ》市などでは、玄関先の正月のしめ飾りは一年間取り付けたままにするのが作法で、これには「蘇民将来子孫家門《そみんしょうらいしそんかもん》」と書いた木札が付いている。伊勢神宮にお参りされたときに見ている人も多いと思うが、これはこの家には荒ぶる神である牛頭《ごず》天王《てんのう》を歓待した蘇民将来という人物の子孫が住むことを表したもので、牛頭天王の加護や悪疫《あくえき》の侵入防御の願いが込められている。

門松に供物

正月に玄関先に松の小枝を結ぶ姿は今も見られるが、門松《かどまつ》を立てることは少なくなった。それでも東京周辺では、多くの会社や工場などが暮れになると太い竹三本と松の枝をコモで巻き、竹は先がとがるように斜めに切り、その切り口が正面になるようにした門松を立てている。もちろんこれは鳶職《とびしょく》や植木屋などに依頼したものである。

この門松は、もともとは枝振りが三段になった三階の松、あるいは五段になった五階の松の木と大きな竹を束ねて門前に立て、その根元に燃料である薪《まき》の割り口を表にして並べ飾ったものである。『東都歳事記』の元旦《がんたん》の挿絵には、家の庇《ひさし》の高さほどもある松とそれよりも大きな竹を束ねた門松と、その間に張られたしめ飾りが描かれている（六十頁参照）。こうした門松の竹を中途で斜めに切り、松は枝だけを集めてコ

門松（神奈川県伊勢原市池端）
根元に薪（「鬼うち薪」という）を立てる

モで巻いたものが現在の会社・工場などの門松である。

文化年間（一八〇四〜一八一八）の「諸国風《しょこくふう》俗問状《ぞくといじょう》」の答えで今から約二百年前の各地の門松を見ていくと、現在の滋賀県甲賀《こうか》市である近江《おうみ》国多羅尾《たらお》村では、松を立てて根元に砂を盛り、松にクヌギやコナラの割木《わりき》を縄で結び、砂の上には樫《かし》、黒文字《くろもじ》、榊《さかき》などの枝を挿している。三重県の白子《しろこ》領（現・鈴鹿《すずか》市）では松と竹を結んで立て、これに稲藁で作った容器である「御《ご》器《き》」を取り付け、元旦からの節《せち》料理を供え、五日の夕方に同じように節料理を供えてから門松を外している。門松に供物をすることは、茨城県の水戸《みと》領では三が日と六日夕方に門松の芯に飯とナマスを供え、新潟県の長岡《ながおか》領でも門松の松と竹の間に藁製の御器を付け、六日まで毎朝、雑煮・飯・煮染めなどを供える。徳島県である阿波《あわ》国でも松竹の門松に藁の器の盒子《ごうす》を結び付け、これに三が日は雑煮やナマスを供えると記している。

現在では行っているところは少ないが、門松への供物《くもつ》は各地で伝えており、右の記載のような習わしは決して特殊なことではなかった。つまり、門松は単なる飾りではなく、正月に家々を訪れ来る歳神が依《よ》り憑《つ》くものと考えられ、だからこそここに供物をしたのだといえる。しめ飾りで歳神を迎え祭る神聖な場を示し、門松を立ててこれを依代《よりしろ》として神を迎えるのである。

「しづの門松」と「賢木」

こうした門松の歴史を見ていくと、鎌倉時代末の『徒然草』（第十九段）では正月を迎えて「大路のさま、松立てわたして、はなやかにうれしげなる」と兼好法師《けんこうほうし》はよろこんでいる。この時代には、京都市中では門松が一般化していたのがわかる。さかのぼって平安時代末の久安《きゅうあん》六年（一一五〇）に崇徳院《すとくいん》が題を出して詠《よ》まれた『久安六年御百首』には、「山がつの　そともの松も　たててけり　千《ち》とせといはふ　春のむかへに」がある。「門松」という言葉は、康和五年（一一〇三）前後の成立と考えられている『堀河院御時百首和歌』に「門松をいとなみたつるそのほどに春あけがたに夜やなりぬらん」の歌がある。また、寛元《かんげん》二年（一二四四）の和歌集『新撰六帖《しんせんろくじょう》題和歌』に「今朝はみなしづが門松たてなべて」と詠まれ、平安時代末から見られるよう

「賢木」（榁）の門松（神奈川県秦野市堀山下）

になる。

新年を迎えるにあたって家の門に松を立てることは平安時代末には行われていた。しかし、その松は「山がつのそとも」のものであり、しかも「しづの門松」と、賤《いや》しいものと詠まれている。一方では、平安時代後期の『梁塵秘抄《りょうじんひしょう》』には「新年春来れば、門に松こそ立てりけれ、松は祝ひのものなれば　君が命ぞ長からん」と歌われ、「門の松」は慶賀の象徴となっている。平安後期から鎌倉時代の門松の評価には相反する歌が存在するのであるが、『万葉集』では、願いごとが叶《かな》うようにと松の枝を結ぶ「結び松」の歌がいくつかある。このことからいえば、松は決して賤しいものではなく「君が命ぞ長からん」と願いを込めるほうがふさわしい。

それではなぜ門松を「しづの」と詠んだのかといえば、それは当時の都市社会の公《く》家《げ》たちにとって門松の松は、都市外部の身分の低い山人《やまびと》が持ってくるものだったからであろう。「山がつ」は「山賤」の意であり、そうした来訪者が松を「千とせといはふ」ためにもたらしたのである。

平安時代後期の門松でもう一つ注目されるのは、漢詩集の『本朝無題詩《ほんちょうむだいし》』では、近来の世俗として正月に松を門戸に挿すようになったが、これは「賢木《さかき》」に換えて行うようになったと説明している点である。この説明に従えば、正月に松を立てるようになったのは平安時代後期からで、これが広まる以前は「賢木」、つまり今いう榊や樒《しきみ》などの常緑の常磐木《ときわぎ》を立てたことになる。実際に全国の門松を調べていくと、門松と言いながらも榊や樒を用いているところが各地にあり、このほうが古いしきたりだったようである。

みたまの飯

【みたまのめし】

年末・年始の魂祭り

歴史をさかのぼると、その姿が現在とは異なる年中行事がいくつもある。それは私たちの生活は、時の流れのなかで変化しているからで、ここで取り上げる年末・年始の魂祭《たままつ》りも、そうした行事のひとつである。民俗学というのは、「しきたり」などの暮らしのありさまの変遷、推移の過程を叙述し、分析することを目的としている。

今では正月といえば、新たな年を迎えたことを祝って家族で楽しい時を過ごしたり、気持ちを一新して新しい年の目標を立てたりなど、年初であることに重点が置かれている。しかし、過去にさかのぼってみると正月あるいは年末には、お盆と同じような先祖祭りが行われている。

具体的な行事内容をみていくと、たとえば埼玉県北本《きたもと》市では、暮れになると家の座敷に大神宮様の神棚とは別に正月の歳神様の棚を天井から恵方を向けて吊《つ》り、ここに大晦日《おおみそか》に十二個の握り飯を供え、これをオミタマ様（お御魂様）として祭っていた。こうした祭り方ではなくとも、同じように十二個の握り飯をつくって重箱に入れ、これをオミタマ様として床の間に祭ったり、オミタマ様とはいわなくても、大晦日に十二個の握り飯あるいは茶碗《ちゃわん》に盛ったご飯を仏壇に供えたりする家があった（『北本市史』第六巻民俗編）。

これを現地で調べたのは昭和時代末であり、それから長い年月が経った現在では特別に歳神様の棚を吊ってオミタマ様を祭る家はなくなっていると思われる。調査当時もオミタマ様がどのような神であるのかは忘れられていたが、こうして大晦日から祭られるオミタマ様というのはその家の先祖のことである。家の先祖を示す位牌《いはい》に対して供物をするという意識ではなく、ただ単に十二個の、閏年《うるうどし》には十三個の握り飯を供えることがオミタマ様の祭りであったので、この握り飯がオミタマ様と考えられるようになったのである。

庶民の間に現在のような墓塔の建立が広まるのは十七世紀後半から、位牌や仏壇が埼玉県など関東地方で普及するのは、その後の江戸時代中頃以降で、こうした先祖祭《さい》祀《し》の歴史からいえば、臨時の歳神棚を吊り、ここにオミタマ様として握り飯を供えて祭る方式は、墓塔建立や位牌・仏壇以前の古い形式と考えられる。

各地のオミタマ様

北本市でのオミタマ様の祭りは、決して特殊なことではなく、埼玉県内では同様な祭りが各地で行われていた。さいたま市浦和《うらわ》区では、大晦日にオミタマといって小さな握り飯を十二個つくってお膳《ぜん》などにのせ、仏壇に供えていた。握り飯は卵形とか三角形、星形などさまざまで、大神宮の神棚に供えたという家もある。握り飯の名前はミタマ様、オンタマ、オニタマともいい、これは三が日の間供えて、四日にさげておじやにして食べたなどと伝えている（『浦和市史』民俗編）。

また、志木《しき》市では大晦日に三合の米を炊いて十二個の握り飯にし、仏壇に三が日の間供えた。秩父市ではミタマノメシ（御魂の飯）といって、茶碗に盛った飯に四本の箸《はし》を立てて大晦日に仏壇に供え、四日の朝に下げた。皆野町《みなのまち》では大晦日に重箱にご飯を詰め、これに六本あるいは十二本の箸を立てて仏壇に十四日まで供えたと伝えている（『新編埼玉県史』別編2）。

埼玉県内のオミタマ様の祭りには、以上のように十二個の握り飯、あるいは茶碗飯や重箱の飯に箸を立てて供えている。これを年越しの日である大晦日に行って三が日供えておくが、場所によっては小正月の年越しである正月十四日に同じように握り飯などを供えるところもある。群馬県みどり市東町《あずま》でも、写真にあるように正月十四日に小豆を入れて炊いた小豆飯を茶碗に山盛りにし、これにニワトコの木で自作した孕《はら》み箸を六膳立てて仏壇に供える。この飯をミタマノメシ（御魂の飯）と呼んでいて、供えてから家族で食べている。孕み箸というのは、箸の真ん中がふくらんだ形のもので豊穣《ほうじょう》を祈願するものだが、山盛り飯に箸を立てて供える作法は死者に供える枕飯と同じで、ミタマノメシのミタマは死者である先祖霊であるといえる。

正月14日のミタマノメシ（御魂の飯）
群馬県みどり市東町

こうしたオミタマ様やミタマノメシの民俗は各地にみられる。いくつかあげておくと、秋田県鹿角《かづの》市や青森県三戸《さんのへ》地方などでは大晦日に仏壇に供える握り飯や少しずつ椀《わん》に盛った飯に箸を立てたものをミタマノメシと呼ぶ。青森県三沢《みさわ》市ではミタマメシをトシダマメシともいい、九個の丸餅《まるもち》の上に握り飯をのせてごま木か箸を突き刺して仏前か神前に供える。

岩手県釜石《かまいし》市ではオミタマといい、小さな餅あるいは菱形《ひしがた》に切った餅を供えている。秋田県の秋田市から大仙《だいせん》市にかけては、ミタマノメシのことをニダマと呼び、丸い握り飯を十二個作り、それぞれに箸を一本ずつ差し立てて箕《み》の中に並べて供える。秋田県能代《のしろ》市では、大晦日である年取りの日の夕方に同じことを行っている。長野県では大晦日に仏壇などに供える盆か鉢に盛った米の飯を、あるいは握り飯か椀に山盛りにした飯に箸を立てたものをミタマノメシと呼んでいる。みたまの飯は、このようにおおむね長野県から東の地方を中心に伝承されていて、握り飯などの供物のほか、大晦日から正月にかけて墓参をすることを「しきたり」にしている所も多い。

「亡き人の来る夜」の魂祭り

現在確認できる各地の伝承をあげてきたが、この祭りは過去の記録や古典にもみられる。江戸時代の文化年間（十九世紀初め）に国学者の屋代弘賢らが各地に送った「諸国風俗問状」の出羽《でわ》国秋田領（秋田市）の答えには「除夜の行事の事」が次のようにある。

この日の夕餉は、大やう元日の料理を用ゆる。其料理もともあらあら敷事にて、大根、牛蒡、にんじん、串貝、餅、田つくり、塩鮭、鰰《はたはた》等、その家その家にてかはりも候へども、別に異なる事なし。この日、なき魂祭る事の候。士家にては、多くは菩提寺へ米を送りて、寺にてせさする也。是を御魂飯と云、家々にてするも候。飯をむすびにして十二、ひとつひとつ箸一本をさす。仏壇あるは神棚へ供し、餅とならべて備ふるも有。箕の中へ置てささぐるも候。田家にても必する事也。飯を鍋に二つにて炊き、さんだはらへ盛て手向るもあり。又此日より、仏壇の戸をさして、明る春の三日まで開かぬ家も候。（『日本庶民生活史料集成』第九巻）

大晦日の夕飯から、いわゆるお節料理を食べ始め、「なき魂祭る」として、武家は寺に「御魂飯」にする米を届けるか家で行う。「御魂飯」は握り飯十二個で、一個ずつに箸を立てて仏壇か神棚に供えるが、箕の中に並べて供えることもある。農家では必ず行い、飯を鍋《なべ》二つに分けて炊いて俵の蓋《ふた》である桟俵に盛って供えることもある。この日から正月三が日は仏壇の戸を閉めておく家もあるとしている。先にあげた埼玉県と同様な握り飯の「御魂飯」は、すでに約二百年前の秋田でも行われていた。

江戸時代以前については、一三三〇年頃に兼好法師が著した『徒然草』十九段には大晦日の夜のことが次のようにある。

つごもりの夜、いたう暗きに、松どもともして、夜中過ぐるまで人の門たたき、走りありきて、何事にかあらん、ことことしくののしりて、足を空に惑ふが、暁がたより、さすがに音なくなりぬるこそ、年の名残も心ぼそけれ。なき人の来る夜とて魂まつるわざは、この比《ごろ》都にはなきを、東《あづま》のかたには、なほする事にてありしこそあはれなりしか。

松明《たいまつ》をともして夜中まで家々を走りまわっているのは、商人の掛け取りかもしれない。この晩の「なき人」の魂祭りは、最近は都（京都）ではなくなっているが、東（関東地方）ではまだ行っているのはたいへん感慨深いという。ここにある「なき人の来る夜とて魂まつるわざ」が、大晦日の魂祭りである。「わざ」というので何らかの行事があったのである。

ここでの行事内容はわからないが、さかのぼって清少納言《せいしようなごん》の『枕草子』三十七段には、「ゆづり葉」は、「なべての月には見えぬ物の、師走のつごもりのみ時めきて、なき人のくい物に敷く物にや、とあはれなる……」と、師走《しわす》の晦日の時だけ、ユズリハを「なき人」への供物の敷物とするとしており、大晦日の魂祭りには食べ物を供えているのがうかがえる。

平安時代の大晦日の魂祭りについては、十世紀半ばの成立という勅撰《ちよくせん》和歌集の『後撰和歌集』には、藤原兼輔《ふじわらのかねすけ》が「妻のみまかりての年の師走の晦の日」に詠んだ、

亡き人の共にし帰る年ならば　暮れゆく今日は嬉しからまし

の歌がある。大晦日の夜に妻の御魂《みたま》が帰ってくることを喜ぶ歌である。また、応徳三年（一〇八六）に藤原通俊《みちとし》による勅撰和歌集である『後拾遺和歌集』には、和泉式部《いずみしきぶ》が「十二月のつごもりの夜によみ侍る」として詠んだ歌に、

亡き人の来る夜と聞けど君もなし　我が住む宿は魂無きの里

があり、天養元年（一一四四）の院宣によって編まれた『詞花和歌集』の曾禰好忠《そねのよしただ》の歌に、

魂祭る年の終りになりにけり　今日には又もあはむとすらむ

がある。いずれも亡くなった人の魂が大晦日に帰ってくることを詠んでいて、公家《くげ》たちのあいだでは、これが恒例の行事だったのがうかがえる。さらに藤原実資《さねすけ》の日記である『小右記《しょうゆうき》』の寛仁《かんにん》元年（一〇一七）の大晦日の条には、夜になって神々に幣《しで》を奉じた後、「拝御魂」を恒例のことであると記している。この後に夜遅くなって追儺《ついな》が行われているので、「拝御魂」は宮中での行事と考えられる。

平安時代の九世紀初めの仏教説話集である『日本国現報善悪霊異記』（日本霊異記）第十二は、人に踏まれていた髑髏《どくろ》が助けられた恩返しの物語で、髑髏の死者霊が人畜に踏まれることから救ってくれた人を大晦日の晩に訪ね、助けてくれた御礼に家に供

えられた食べ物を振る舞っている。これは枯骨報恩《ここつほうおん》型説話として中国にもある物語であるが、大晦日に死者霊が訪れてきて、供えられた食べ物を振る舞うというのは、まさに背景に大晦日の魂祭りがあって真実味が出て来る説話である。

このように大晦日の魂祭りは、平安時代以降の説話集や日記、文学作品などにもみることができ、現在、オミタマ様やミタマノメシなどとして確認できる民俗伝承は、その形式などは同じではないにしても、古くから継承されてきたのがわかる。

兼好法師は『徒然草』で、都では行っていないが「東」では行っているとし、さらに後の江戸時代末、嘉永《かえい》四年（一八五一）の『東都遊覧年中行事』（三田村鳶魚編・朝倉治彦校訂『江戸年中行事』所収）では、大晦日の項に「むかしは今夜も七月の如く魂祭をなす事、清少納言が枕の草子にも見え、近くは兼好が徒然草にも見えたり、此風、今もあらば大晦日の魂祭さこそ忙《せわ》しからめ」とし、その「しきたり」の衰退を述べている。しかし、この説明は各地の民俗情報がなかった時代でのことで、現実にはこれを行うことは少なくなっているが、伝承は現在も確認できる。大晦日から正月は、年初を祝うだけではなく、家の魂祭りの時だったのである。

若水 【わかみず】

「若水」を汲む

大晦日《おおみそか》から元日へという年の改まりは、単なる時の経過ではなく、新たな時の始まりとしてさまざまな儀礼が行われている。その一つが「若水」と呼ぶ水を汲《く》むことである。これを現在も行っている人は少ないが、島崎藤村《しまざきとうそん》は明治三十年（一八九七）に出版した第一詩集の『若菜集』に、「小詩」と題して「くめどもつきせぬわかみづを　きみとくまゝし　かのいづみ　かわきもしらぬわかみづを　きみとのまゝし　かのいづみ……」と詠んでいる。汲んでも汲んでも尽きないかの泉から君と一緒に若水を汲みたい、渇くことがないかの泉の若水を君と一緒に飲みたいと詠んでいるのであり、この詩からは当時若水を汲むことは、いわば常識的な「しきたり」だったのがうかがえる。

儀礼としての若水汲みがどのように行われているのか、具体例をいくつかあげると、秋田県能代市では、元日に汲む若水は、現在は水道水を使っているが上水道が完備するまでは井戸から汲んだ。暮れに餅搗《もちつ》きをした臼《うす》を家の中のニワ（土間）に敷いた莚《むしろ》に伏せて置き、この上に取っ手に半紙を巻き、松とユズリハ、昆布を紙縒《こより》で結びつけた手桶《ておけ》を載せておく。この桶の中には鏡餅を入れ、水を汲む柄杓《ひしゃく》には小さな餅二切れを入れて井戸に行き若水を汲む。この時には人と出会っても話してはいけないとか、若水を汲む姿は他人に見られないようにするといった禁忌（タブー）があり、若水を汲むときには「水神様にあげもうす」と小さな声で唱える。この若水は元日の炊事に使うが、能代の若水汲みは厳格な作法を伝えている（『能代市史』特別編民俗）。

東京都八王子《はちおうじ》市では、現在も若水汲みを行っている家があり、家の主人か跡継ぎの長男が「年男《としおとこ》」となって元日の朝に汲み、この水を沸かしてお茶を入れて神仏に供えたり、雑煮の汁に加えたりしている。岡山県美作《みまさか》市では、昭和六十年（一九八五）頃には、元日の夜明け前に井戸や湧水（汲み川）に注連縄《しめなわ》を付けた手桶を持って行き、新しい柄杓で若水を汲んでいた。この時には水を汲む場所に祀《まつ》ってある水神様に餅などを供え、汲むときには恵方に向いて「福を汲む、徳を汲む、幸いの水を汲む」などと唱え、帰る時には人に会ってもことばを交わしてはいけないといわれていた。若水を汲むのは家の主人というのが一般的で、この水は歳神様に供えてから雑煮や大福茶《おおぶくちゃ》に使うほか、洗面にも使っていたという（『岡山県史』民俗Ⅱ）。

若水汲みは、このように普通の家々の行事になっているが、それだけではなく、茶道の宗家では現在も大事な「しきたり」として若水汲みが続けられている。汲む時刻が寅刻《とらどき》（三～五時）と決められていたり、炉中で前年からの火を引き継ぐ炭火で若水の湯を沸かしたりなどの作法がある。若水を汲むための井戸も設《しつら》えられていて、宗家自らがこれを汲んで大福茶と呼ぶお茶を点《た》て、これを家族などがいただく。

若水の歴史

元日早朝に若水を汲むことは、もちろん江戸時代にも行われていて、斎藤月岑《げっしん》が著した天保《てんぽう》九年（一八三八）の『東都歳事記』によれば、江戸の町でも元日には「今朝若水を汲む。今日より三日まで貴賤、雑煮を食し、大服《ふくちゃ》をのみ、屠蘇《とそ》酒をすすむ。屋中年徳棚を儲く。今日より六日までを松の内といふ」とある。朝若水を汲んで雑煮をつくり、またこの水で福茶を入れたのである。

やや遡《さかのぼ》り文化六年（一八〇九）に現在の東京都世田谷区上町の大場弥十郎《やじゅうろう》が記した、自家の『家例年中行事』の元日にも、年男が暁の七つ時（午前四時頃）に新しい手桶へ若水を汲む。これを湯殿に入れ、身体を浄《きよ》める「垢離《こり》湯」と手水《ちょうず》・うがいの水に使うとある。さらに朝祝いの膳《ぜん》の後には、「大福茶」と呼んで染付茶碗《そめつけぢゃわん》に煎茶《せんちゃ》を汲み、茶筅《ちゃせん》でたてたお茶を飲んでいる。これとほぼ同時代の、屋代弘賢らによる「諸国風俗問状」の答えによれば、現在の秋田県大館《おおだて》市では若水汲みは、裃《かみしも》に大小《だいしょう》をつけた正装で、昔は烏帽子《えぼし》を被《かぶ》ったが今は代わりに桟俵を頭に載せて汲む。新潟県の長岡では鶏が夜明けを告げると、年男が恵方に向かって若水を汲んできて垢離をとる。広島県の福山《ふくやま》では元朝の未明に若水を迎え、「大福」と呼ぶお茶と柿をいただく。和歌山市では男が未明に新しい桶で若水を汲み、手水に使うという記載がある。

このように江戸時代後期には、元日の朝に若水汲みが広く行われていたが、人見必大《ひとみひつだい》が記した元禄《げんろく》十年（一六九七）刊の『本朝食鑑』には、「節季水《せっきすい》」として、いつもは朝に汲む「井華水《せいかすい》」を元日には「若水」という。これで手を洗い、口をすすぎ、沐浴《もくよく》に用いたり茶酒や朝飯の水にしたして、老を変じて少とし、旧を送って新を迎える。昔は主水司《もんどのつかさ》が立春に若水を汲んで、天子の朝食に献じて一年の邪気を祓《はら》ったもので、若水は「神水」になぞらえたものであろうか。近頃は元日にも用いるようになったが、庶民の間では立春の水は用いていないと解説している。この書は食物の効能を述べたもので「若水」についても解釈をし、これは新年を迎えて若返るための水であるという。

江戸時代の記録や現在の伝承では、若水は元日に汲んでいるのであるが、平安時代の宮中年中行事を鎌倉時代になって記した「年中行事秘抄」には、立春の朝に主水司が水を汲んで天皇に献じ、この水を女房詞《ことば》で「若水」と呼ぶと記している。平安時代の延長五年（九二七）に完成した『延喜式』の「主水司」では、宮中か京内の井戸を定めて立春の未明に牟《む》義都首《ぎつのおぶと》が水を汲んで献じ、この井戸はその後は用いないと決められている。しかし、『延喜式』より後の平安時代後期の『栄花物語』には「若水」という巻があり、ここには「夜の程よろづかはりたるもおかしう、あらたまの年よりも若宮の御有様こそ、いみじうゝつくしうおはしませ、若水していつしか御湯殿参る」とあって、元日の若水で皇子が産湯に浸《つ》かっている。

若水汲み（『東都歳事記』より）
手桶に注連飾りを付けて汲む

平安時代には宮中行事としては、立春に若水汲みが行われていたが、『栄花物語』からは元日にも若水が汲まれていて、この時代には元日と立春の若水汲みが存在したと考えられる。

若返りと「すで水」

『本朝食鑑』では、若水は若返りの水であり災厄を祓うものなので、「神水」といえるのではないかとしているが、こうしたことを端的に示しているのが、鹿児島県の奄美諸島から沖縄県にかけて伝承されている若水の由来譚《たん》である。奄美大島では、大晦日にみすぼらしい乞食《こじき》が訪ねて来て宿を乞《こ》い、これを泊めた貧しい老夫婦は大晦日なのであり合わせの年取りの食事を出してもてなした。すると、翌朝この乞食から泉に行って恵方を向いて水を汲み、これで顔を洗えと教えられ、その通りにしたら老夫婦とも若返ったという話である。若水を教えるこの乞食は、どこからともなく訪れ来る神であり、神を歓待することで授かった若返りの水が若水であるという由来譚である。

また、蛇や蟹《かに》が脱皮するのは、元日の朝に汲んだ若水を運ぶときに、木の根につまずいて水をこぼしてしまい、蛇や蟹はこれを浴びたからだと伝えている。これは若水によって、「いのち」が再生されるという話である。

この由来譚の通り、奄美大島では元日の早朝に若水を汲んで、この水で若返るようにと顔を洗うなどするが、さらに若水汲みでは宝や黄金も汲めるともいい、徳之島《とくのしま》では汲む時に「あら玉の年の初めの若水に　よろづの宝われぞ汲みとる」と唱えると伝えている。若水での若返りの伝承は沖縄県石垣市にもあって、バガミジィ（若水）はパチミズ（初水）とか、スディ水とも呼んでいる。スディというのは、「すでる」ということで蛇などの脱皮、あるいは卵が孵化《ふか》する意味であり、スディ水という名称から若水は「いのち」の再生の水といえる。

奄美から沖縄県にかけての若水と類似しているのが、南九州の若水の伝承である。鹿児島県などでは、年が明けた新年の挨拶《あいさつ》は、「若こおないやしつろ」や「若こおないやしたどな」である。若くおなりになったでしょう、若くなられましたね、というのであり、まさにこの挨拶は「若水をつかいましたか」とか「若水をつかいましたね」ということになる。

九州から沖縄県の若水伝承によくあらわれている若返りや再生の考え方は、時代が一気に古くなるが、『万葉集』に詠《うた》われる「をち水」にもうかがえ、特定の水によって若返りや再生が果たされるという信仰は、古くからある。『万葉集』巻十三には、

　天橋も長くもがも高山も高くもがも
月読の持てるをち水 い取り来て 君に奉りて をち得てしかも　（三二四五番歌）

とあり、「月読の持つ」「をち水」で若返るという信仰があるのがわかる。「をつ」

（「変若」「復若」）が若返る意味で、「をち水」が若返りの水である。『万葉集』には巻四にも「をち水」を求める歌があるが、「月読の持てるをち水」については、折口信夫は、初めは中国から伝わった神仙思想に基づく月の不老不死水と考えていたが、後にはこれは正月の若水であると考え方を変え、この水によって天皇の力が再生される儀礼があったことを説いている。

再生の聖水

若水が若返りの力をもつ水の意味から一歩進んで、再生の水であるとするなら、同様な水の信仰は若水以外にもあることがわかってくる。それは私たちの生活の中で継承されている「しきたり」である民俗にあって、一つには人の生死にかかわる儀礼にある。人が生まれた時には赤児を産湯につかわすが、これは母胎からこの世界に生まれ出たときのことで、この湯によってこの世の人間となる。また、これとは逆に人が亡くなったときには、入棺の前に湯灌《ゆかん》ということで死者の身体を洗う民俗がある。この世の人からあの世のヒトになるときに身体を洗うのであり、母胎からの誕生と他界への生まれ変わりが「湯」によって行われるのである。もう一つには、大阪・法善寺《ほうぜんじ》横丁に祀られている「水掛け不動」のように、神仏に水を掛けてお参りすることである。水を掛けることとは、神仏の力を再生復活させ、願いの成就を祈願したり、その力を貰《もら》ったりということである。

また、王に新年の若水を捧《ささ》げることで王の力が再生される儀礼には、たとえば明治以前の琉球《りゅうきゅう》王府に「御水取り」の行事があって、十二月二十日に沖縄本島北端の辺《へ》戸《ど》の大川へ「御水《うびー》」を汲みに行き、この水を元日に王に献上した。若水であるこの「すで水」のことは十六世紀前半から十七世紀前半に編まれた「おもろさうし」にも詠われている。「御水取り」は十五世紀末から昭和十八年（一九四三）まで続けられ、その後中断したが、平成十一年（一九九九）から現在は「首里《しゅり》城お水取り」として復活されている。

元日の若水汲みの儀礼は、こうした日本列島から琉球列島にかけての、再生の聖なる水の信仰を基盤にして成り立ち、続けられている行事といえよう。

初日の出と初詣【はつひのでとはつもうで】

「時」の循環

私たちが持つ「時間」に関する観念には、「光陰矢のごとし」の諺《ことわざ》のように、「時《とき》」の流れは止めることも元に戻すこともできないという考え方と、「明日《あした》があるさ」とか「また日は昇る」のように「時」は繰り返すという考え方がある。前者は直線的観念、後者は循環的観念といえよう。この二つの時間観念を心のなかで併存させながら日々を過ごしているのである。直線的な時間というのは、極端に言えば生きることは死に向かっての歩みにほかならず、この歩みのなかで過去が記憶としてとどめられ、歴史意識が生まれてくる。これに対して循環的な時間は、再び巡ってくる「時」の意識であり、生きることは繰り返す「時」の累積となる。直線的に過ぎていく「時」のなかでは、一時も無駄に過ごせないが、今日と同じ日が明日もあると思えば、時の流れにたゆたうことができる。

俳句では欠かせない季題には、こうした二つの時間観念が埋め込まれていることは言うまでもなかろう。うつろう季節ともう一つは巡りゆく季節を感じながら、ある情景に思いをこめて一句となるのだが、「歳時記」自体は、基本的には後者の時間観念をもとに成り立っている。それは春夏秋冬という一年を単位とした時間の循環である。

元日の日の出

大晦日《おおみそか》から一夜明けた元日の日の出に託されるのは、これから始まる一年の希望や決意であろう。日付では一日の違いにすぎないが、初日の出は一年という「時」の循環が再び始まる最初の日の出だからこそ、こうした思いが生まれる。

初日の出を拝することは、天保《てんぽう》九年（一八三八）『東都歳事記』の元日の項には「深川洲崎《すさき》芝高輪《たかなわ》等の海浜、神田の社地等にて日の出を拝する輩《やから》今暁七時《とき》より群集す」と記されている。まだ埋め立てが進んでいなくて、海辺の景勝地だった現在の東京都江東《こうとう》区の深川や洲崎（東陽《とうよう》一丁目）、港《みなと》区の芝や高輪の浜辺、また高台にあって眺望がきく千代田《ちよだ》区の神田明神社《かんだみようじんしや》などに午前四時頃から多くの人たちが初日の出を拝むために集まったのである。

『東都歳事記』にあるように元日は、武家の大名や役人たちは江戸城で年礼の式があ

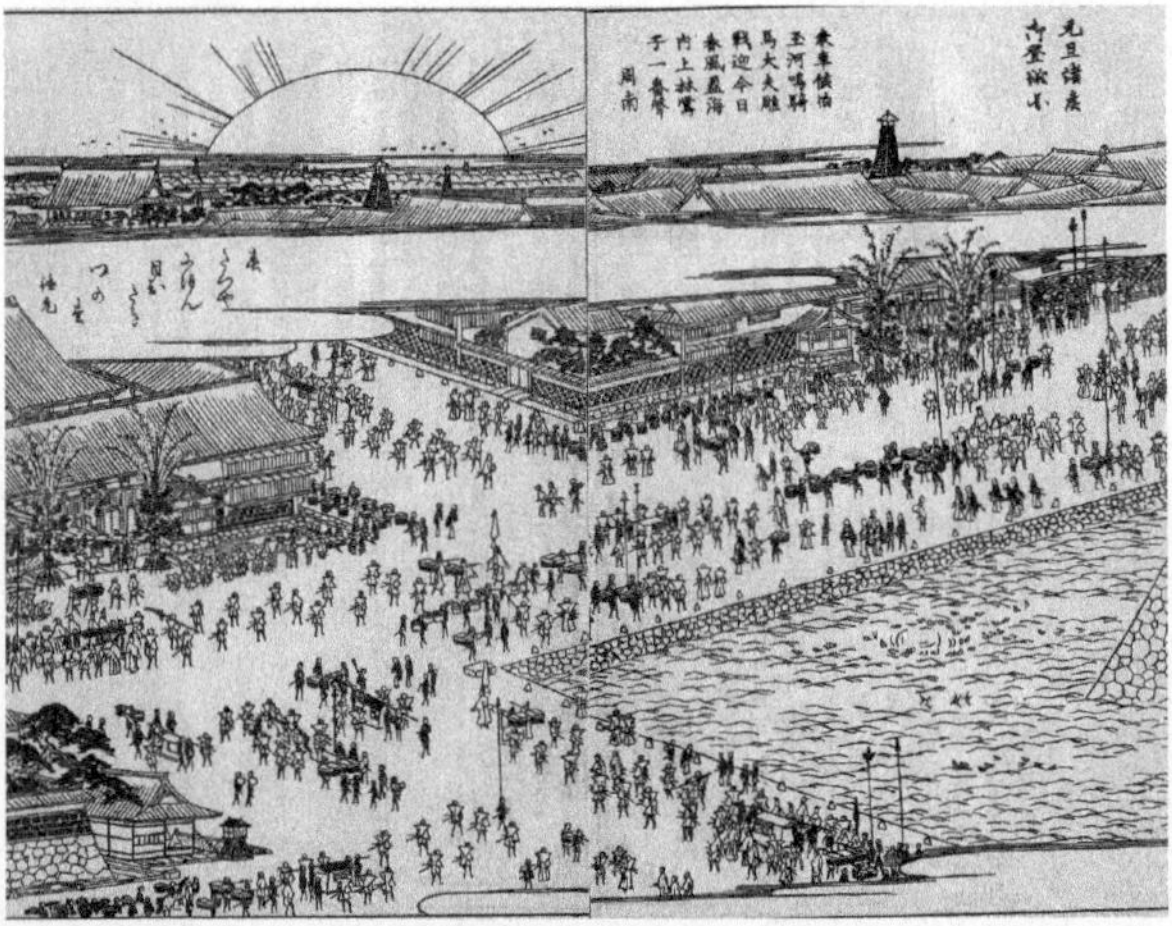

「元旦の江戸」（『東都歳事記』より）
商家の入口には大きな門松が立ち、日の出が描かれている

るので午前七時頃である「卯半《うのはん》刻《とき》」には登城した。また商人は大晦日には掛け売りの集金にお得意の家々を一晩中歩き、元日は戸を開けずに休んだので、初日の出に群集したのは主に町人たちだったと思われる。江戸の初日の出については享和《きょうわ》三年（一八〇三）刊の『増補江戸年中行事』にも「深川洲崎にて日の出を拝する人、明七ツ時頃より群集す」とあるので、十九世紀初めにはすでに盛んになっていた。

　初日の出の光景は、こうした解説とともに『東都歳事記』や幕末の嘉永《かえい》四年（一八五一）の『東都遊覧年中行事』の元日の挿絵にも描かれている。『東都歳事記』には江戸城のお堀端を諸侯が行列をなして登城する姿、門前に大きな門松《かどまつ》を立てた屋敷とともに遠景にいくつもの時《とき》の鐘楼《しょうろう》、そして日の出が大きく描かれている。『東都遊覧年中行事』も門松と諸侯の登城の行列とともに遠景に日の出を描いており、初日の出は江戸では習俗として定着し、元日の瑞祥《ずいしょう》にもなっていたのがうかがえる。

初日の出と初富士

新春の光景図を見ていくと、さらに天保三年（一八三二）の『大日本年中行事大全』には、序のあとの讃画に菱川清春《ひしかわきよはる》による伊勢二見《いせふたみ》が浦《うら》の図が掲げられ、これには海上の遠景に日の出と富士山《ふじさん》が描かれている。二見が浦から拝する初日の出は、橘千蔭《たちばなちかげ》が享和二年（一八〇二）の『うけらが花』で〈二見潟《ふたみがた》こちふく風に明けそめて神代のままの春は来にけり〉と詠《うた》い、さかのぼって本居宣長《もとおりのりなが》は「二見の浦に日の出《い》でたるに富士の山遠く見えたるかた」と前書きをつけ、〈赤根さす日影とふじの白雪と二見の浦の朝明けのそら〉と『鈴屋歌集』で詠《よ》んでいる。

千蔭の歌は元日の二見が浦からの初日の出であり、この時代には初日の出を拝することが江戸の町以外でも行われていた。これは宣長の歌にあるように、伊勢参りに出かけ二見が浦から日の出と富士山を望むという巡拝の広まりのなかで行われるようになったと思われる。二見が浦での日の出は、実際には海原の先の山かげからで、朝日は海原からは昇らないし、富士山が望める機会は少ない。『大日本年中行事大全』の図や宣長の歌は、実景とは考えにくい。

二見が浦で夫婦岩《めおといわ》と海原からの日の出を拝する姿は、伊勢参りをした記念に各地で地元の神社に奉納された明治時代の二見が浦参詣《さんけい》図や伊勢神宮図の絵馬《えま》にも見ることができる。この絵馬には富士山も描かれている場合もある。『大日本年中行事大全』にある二見が浦と日の出、富士山を一緒に描く図柄は、江戸時代末以降、各地に広がっていたようである。

このことと符合するように『東都歳事記』には、「初富士」が記されている。「東都景物の最初たるべし、されば江戸の中央日本橋のあたりを以て佳境《かきよう》とするにや、又駿河台《するがだい》御茶の水、其余高き所より眺望す、深川万年橋の辺をいにしへ富士見が関とよびけるとぞ、富士を見るによし」と説明し、宗鑑《そうかん》の〈元日の見るものにせむ富士のやま〉を掲げている。

富士山の眺望も「初富士」として江戸時代末には元日の瑞祥となっていたのである。

元日の神詣

元日に多くの人が出かける「初詣《はつもうで》」は、すでに江戸時代にも行われているが、この言葉自体は古いものではない。昭和四年（一九二九）に矢部《やべ》善三《ぜんぞう》が記した年中行事の解説書『年中事物考』には、正月行事として元日の神拝、初夢、初日の出、書初、読書始などはあるが、「初詣」の語は見えず、昭和初期には「初詣」という言い方はなかったようである。

現代の初詣（東京都渋谷区、明治神宮）

文化年間（一八〇四～一八一八）に各地の風俗習慣を調べた「諸国風俗問状」の答えによれば、三河《みかわ》国吉田《よしだ》領（愛知県豊橋《とよはし》市）では、大晦日に「郷村にては生土神《うぶすながみ》へこもりて元旦《がんたん》に下向す」とあり、大晦日に鎮守社にお籠《こ》もりして元日の朝に帰宅した。丹後《たんご》国峯山《みねやま》領（京都府京丹後《きょうたんご》市）では「御当地にて、朔日《ついたち》・二日・三日、或は年越、其家々吉方《えほう》え当り候神社へ参詣」で、三が日か年越である大晦日に縁起の良い方角である吉方（恵方）の神社に参詣している。備後国沼隈郡浦崎村《びんごぬまくまうらさき》（広島県尾道市《おのみち》）では「元日未明より、一統産神《うぶすながみ》へ参り、旦那寺《だんなじ》へ参り、先祖の墓所へ参り」とあり、鎮守社や自家のお寺、墓所へお参りしている。肥後国天草郡《ひごあまくさ》（熊本県天草地方）では「元日其所の産神に男女不残《のこらず》参る也《なり》」という。

大晦日から元日まで神社に年籠もりをしたり、元日に神社などにお参りしたりすることは一八〇〇年代の初めには一般化しているが、お参りは恵方の方角にある神社の場合もあり、地元の鎮守社に限定されてない。神社のほかに旦那寺や墓所への参拝も行われており、現在の一般的な初詣とはややおもむきが異なっている。墓参りは、鎌倉時代の『徒然草』に記されている大晦日の「なき人の来る夜とて魂《たま》まつるわざ」という先祖祭りのなごりである。大晦日から元日までの年籠もりは、現在も「二年参り」などといって行うところがあり、墓参りも大晦日や正月に行っているところがある。

恵方参り

現在の元日の神詣《かみもうで》は、少なくとも江戸時代後期には行われているが、この時代には「恵方《えほう》参り」が盛んだった。先にあげた矢部善三の『年中事物考』にも「吉方詣《えほうもうで》」の説明があり、正月に恵方にお参りする慣習は後々まで続いていた。

　群馬県高崎《たかさき》市周辺の年中行事を記した安永《あんえい》九年（一七八〇）の『閭里《りより》歳時記』には、元日の神詣の記載はなく、三日に「慧《え》方《ほう》参とて、人々己が宅地より恵方に当る神社に詣拝す。又寺院に往て祖先の霊牌《れいはい》及墳墓を拝する事も、昨今専《もっぱら》する事なり」としている。また、「諸国風俗問状」答えの陸奥《むつ》国白川《しらかわ》領（福島県白河《しらかわ》市）では、「在家にては、元日に其所の鎮守に参詣いたし、夫《それ》より旦那寺へ参る事也。城下町をはじめ近在の町にても、市立有之所《いちだてこれあるところ》にては、大晦日終夜売買或は年中懸売《かけうり》の算用等にて夜中骨折候事故、元日は何方も戸を〆《しめ》休み候故、恵方参を元日にいたし候は稀にて、敢《あえ》て日を定《さだめ》候様《そうろうよう》には不聞候《ききそうらわず》」という。白川では農村部では元日に鎮守に参詣するが、城下町などの町場では二日以降に恵方参りをしている。江戸では『東都遊覧年中行事』では元日に「今日吉方参りとて、其年の吉方に当りたる神社へ参詣す」とあり、『東都歳事記』も元日の項に恵方参りの記載がある。こうした記録からは、恵方参りは町場から生まれたならわしで、これは江戸時代の中頃から次第に盛んになったようである。ただし恵方参りは、必ずしも元日には行われていなかった。

　恵方参りのしきたりは、一方では大社や有名神社への参詣を盛んにしている。たとえば明治三十二年（一八九九）二月九日の新聞「香川新報」は、本日は陰暦（旧暦）

の大晦日で、今夜から明日にかけては金比羅宮への「歳参り」客が多いので讃岐《さぬき》鉄道では通常列車に加えて臨時汽車を出すと報じている。また東京都八王子市の享保五年（一七二〇）からの『石川日記』を見ていくと、元日の初詣と思われる社寺参詣は明治十八年（一八八五）が最初で高尾山《たかおさん》にお参りしている。その後、明治二十七年（一八九四）の元日には、高尾山にお参りに行くために大勢の人が自家の前の道を通ると記されている。現在行われている大社や有名社寺への初詣は、江戸時代の恵方参りから発展した明治時代中頃からの元日の社寺参詣がもとになっているようである。元日の神詣や恵方参り、そして現在の初詣も、一年という「時」の循環の初日であるところに、これを行う意義がある。

年取りと雑煮

【としとりとぞうに】

世田谷・大場家の年末と大晦日

今から約二百年前、現在の東京都世田谷区にあった彦根藩領の代官を務めた大場家の年末は、正月準備と年越であわただしかった。十二月十三日には大掃除の煤払《すすはら》いと正月用の「節味噌《せちみそ》」を炊き、十五日には現在の「ぼろ市」である年の市で新年用品の買い物と、カツノキと呼ぶヌルデを伐《き》ってきての「節箸《せちばし》」作りを始めた。節箸は正月にだけ使う箸で、五百膳《ぜん》ほどが必要で作るのに数日かかった。この後には、正月用の米の「節搗《せちつ》き」（精米）をし、雑煮に使う里芋《さといも》洗いを行い、二十五日には餅《もち》搗き、二十六・二十七日には歳暮配り、二十八日には年男が水垢離《みずごり》で身体を清めてからの門松立てと注連飾《しめかざ》りづくり、二十九日には米蔵の米俵数えと続いた。

そして大晦日《おおみそか》には、正月に歳神《としがみ》などに供える「節酒《せちざけ》」と塩、酢の用意、七日の七草まで使う大根洗い、年始に使う膳椀《ぜんわん》など必要な食器の蔵出し、家内の神々や具足の櫃《ひつ》、土蔵、鍬《くわ》や鎌、臼《うす》への鏡餅供え、寺への歳暮である歳末祝いを届け、清めの据え風呂《ぶろ》を立てた。さらに、元日から十四日まで使う、三方《さんぼう》に白米・勝栗《かちぐり》・田作り・串柿《くしがき》・ミカンを盛り、ウラジロ・ユズリハ・ヤブコウジ・昆布・ホンダワラを飾った「喰摘《くいつみ》」の用意、書院や座敷などにある床の間への正月用の掛軸かけと活花《いけばな》飾りをした。

こうして新年を迎える準備が済むと年越で、夕飯は大根と魚のなます、大根・里芋・ゴボウの煮物、塩引き鮭の焼物、大根と鯨の汁、菜漬け・沢庵《たくあん》の香物と飯だった。飯は新しい椀《わん》に盛り、箸はカツノキの節箸を使った。このメニューは元日の夜も同じだが、大晦日の食事は人間だけでなく、「福蔵」と呼ぶネズミへの餌として、「節米《せちごめ》」を一合炊いて、桟俵《さんだわら》にのせてネズミが出る穀部屋へ供えた。夜半の九つ時（午前〇時）には、年男が清めの御幣で年少の者から順に家族全員の厄祓《やくばら》いをし、御幣は道の四つ辻《つじ》へ捨ててきた。

これは大場家の文化六年（一八〇九）の『家例年中行事』に記された年末から大晦日までの年中行事で、内容には地方による違いがあるが、しきたりを固く守る素封家《そほうか》なら、昭和初期あるいは太平洋戦争後までは、ほぼこれと近いことが行われていた。

節と年取り膳

大場家の正月準備では、節味噌、節箸、節酒、節米というように「節《せち》」を冠したものがいくつもある。いうまでもなく「節」は節目の意味で、もっとも大きな節目が大晦日から元日なので、正月に使うものをこう呼ぶのである。今では「お節《せち》」といえば正月料理を指すが、『家例年中行事』には現在のようなお節料理はなく、これに相当

歳神の棚（神奈川県相模原市緑区相模湖町千木良）
カマスの口をあけて歳神をまつる。
棚には年取り魚の荒巻鮭を吊る

歳神の棚（神奈川県平塚市高浜台）
漁師の家で、金目鯛も吊る

するのは元日からの「喰摘」である。しかし、新年用の新しい椀と節箸の使い始めと年取り魚の塩引きの食べ始めは、大晦日の夕飯からで、食事の上の新年は大晦日の晩から始まっていたといえる。

いわゆる「年越そば」は、江戸の町の商人たちが大晦日に、夜通しお得意への掛け売り代金を回収に歩くので、夜食に屋台などのそばを食べたのが始まりである。本来は『家例年中行事』にあるように、大晦日の夕飯は正月と同じ食事だった。北陸から東北地方などでは、現在も大晦日に元日と同じメニューの食事をする場合が多く、しかもこの食事は日が暮れる前に、できるだけ早く食べ始めるほうがよいなどといわれている。

現在は、年齢は誕生日を基準に満《まん》で数えるが、昭和二十五年（一九五〇）に年齢のとなえ方に関する法律が施行されるまでは、年齢は算《かぞ》えでいい、この場合は新年を迎えると全員が年を取った。年を取るために頂くのが大晦日の夕飯の年取りの膳で、これには必ずといっていいほど魚を付けた。この魚を「年取り魚」といい、東日本では鮭、西日本では鰤《ぶり》が広く使われ、さらにかつてはこの膳に丸い小餅を「年玉」と称して付け、これによって新たな年齢が授けられた。この餅がお金や祝いの品に変わったのが現在のお年玉である。

雑煮の使い分け

大晦日に早く寝ると一晩で髪の毛が真っ白になるといい、遅くまで起きていたのは、この晩に正月に祭る歳神を迎えて、年取り膳と年玉を頂くからである。各地の神社で行われている神事からもわかるように、神々の出現は夜と考えられていたのであり、そのため大晦日以前に門松立てや注連飾りを終えておく必要があった。

一夜明けると新年で、年の初めにはまず「若水《わかみず》」を汲《く》み、雑煮をつくる。先の大場家の『家例年中行事』では、雑煮は大根と里芋を煮て節味噌を入れたものである。これを「神の膳」と呼ぶ供物用の膳で歳神などに供えてから、「朝祝」として家族が数の子などを肴《さかな》に、三つ組み盃《さかずき》で冷やの節酒を頂き、皿に盛ってきな粉をつけた焼き餅を手で食べ、「福茶」と呼ぶ、若水でいれた煎茶《せんちゃ》を茶筅《ちゃせん》で点《た》てたものを飲む。このお茶は、いわゆる「ぶくぶく茶」である。この後には節酒をお燗《かん》して頂き、そして大根と里芋を入れた味噌仕立ての雑煮をカツノキの節箸で食べている。

大場家では三が日の雑煮には餅を入れず、別にして食べ、四日から餅を入れた雑煮になっている。七日の朝は七草粥《ななくさがゆ》で雑煮は食べないが、十日までは毎朝雑煮で、十三日には親戚《しんせき》などが集まって年始の宴《うたげ》を行い、再び雑煮を出す。このときの雑煮は、大根・里芋・菜・昆布・焼き豆腐・ニンジン・ネギを入れた醬油《しょうゆ》仕立ての汁《つゆ》に焼き餅を入れ、上に花鰹《はながつお》をかけたもので、最初の膳にこの雑煮を出している。さらに大場家では正月二十三日か二十四日に三河万歳《みかわまんざい》が訪れるのが恒例のようで、このときにも餅・里芋・大根・菜・花鰹《はながつお》の雑煮を出している。

こう見てくると大場家の雑煮には、供物ともする三が日の味噌仕立ての餅が入らない雑煮、四日からの焼き餅を入れた雑煮、年始や万歳に出す醬油仕立ての、具の多い雑煮があって、単純ではないことがわかる。しかも十日まではほぼ毎日、そして十三、二十三日と、三が日だけでなく長く雑煮をつくっている。

この味噌と醬油仕立ての違いについては、供物と家族の場合は味噌で、客を迎えると醬油になっていて、醬油仕立てはもてなし用だったのがわかる。もてなし用だから具も違うのである。味噌は節味噌で、自家で仕込んだが、醬油は買うもので贅沢《ぜいたく》品だったからである。

雑煮の歴史

複数の種類がある大場家の雑煮は、雑煮の由来や歴史をよく物語っている。雑煮の歴史を見ていくと、雑煮が確認できる文献上の初出は貞治《じょうじ》三年（一三六四）の、京都・吉田《よしだ》神社神職家の『鈴鹿家記《すずかかき》』で、具体的な内容はわからないが正月の二日、八日、十五日に「雑煮」が出てくる。奈良・東大寺《とうだいじ》の鎮守八幡宮神人家の『松屋会記』では、永禄《えいろく》四年（一五六一）二月二十四日の二の膳に「汁　サウニ山ノイモ　シセン」、三月十三日にヤマノイモ、ワラビ、炒《い》り豆腐の「サウニ」、また二月二十四日の三の膳には里芋、ゴボウ、シセン（慈姑《くわい》）、餅の「ホウサウ」が記されている。この記録はお茶会の食事で、サウニ（雑煮）には餅は入っていないが、ホウサウ（烹雑とか保雑、保臓などと書く）には餅が入っている。

雑煮と烹雑にどのような区別があったのかはわからないが、『松屋会記』に先立つ、明応《めいおう》六年（一四九七）の『山内料理書』には、「夏肴《なつさかな》くみの事」として、初献目に白《しろ》瓜《うり》かヤマノイモ、越瓜《あさうり》、イリコ、丸鮑《まるあわび》、餅を味噌で炊いた「雑煮」が出てくる。この夏肴くみの献立は飯の前に雑煮を含む三膳、飯後に七膳が出て茶の子となっている。茶の子は今風にいえばデザートだが、合計で十膳もの接客膳で、一膳ずつ順に出していった。また、群馬県新田《にった》郡（現・太田《おおた》市）の長楽寺《ちょうらくじ》に残る永禄《えいろく》八年（一五六五）の日記には、「ザウニ」（雑煮）が元日から三月二十四日まで、来客へのもてなしとして初献目に出されている。

江戸時代には、雑煮の本名はホウゾウだという文献もあり、両者は同一のものとなっているが、右のような諸資料からは、中世後期には雑煮は茶会席のメニューから次第に客のもてなし料理として広がっていて、これがその後、正月のもてなし料理となったのがうかがえる。大場家の、具がたくさん入った醬油を使う雑煮はこの系譜の雑煮である。もう一つ大場家の大根と里芋だけの雑煮は、千葉県や神奈川県などではオカンと呼ぶ供物用のものと同じである。オカンは「お羹」で、あつものの意味で、雑煮にはもう一つ羹《あつもの》の系譜を引く雑煮があるといえる。おそらくこれは餅を入れない供物で、それを人も食べたのである。

さまざまな雑煮

正月の雑煮には二つの系譜があることは確かで、この二通りの雑煮が全国に広がっているが、沖縄県など琉球文化圏には正月に雑煮を食べる習慣はない。アイヌ民族などにも雑煮はなく、正月の雑煮は明らかに大和《やまと》文化圏で形成されたしきたりである。しかし、大和文化圏といっても、雑煮餅は、ほぼ関ヶ原《せきがはら》を境に東日本では四角の伸《の》し餅、西日本では丸餅で、伸し餅の場合は焼いた餅を入れ、丸餅は生餅を入れて煮る傾向が強い。汁は、近畿《きんき》圏では白味噌仕立てが圧倒的に多いが、それ以外の地方は醬油仕立てが一般的である。ただし、鳥取県や島根県、佐賀県などでは雑煮はぜんざい、香川県や和歌山県などでは小豆餡《あずきあん》入りの丸餅を入れるというように、全国にはさまざまな雑煮がある。具も大根だけ、あるいは大根と里芋だけ、鶏肉《とりにく》とか焼き豆腐などを入れるというように、地方差がある。

雑煮の地方差は、その内容を聞けば出身地がわかるほどだが、一方では餅なし正月といって、元日あるいは正月には餅を食べないというところや家もある。そばやうどんなどを食べるが、こうした餅なし正月は稲作以前の古い文化のなごりであるとも考えられている。

七日正月と七草粥

【なのかしょうがつとななくさがゆ】

大正月と小正月

「正月」という言い方はすでに『日本書紀』にある。「神武紀」には「辛酉《かのととり》年春正月」などとあって、古くから一月のことをこう呼んでいたのがわかる。このことは今も変わりないが、一月に行われている民俗行事をみていくと、たとえば新潟県加茂《かも》市では、『加茂市史』資料編5民俗によれば、正月には元日からの「大正月」と一月十五・十六日の「小正月」があり、大正月の行事は元日朝の「若水汲《く》み」から始まり、雑煮と「力餅《ちからもち》」と呼ぶ餅を食べてから、親類などへの年始の挨拶《あいさつ》回りを行う。二日には菩提《ぼだい》寺《じ》への年始挨拶をすると、仕事始めとして農家では縄ないなどの藁《わら》仕事、商家では商いを始める。そして七日は「七日《なのか》正月」といい、「七草雑煮」をつくって神仏に供え、家族も食べて仕事を休んだ。さらに十一日は「十一日正月」と呼んで大正月が終わる日で、家の各所に供えておいた鏡餅をおろして小豆粥《あずきがゆ》か雑煮に入れて食べる。この日は、蔵のある家では「蔵開き」といって蔵の入口に米俵を積んで、上に小豆粥や御神酒《おみき》などを供えて戸を開け、親類を招いて酒宴を行う。

「小正月」は、十五日は小豆粥を作って神仏に供えて食べるほか、子どもたちが畑を荒らすモグラを追うということで、家や畑の周りを横槌《よこづち》を引いて廻《まわ》る「モグラモチ送り」、家の柿の木のもとに二人で行き、一人が鉈《なた》で木に傷をつけながら行う「成木責め」、家の畑や田に行き、箕《み》の底を棒で叩《たた》きながら「うちの苗代《なわしろ》に雀が三十三羽とまった、ホワァホワァ」と鳥を追い払う「鳥追い」が行われる。さらに各家から集めた稲藁を三角形に積み上げて燃やし、新年の魔除《まよ》けや災害除けなどを願う「サイノカミ焼き」が行われる。

十五・十六日の小正月は、「女の正月」ともいい、嫁は里帰りをしたが、ここにあげたように小正月は農作物の豊作を願う行事がいくつも行われている。年頭の正月の行事をみていくと、農山漁村では「大正月」と「小正月」という二重構造をもっているのが特色で、このことは全国に一般的なことである。小正月には生活に密着した大事な行事があって、加茂市では前日の十四日には「小餅」を搗《つ》き、晩には大年《おおどし》（大晦日《おおみそか》）と同じように年取り膳《ぜん》をつくって食べる「小《こ》年取《どしと》り」が行われる。大正月の前日の大晦日が大年取《おおどしと》りで、小正月の前日が小年取りというように、「年取り」は両方にある。

そして、小正月が終わって二十日は「二十日正月」とか「しまい正月」といい、この日が正月の終わりで、十四日に作って木の枝に刺して飾ったマユダマ団子をはずして二十日の小豆粥あるいは雑炊に入れて食べる。

「正月」という区切り

新潟県加茂市の正月行事には、「大正月」と「小正月」という内容が違う正月と、「七日正月」「十一日正月」「二十日正月」というように、「大小」や期日を冠した「正月」がある。こうした「正月」は一月という意味ではなく、何らかの意味や来歴をもった年初行事の意味であり、十四日が「小年取り」であることからいえば小正月は「十五日正月」ということもできる。なかでも十一日正月は大正月の終わりの日、二十日正月は正月行事の終わりの日という意味をもち、こうした正月の区切りは各地に同様な伝承があるだけでなく、江戸時代の年中行事書にも見られる。

延宝四年（一六七六）の序をもち、京都を中心とする年中行事をまとめた黒川道祐編の『日次紀事《ひなみきじ》』によれば、一月十四日には「歳越」として、今夜は俗に「十四日歳越」といってそれぞれが祝う、一月二十日には「二十日正月」といい、「二十日団子」

をつくってこれを食べるとしている。「歳越」は年取りと同意であり、十四日を年取りとすることと「二十日正月」という区切りは、江戸時代前期にはすでにあったのがわかる。

また、曲亭馬琴《きよくていばきん》が編み、藍亭青藍《らんていせいらん》が補った嘉永《かえい》四年（一八五一）の『増補俳諧歳時記栞草』（岩波文庫刊）には、「七日正月」を春の季語にあげ、身分の低い者たちは「正月七日・廿《はつ》日等の日を正月と云こ、ろは、恣《ほしい》ま、に遊びをするを云」と説明している。「十四日年越」「二十日正月」も季語にあげていて、「松の内」「注連《しめ》の内」の季語には「正月十五日迄を、松の内・注連の内と云。江戸にては七日に門戸の飾りを除く。近来の風俗也」としていて、七日までを「松の内」という区切りは近年のもので、以前は十五日であったという。ここにいう七日までの「松の内」は、学校の正月休み明けのもとになっているが、会社・工場などの正月休みは三が日までが多く、「正月」という楽しみは短くなっている。

人日節供と七草粥

徳川《とくがわ》幕府が定め、現在も知られている「五節供」は、一月七日の人日《じんじつ》、三月三日の上巳《じようし》、五月五日の端午、七月七日の七夕、九月九日の重陽《ちようよう》で、一月七日を「人日」というのは、中国漢代《かん》の東方朔《とうほうさく》による『占書』に太陰太陽暦の年初の八日のうち、「初七是人」とあって、この日に人間が生まれたと記していることに拠《よ》るといわれている。「人日」は、民間には広まらなかった言い方であるが、東方朔は江戸時代には絵師たちによってしばしば描かれ、また貞享《じょうきょう》三年（一六八六）には『東方朔秘伝置文』が出版されるなど、知識人の間には『占書』は陰陽道《おんみょうどう》書として知られていた。

「五節供」自体は、室町時代である文安三年（一四四六）の『壒嚢抄《あいのうしょう》』に「五節供」のことが記され、江戸時代以前に五つの節供を一括する考え方は成立していた。この時代の「五節供」というのは、正月は元日であり、人日である七日は含まれていなかった。それが江戸時代になって、元和《げんな》二年（一六一六）以降に五節供のひとつとして幕府の慣例行事になったといわれている（田中宣一『年中行事の研究』による）。

一月七日が「五節供」に入るのは、他より新しいのであるが、この日に現在も行われている菜の粥のようなものを作って神仏に供えたり食べたりすることは、古くからあった。アマテラスを祀《まつ》る伊勢神宮内宮《ないくう》である皇大神宮《こうたいじんぐう》の諸祭儀を記した延暦《えんりゃく》二十三年（八〇四）の『皇太神宮儀式帳』には、正月例の七日に「新菜」の「御羹」をつくって太神宮《だいじんぐう》と荒祭宮《あらまつりのみや》に供えるとある。「新菜」は文字通りこの時期の若菜のことであり、これを入れた「羹《あつもの》」（具を入れた吸物）が神々に供えられた。このことは神宮だけではなかったようで、平安時代後期の『枕草子』にも、「七日、雪間の若菜摘み、青やかにて……」（三段）とか「七日の日の若菜を、六日、人の持て来騒ぎ、取り散らしなどするに……」（百二十九段）というように、宮中や公家《くげ》たちの間でも同様なことが行われていたと思われる。

鎌倉時代末の『二中歴《にちゆうれき》』には、「節日由緒」として七日に七種の草をとって羹にして食べることは、邪気を除くことであると、このことの意味も記している。また、先にもあげた『壒嚢抄』には、「正月七日ノ七草ノアツモノト云ハ、七種ハ何々ゾ」として、七草の種類にはいくつかの説があることを示している。

このことがどのように民間に広まったのかについては定かではないが、これも先にあげた『日次紀事』には、「七草」は今日いう「人日」のことで、「良賤互相賀」として、前日から七日の朝まで、家々では「七種菜」に代わって茹《ゆ》でたスズナやナズナなどを布を叩く砧《きぬた》板の上にのせて棒で叩きながら七草の囃子《はやし》を唱え、七日の朝にこれを粥に入れて食べる。「俗間」（庶民たちの間）では、七草を茹でた湯に爪を漬けて爪を切ることを行っていると記している。

少なくとも京都では、江戸時代前期には、現在も行われている七日の七草粥が庶民にも広がっていた。この書でしばしば利用している十九世紀初めである文化年間の

1月7日の七草叩き　神棚の下で包丁のミネと杓子で叩く（神奈川県平塚市）

「諸国風俗問状」の答えを見ていくと、熊本県天草地方では七草の羹に餅を入れて食べることは稀《まれ》に行う家がある、徳島県や淡路《あわじ》島《しま》では七草粥ではなく、七草の和《あ》え物を作って食べると記し、現在の秋田県から広島県にかけては、七日の朝に叩いた七草を入れた粥か雑炊を作って食べている。ただし、現在もそうであるように、春の七草に対する知識はあるが、これらをすべて揃えるところは稀なようで、ナズナ、スズナなど手に入れやすいものを使っていたようである。現在の福島県の白河では、海藻であるホンダワラやツノマタ、昆布、さらには串柿《くしがき》（干し柿）などを入れるとしている。

正月七日に若菜を食べることは、約二百年前には列島各地に広まっていたようで、この若菜を叩くときには、「諸国風俗問状」の答えでは、現在の広島県府中《ふちゅう》市附近では「唐土の鳥が日本の内へ渡らぬうちに七種そろへてやいほうやいほう」と囃《はや》すという。この囃子と同様な唱えごとも、秋田から徳島までの答えにある。

若菜の力

鎌倉時代末の『二中歴』には、前述のように七草の羹を食べるのは邪気を除けるためとあり、文化年間の「諸国風俗問状」の答えにも、阿波《あわ》国高河原《たかがわら》村《そん》（徳島県石井《いしい》町）の答えに、これは年中の邪気を去るためと伝えるとある。このことは『日次紀事』にある七草の茹で湯に爪を漬けてから爪を切るのも同じで、「諸国風俗問状」の答えには、こうして爪を切れば爪切りの日を選ばなくてもいいという伝承を記すところがある。近年までの七草粥の伝承では、叩いた七草の汁を爪につけてこの日に切ると、ひょう疽《そ》（化膿《かのう》性爪囲《そうい》炎）など爪の病に罹《かか》らないと各地でいっており、まさに新春の若菜には病気除けの呪力《じゅりょく》があると考えられていたのがわかる。

宮崎県や鹿児島県などでは、六日を「六日年《どし》」といい、七日を「七日正月」といって各家では朝に若菜を入れた「七日雑炊」を食べる。「七日正月」という言い方やこの日の雑炊は沖縄県でも行われているが、南九州では、この日には七歳の男女の子どもが着飾って近隣七軒の家から七草雑炊を貰《もら》って食べる。このことを「七所《ななとこ》雑炊」といってこうすると健康に育つといわれている。他の地域では見られない民俗であるが、これは若菜の力によって七歳の災厄が祓《はら》われると解釈することができる。

七草の若菜は、江戸時代の記録でも現在の伝承でも、切るものではなく叩くものである。スリコギや火箸《ひばし》、包丁のミネなどで先の囃子ことばを唱えながら叩くというのが、ほぼ全国的である。この若菜叩きの作法は、「唐土の鳥が日本の国に」云々《うんぬん》という唱えごととあわせて考えるなら、中国の六世紀の記録である『荊楚《けいそ》歳時記』にある、この日には夜に多くの「鬼鳥」が渡ってくるので、家々では床や戸を叩いて追い払うという行事との関連が指摘できる。「唐土の鳥」が「鬼鳥」であり、若菜をスリコギなどで叩くのが床や戸を叩くことになる。

七草を叩く唱えごとは、嘉禎《かてい》三年（一二三七）の『桐火桶』という文献に、現在とほぼ同じ唱えごとが記されている。その歴史の古さがうかがえるとともに、本来は六日の晩から七日朝まで叩き続けなければならないが、これを省略して六日晩に叩き、さらに七日朝に叩いて粥などに入れることになったのである。

予祝・火祭りと来訪神

【よしゅく・ひまつりとらいほうしん】

旧暦正月

中国山地東部の岡山県阿哲《あてつ》郡神代村《こうじろそん》（現・新見市《にいみ》）に明治二十六年（一八九三）に生まれ、生涯をこの地に生きた赤木《あかぎ》勝太郎《かったろう》が残した「日誌」がある（赤木祥彦《よしひこ》編『山地農民の昭和史―赤木勝太郎日誌・金銭出入帳―』柊風舎刊）。それは勝太郎が一家を支えるようになる三十七歳の昭和五年（一九三〇）三月に始まり、亡くなる昭和四十九年（一九七四）六月の約一ヶ月前までのものである。日誌は、関東大震災や恐慌後の日本経済の混乱と内政・外交の不安定な時代に始まり、その後のアジア・太平洋戦争、戦後の高度経済成長という激動の昭和に、一家がいかに生きたかの記録である。山間の農家である赤木家は、昭和初期には毎年、炭焼き、稲作、畑作を繰り返し続け、戦後には炭焼きからタバコ栽培へと変化するものの、同じように家族揃って粛々と仕事を行っている。

こうした日々の記録を見ていると、これこそが安定した生活だと理解できるが、それでも生活の変化は必ずあって、昭和四十六年（一九七一）二月初旬は、前年十二月から続くタバコの仕事を家族揃って行い、これが片付いてから藁《わら》仕事、そして一月二十七日が「旧正月元日　休み」で、この日から数日「内居」として仕事をせずに過ごしている。翌四十七年（一九七二）には一月元日には年賀状の控えを日記帳に書き、三が日は「内居」である。そして二月十五日が「旧正月元日」でやはり何日か「内居」で過ごしている。赤木家の、またこの地域の正月が旧暦から新暦へと変化したのはこの年代で、昭和四十七年には正月を二回行っているのである。

六郷の鳥追い小屋と小正月

いわゆる太陰太陽暦の旧暦から現在の新暦への改暦は明治五年（一八七二）十二月だったが、赤木勝太郎家の正月はそれから約百年経って新暦になった。改暦後も長い間、新暦正月では仕事の区切りが悪く、季節感が合わなかったからである。日本国内の、たとえば沖縄県などでは現在も歳事は旧暦で行う傾向が強いが、改暦による歳事の変化には、旧暦の行事期日を現在も使ったり、正月行事を月遅れで新暦の二月に行ったりしている場合など、いく通りかがある。

秋田県南部の仙北郡美郷町六郷《せんぼくみさとろくごう》では、深い雪に覆われるなか、二月十一日には各家では蔵の前にお膳《ぜん》を据え、鍵《かぎ》を供えて拝む「蔵開き《くらびら》」を行い、子どもたちは書き初めである「天筆《てんぴつ》」書きを行っている。「天筆」書きというのは、緑・黄・赤・白・青の五色の紙を貼りつなげた細長い旗に「奉納　鎌倉大明神　天筆和合楽　地福円満楽」の文言と願い言葉などを墨書することで、この旗は長い青竹の先に結びつけて十五日まで家の外に立てる。降り積もった雪の中、家々の入り口には青竹に付けられた色鮮やかな五色の「天筆」の旗が立ち並ぶ。

そして、十三日前後には町内ごとに大人たちが「鳥追い小屋」と呼ぶ雪の小屋を造る。これが「かまくら」の名で知られている雪小屋で、ここに町内の子どもたちが集まって「鎌倉大明神」を祭る。積もった雪を四角に切って積み上げ、天井にはカヤの莚《むしろ》をかぶせた小屋で、集まった子どもたちは互いに小屋を訪問し合って「鳥追い唄《うた》」を歌う。「鳥追い唄」は「ホーイホイ　鳥追いホーイ……」で始まり、にくい雀《すずめ》とカラスを追い払う唄で、この唄を歌うことで農作物に害を及ぼす害鳥を払おうというのである。年の初めに害鳥を追い払うことで、実際の農作時には鳥害に遭わないことを願っている。

十五日には、各家では小正月の餅搗《もちつ》きをして、「餅花」とか「団子花」などと呼んで紅白の小餅を柳の枝に付けて飾っている。これは稲穂をかたどったものであるとか、養蚕《ようさん》の繭玉《まゆだま》とも伝えられ、これを飾ることで豊作を願っている。二月十一日からの一連の行事のクライマックスは、十五日の夕方から始まる「天筆焼き」と「竹打ち」である。夜のとばりがおりて低音の木製のホラ貝が鳴り響くと、これを合図に町の若い衆たちは手に手に長い青竹を持ち、ヘルメットを被《かぶ》って諏訪《すわ》神社前の「かまくら畑」に集まり、町中が南軍と北軍のふた手に分かれ、サイレンを合図に相手の頭上をめがけ長い竹で叩《たた》き合う。叩き合うかけ声とともに竹はバリバリーッと割れ、折れれば新しい竹と交換して続ける。南軍と北軍の竹打ちは二回行われ、この後には正月飾りや門松、天筆などを積み上げた「松にお」に火が付けられる。これが「天筆焼き」で、さらにこの火の中で三回目の竹打ちとなる。三番勝負の竹打ちの勝敗はかまくら保存会によって決められ、南軍が勝てば米の値が上がり、北軍が勝てば豊作になると、これは占いにもなっている。

二月の小正月行事

美郷町六郷の竹打ちは他に類例のない特色ある行事だが、「天筆」の書き初めと「天筆焼き」「竹打ち」などのことは菅江真澄《すがえますみ》の『月の出羽《でわ》路《じ》仙北郡』十六巻にも記されている。真澄は文政《ぶんせい》十一年（一八二八）正月にこれを六郷で見ており、「天筆焼き」と竹竿《たけざお》で打ち合うことを「かまくらやき」と呼んでいるとし、十五日の行事を図示しながら雪の鳥追い小屋に子どもたちが夜籠《よごも》りし、十六日の夜明けに板などを叩きながら鳥追い唄を歌うことを記録している。

小正月の繭玉飾り（神奈川県秦野市今泉）
繭や芋などの作物の形をつくって飾る

どんど焼き（神奈川県相模原市南区当麻）
ここでは1月14日に行っている

真澄の記録からもわかるように、六郷の二月十一日からの行事は旧暦でいえば一月十一日とその後の小正月行事である。ここでは改暦後には、ほぼ月遅れの二月にこれを行っているのである。秋田県南東部の仙北地方では、六郷と同様な月遅れの小正月行事がいくつもある。六郷に近い旧仙南村《せんなん》（美郷町）では二月十五日に「どんど焼き」とも言う「天筆焼き」を行い、旧仙北町（大仙市《だいせん》）でもやはり二月十五日に天筆焼きを行い、その燃え上がる炎がなびく方角の地区が豊作になると伝える。「かまくら」行事では、角館《かくのだて》（仙北市《せんぼく》）では二月十三・十四日に雪を積んだ「かまくら」を造り、夜には天筆焼きと縄を結んで火を付けた炭俵を勢いよく振り回す「火振りかまくら」が行われる。よく知られた横手市《よこて》の「かまくら」行事は二月十五・十六日である。

また、秋田の県南地方では小正月の綱引きも各地で行われ、大仙市刈和野《かりわの》では六十四メートルの雄綱と五十メートルの雌綱を結んだ綱を上町と下町で引き合う大綱引きを二月十日に行っている。これは上町が勝つと米の値が上がり、下町が勝つと豊作になるという占いである。同じく大仙市の大曲《おおまがり》では、二月十五日の夜に長さ六十メートルほどの蛇の形の綱を町の上と下で引き合う綱引きが行われ、上が勝つと米価が、下が勝つと大豆の値が上がるといわれている。さらに湯沢《ゆざわ》市の三関《みつせき》では町の南北で八十メートルの綱を引き合う大綱引きが二月第二日曜に行われている。

「かせどり」と来訪神

月遅れとなった小正月行事は、秋田県内ではまだほかにもあるが、山形県上山《かみのやま》市では二月十一日に若者がケンダイと呼ぶ藁蓑《わらみの》を身にまとい「カッカッカー」と歌いながら踊り回る「かせどり」行事が行われている。「かせどり」が来ると水を掛けることから火伏《ひぶ》せ、あるいは商売繁盛の祈願だといわれている。同じく「かせどり」と呼ぶ行事は、佐賀市蓮池町《はすいけまち》の見島《みしま》にもあって、二月第二土曜の夜に二人の男性が藁蓑をまとい笠《かさ》を被り、先を割った竹棒を持って熊野《くまの》神社の拝殿の床を叩き、さらに家々を回って床を叩いて悪霊を祓《はら》うことが行われている。

こうした「かせどり」も本来は一月の小正月行事である。異様な姿をした来訪者が祝福や厄祓《やくばら》いに訪れているのであり、その姿からこの来訪者は年初めに訪れ来る神であるといえる。やや形式が違うが「かせどり」と呼ぶ小正月の来訪神行事は九州各地や神奈川県・茨城県、そして福島県から岩手県などにも存在していた。小正月に家々を来訪する神としては、秋田県には秋田市豊岩《とよいわ》や秋田市雄和《ゆうわ》に「やまはげ」、にかほ市金浦《このうら》に「あまはげ」、にかほ市象潟町《きさかたまち》小滝《こだき》に「あまのはぎ」があり、これらは月遅れではなく一月の小正月に行われている。

小正月の「悪魔っ祓い」（神奈川県秦野市堀山下）
子どもたちが面をつけて各家を祓ってまわる。
これも来訪神の一つの形式

小正月の小豆焼き占い（長野市若穂保科高岡）
鉄皿に小豆を入れると回転する。
その回転の具合で占いをする

蓑笠を身にまとったり鬼の面を着けたりして神に扮《ふん》して家々を訪れ、年頭にあたっての豊作祈願、祝福、あるいは厄祓い、子どもへの躾《しつけ》を行うのも、小正月としての特色ある行事である。

小正月行事の原義

新暦の一月十四・十五日の小正月は立春前だが、旧暦では、小正月といえば必ず立春後だった。春の到来を立春でいうなら、小正月は間違いなく春の行事であり、こうした感覚が二月の月遅れの小正月を生んだのである。

小正月行事には、害鳥を追い払う鳥追いを行ったり、餅花・団子花によって農作物の豊作の姿を表したりする予祝《よしゆく》、綱引きなどによるその年の占い、右に紹介した天筆焼きやどんど焼き、また西日本や北陸地方などでいう「左義長《さぎちよう》」のように大きな火を焚《た》いて新しい年の災厄を祓う行事、さらには「かせどり」「やまはげ」などさまざまな名称をもち、異様な姿の者が訪れてくる来訪神行事などがある。これらの他にも「成木責《なりきぜ》め」といい、柿の木のもとに鉈《なた》を持って行き、「成るか成らぬか、成らぬとぶち伐《き》るぞ」と木を脅すと、脇にいる者が木になり代わって「成ります、成ります」と答える行事、あるいは新婚家庭の家に行き、「祝い棒」などと呼ぶ棒で嫁の尻《しり》を叩いて子宝に恵まれることを願う行事もある。

小正月行事には多様な内容が含まれているが、これらの原義は豊穣《ほうじよう》や除災、新しい年への祝福という意味である。立春を過ぎての、わずかに春が体感できるこの時期の小正月行事には、より具体的で、生活に密着した願いが込められているのである。

節分

【せつぶん】

太巻きと節分商品

近年急速に広まっている節分行事といえば、この日の晩に巻寿司を食べることであろう。この行事は多くの人が知るように古くからのことではなく、全国的になったのは、コンビニやスーパーなどでこの巻寿司を売りはじめてからである。コンビニでの販売は関西圏や中国・九州地方が早く、平成八年（一九九六）ごろから始まり、それが全国展開したのはおおよそ平成十二年（二〇〇〇）からで、現在では節分にはコンビニやスーパーなどでは欠かせない商品となっている。販売には、方位磁石などを付ける予約特典もあるほどである。

この巻寿司は「恵方巻《えほうまき》」とか「丸かぶり寿司」と呼ばれ、恵方を向いて、切らずに丸のまま食べる、しゃべらずに無言で食べなくてはいけない、といった作法があって、こうすると福や幸運を招くとか、よい一年になる、願いが叶《かな》う、健康になるといわれている。商品としての宣伝はともかく、これが全国化したのは、比較的安価で、食べ方の面白さやもたらされる結果が節分にマッチしたためであろう。「恵方巻」という語は音数が五音であり、今後、俳句の季語になるかもしれない。

一方では節分の巻寿司の普及は、もはや季節行事の食べ物は家で作らず、購入するのが当たり前ということを示している。節分ということでは豆まきの豆も「福豆」として鬼面を付けて売られたり、年越蕎麦《そば》をイメージしてか、「節分蕎麦」が売られたり、惣菜《そうざい》として、イワシが缶詰やレトルトパックとして売られたりもしている。

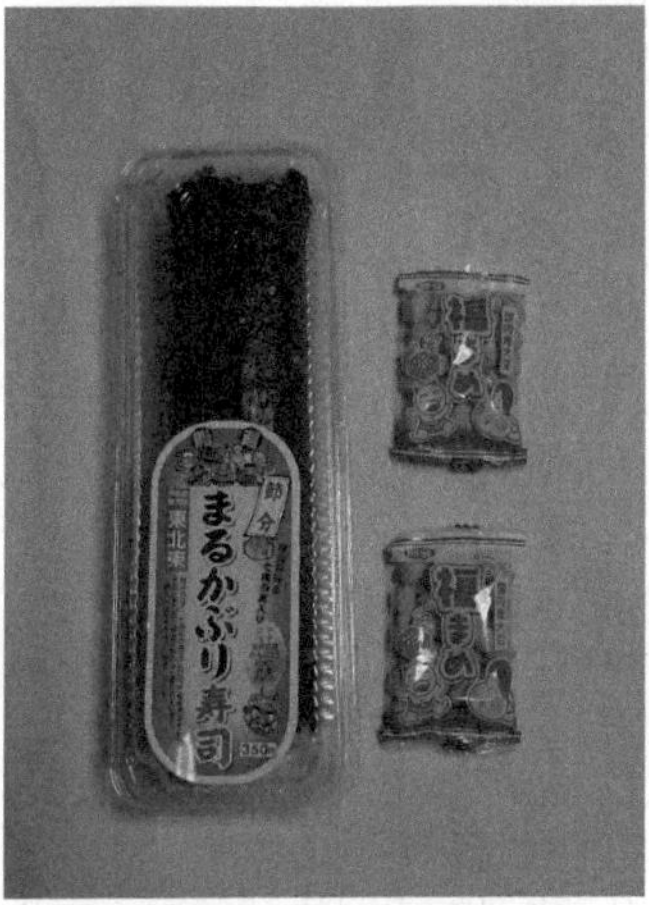

節分の定番となった恵方巻と豆まきの福豆

新たな年中行事のスタイルができつつあるが、節分商品の巻寿司は、昭和十五年（一九四〇）には大阪で「幸運巻寿司」が売られていた。その発想の原点はわかっていないが、広まったのは近年でも、節分の巻寿司の始まりは思いのほか早く、その後、大阪を中心に海苔《のり》や寿司関係の組合などによって何度か商品普及が行われ、平成十年代にコンビニの参入によって一気に広がった。

節分と年越

節分になぜ巻寿司なのか、その来歴は明らかではない。しかし、食べ方やご利益《りやく》は以前からの節分の意味を受け継いでいるといえる。巻寿司の名称でもある「恵方巻」は、後で述べるように旧暦の太陰太陽暦が使われていた時代には「立春正月」といい、立春をもって新年の始まりとする考え方があり、この考え方と関係がある。

元旦《がんたん》正月の場合は大晦日《おおみそか》が年越の日となるが、立春正月では節分が年越日で、天保《てんぽう》九年（一八三八）の『東都歳事記』には、節分は十二月の項にあって、「今夜尊卑の家にて煎豆《いりまめ》を散《うち》、大戟《ひいらぎ》、鰯《いわし》の頭を戸外に挿す。豆まく男を年をとことといふ、今夜の豆を貯へて初雷《はつかみなり》の日、家を合はせ是を服して まじなひとす。又今夜いり豆を己が年の員《かず》に一ツ多く数へて是を服す、世俗今夜を年越といふ」とある。十二月の項にあるのは、旧暦では節分は十二月十五日から一月十五日の間となり、年によって期日が異なったからである。年内に節分・立春がくる「年内立春」は珍しくなく、俳句の季語の「冬の春」や「年の春」はこれを言ったものである。

『東都歳事記』にある節分の夜を「年越」というのは、現在も古老の伝承にあるが、これは翌日の立春からを正月と考えたからである。だから豆まきの男が「年男」で、煎豆を自分の年の数より一つ多く食べて年取りをし、またこの豆が家族みなの新たな年の初雷除《よ》けともなったのである。こうした立春正月の風習は、太平洋戦争後まで現実にあったが、現在では風水《ふうすい》などの占いにこの考え方が残るだけとなっている。

節分商品の縁起

初めにあげた現代の節分商品は、立春正月に基づいた意味づけが行われているのである。「恵方巻」の恵方というのは、その年の福徳を司る歳徳神《としとくじん》がいる方向のことで、「明きの方」ともいう。現代のような元旦の初詣《はつもうで》は明治二十年代以降のことで、これ以前の正月の社寺参りは、「恵方まいり」といって二日から十五日過ぎまでの間に、自家から見てその年の恵方にある社寺へ参詣《さんけい》するのが一般的だった。恵方巻に方位磁石がおまけに付くことがあるのは、その方角を知るためである。

年の変わり目である立春前夜の節分に恵方を向くのは、歳徳神から福徳を得ようという趣向が基盤にあるからで、「恵方巻」を切らずに食べるのは、歳徳神との縁を切らないという連想である。また、「恵方巻」を黙って食べるのは、新年などの神参りの作法に倣《なら》ったものである。新年の神参りは、お参りが済むまでは誰に出会おうと、言葉を交わしてはならないと伝える所が多い。

「節分蕎麦」というのも、この日が年越なので、大晦日の「年越蕎麦」から発想されたものだし、イワシを売るのは、『東都歳事記』にある戸外にイワシの頭を付けたヒイラギの枝を挿す行事など、これが節分の魚であることに基づいている。ここにある戸口に挿すヒイラギの枝とイワシは、ヤッカガシなどと呼ばれ各地で行われている。ヤッカガシとは「焼き嗅《か》がし」の訛《なま》った言い方で、本来は臭《くさ》いものを戸口に掲げて魔の進入を防ぐためのものである。イワシは腐りやすく、しかも腐ると異臭を放ったのであり、これは現在も東京都内や京都市内などの大都会でも、玄関先に見かけることがある。節分のイワシは、戸口に挿すほかに、この日が年取りなので、年取り魚として夕飯の膳《ぜん》に付けるところもある。

ヤッカガシと魔除け

節分というと豆をまいて鬼を追い払う印象が強いが、これとは別に右の「焼き嗅がし」で魔物を防ぐことは全国的である。「焼き嗅がし」というのは、この名の通り、イワシの頭をイロリの火で焼く時に髪の毛を巻き付けたり、唾《つば》を吐きかけたりして臭いにおいを出すのだという。焼くときに「臭い臭いヤッカガシ、隣の婆さん……」といった言葉を唱えたところもある。

ともかく異臭を出すことと、ヒイラギの枝でわかるようにトゲのあるものが必要だった。民俗学というのは、各地でこうした行事や風習などを聞き、見て歩くことが必

鬼除け（高知県高岡郡津野町北川高野）
タラの木にヒイラギをはさんで家の入口近くにさす

ヤッカガシ（奈良市西新屋町）
ヒイラギにイワシの頭を束ねて戸口にさす

鬼面の絵
（岐阜県加茂郡東白川村上親田）
イワシの頭・籠も描かれている

須な研究分野で、数年前に訪ねた岐阜県加茂《かも》郡東白川《ひがししらかわ》村では、節分には粳《うるち》米に小豆《あずき》を混ぜた「赤い御飯」を炊き、馬酔木のことであるアセビ、蔓《つる》植物のエビヅル、ハイイヌツゲである常緑のヤドメを束ねたものと、割り箸《ばし》に刺したイワシの頭、紙に描いた鬼面の絵を家のすべての出入り口に付け、さらに竹竿《たけざお》の先にお茶摘みに使う籠《かご》を付けたものを軒先に立てている。

こうしたことをするのは、この晩に家を訪れて来た鬼は、立てかけられた籠の目を数えるのに懸命となって家に入って来ないとか、来てもエビヅルが巻き付き、また薬草であるアセビの薬効で家に入れず、鬼が射る矢もヤドメによって食い止められる。そして、鬼面の絵を戸口に貼る赤い御飯粒の赤は痛めつけられた鬼の血を表しているという。

東白川村の節分は、他に豆まきもあって手の込んだ行事となっているが、戸口などに付ける鬼除けからは、この日には家にいる鬼を追い出すのではなく、訪れてくる鬼が家に入ってこないようにとか、来た鬼を退治する行事であるのがわかる。同じようなことは千葉県北部にもあって、八千代《やちよ》市ではヒイラギの枝と大豆の茎にメザシの頭を刺し、グミの枝を添えて家の出入り口に付け、さらにこれを籠に入れて竿の先に付けて庭に立てた。これはメザシで鬼をおびき寄せ、ヒイラギで鬼の手を刺して籠で捕まえるためのものだと伝えている。

明らかに節分の晩は鬼に象徴される魔物が家々を訪れる時だったのであり、その魔物の進入を防いだり、痛めつけたり、捕らえたりする呪《まじな》いが行われている。文化年間（一八〇四〜一八一八）の「諸国風俗問状」の答えを見ていくと、各地で節分の晩には修験者《しゅげんじゃ》や禰宜《ねぎ》などが家々を回り、厄祓《ばら》いをしているが、これは年の変わり目で一年間の災厄を祓うとともに、訪れ来る魔物を祓ったのである。

豆まき

何といっても節分に多くの人が行っているのが豆まきで、「鬼は外、福は内」などの掛け声とともに神棚をはじめとして家の中の随所に豆をまく。この豆は鬼を追い払うつぶてとなっているが、節分の鬼と鬼やらいについては、中国の、疫癘《えきれい》をもたらす鬼を駆逐する「儺《な》」という行事が八世紀初めに日本に伝わり、平安時代には大晦日の宮中行事「追儺《ついな》」として恒例となり、それが民間化したと言われている。室町時代の伏見宮貞成親王《ふしみのみやさだふさ》の『看聞日記《かんもん》』には、応永《おうえい》三十二年（一四二五）の節分である一月八日に「鬼大豆打」があり、これは近年行われるようになったとある。

各地の神社で節分に行われている追儺神事は、平安時代の宮中行事に基づいていて、亀戸天神社《かめいどてんじん》では、江戸時代には太宰府《だざいふ》天満宮に倣って節分には二本の角をもち、四つ目の赤鬼・青鬼が猿の皮を被《かぶ》り、鹿角の杖《つえ》を突いた巫《かんなぎ》と問答し、巫が鬼を打ち払う神事が行われていた。東京・上野《うえの》公園に隣接する五篠天神社《ごじょうてん》では、「うけらの神事」として今も追儺が行われ、無病息災の「うけら餅《もち》」が配られている。

鬼を大豆のつぶてで追い払う行事は、こうした追儺と無関係ではない。そして、この時の大豆は年取りの食べ物にもなっている。大豆はそもそも食べ物であることからいえば、本来は鬼を払うつぶてではなく、年の変わり目に訪れ来る魔物へ、まいて授ける供物で、それが追儺の影響で鬼やらいのつぶてになったといえよう。

初午と稲荷　【はつうまといなり】

二月初午

二月初午《はつうま》は例年二月上旬で、四日の立春過ぎになることが多いが寒さはまだ厳しい。立春というのは、文字通り「春が立つ」ということで、この日が春への起点となって次第に暖かくなる。しかしこれは逆にいうなら、立冬から徐々に寒くなり立春の日がもっとも寒い日ということである。立春が寒さの底なら、八月上旬の立秋は暑さのピークである。

寒さ暑さの体感は、現在は二月と八月が対極となっているが、旧暦では春分は例年二月であり、二月というのはまさに春が感じられる月だった。旧暦の二月初午は、新暦にすれば三月中旬頃が多く、啓蟄《けいちつ》を過ぎて春分間近の日になることもある。二月初午の行事は、本来はこうした季節感のなかで行われていた。

二月初午の行事といえば、稲荷《いなり》社の祭り[illegible]ど盛んに行われている。江戸時代に

初午にわらづとに赤い御飯を入れて供える（神奈川県平塚市入野）

初午に油揚げを供える（神奈川県平塚市入野）

さかのぼると、喜田川《きたがわ》守貞《もりさだ》による嘉永《かえい》六年（一八五三）の『守貞謾稿《まんこう》』には、この日には「諸国ともに稲荷社を祭る。京師《けいし》は専《もっぱ》ら稲荷山の神社に詣《けい》す」、「大坂は専ら城辺の荒野に群集し、凧《たこ》を上げ戯《たわむ》る」とある。「京師」というのは京都のことだが、大阪では初午が凧揚げをして遊ぶ日だった。さらに同書は「江戸にては武家および市中稲荷祠《し》ある事、その数知るべからず。諺《ことわざ》に江戸に多きを云《い》ひて、伊勢屋、稲荷に犬の糞《くそ》と云ふなり。今日必ず皆、この稲荷祠を祭る」という。ことに江戸では稲荷社が数多くあることをいい、初午の祭りには「三都とも、今日専ら小豆飯《あずきめし》に辛《から》し菜《な》の味噌《みそ》あへを調し、これを供しこれを食す」のが習わしだったと記す。稲荷社の祭りといえば、今では油揚げを供えるのが一般的で、「稲荷寿司《いなりずし》」の名の由来はここにあるが、当時の供物は油揚げではなかったのである。

江戸の稲荷社

「伊勢屋、稲荷に犬の糞」とまで言われるほど江戸には稲荷社が多かったのであり、天保《てんぽう》九年（一八三八）の『東都歳事記』には初午の祭りが詳しい。これによれば寺社の境内《けいだい》に勧請《かんじょう》して町内でまつる稲荷社では、神楽《かぐら》を奏したり子どもたちが一晩中太鼓を叩《たた》いたりし、また町人たちは「千社参《せんじゃ》り」といって小さい紙に自分の名を書いた札を貼りながらあちこちの稲荷社にお参りした。自分の名を書いた札というのは、現在いう「千社札《せんじゃふだ》」のことであり、これは初午の「千社参り」に由来するのがわかる。また、初午には稲荷社に絵馬《えま》奉納が盛んに行われたので、初午前には市中には絵馬売りが回っていた。

『東都歳事記』にはこの日に祭りを行う江戸の稲荷社が四十七社もあげられている。このうちのいくつかをあげると、今の東京都北区《きた》にある王子《おうじ》稲荷は関東地方の稲荷社の司《つかさ》だといい、湯島《ゆしま》（東京都文京区《ぶんきょう》）の妻恋《つまこい》稲荷ではこの日に「狐惑」を避ける神札を出すという。「狐惑」は「きつねつき」と読み、狐に取りつかれることである。JR新橋《しんばし》駅（東京都港区）の西に現在は烏森《からすもり》神社としてまつられている烏森稲荷は、初午の二日前に神輿《みこし》が出御《しゅつぎょ》して御旅所《おたびしょ》でお守りとする杉の葉を参拝者に分ける。現在、烏森神社の近くに鎮座する日比谷《ひびや》神社である日比谷稲荷も、同様に初午の二日前には神輿が氏子《うじこ》町内を神幸《しんこう》して御旅所に遷座する。東京都新宿区《しんじゅく》に高田《たかた》水稲荷《みずいなり》神社としてまつられる水稲荷では、二月初午には古例の奉射《ぶしゃ》式と神楽の奉納がある。現在のJR水道橋《すいどうばし》駅（東京都千代田区）に近い地には三崎《みさき》稲荷があり、ここでは初午には「神《かん》応湯《のうゆ》」という疱瘡《ほうそう》の神薬《かみやく》を分けるが、この薬は寛永《かんえい》年間（一六二四〜一六四四）に霊告があって出すようになったという。

　四十七社もの稲荷社があげられているのは、初午の稲荷社参りは現在では想像もできないほど盛んだったということで、同書は稲荷社列記に続いて江戸時代初期の俳人である野々口立圃《ののぐちりゅうほ》の「初午やほこりにかすむ通り筋」をあげている。立圃は京都の雛《ひな》人形屋であり、この句は町人たちの、伏見《ふしみ》稲荷社への初午参りを詠んだものと思われる。

『東都歳事記』はしばしば歳事に関連する句を文中に引くのが特色で、季語と歳事の結びつきがうかがえる。初午には、たとえば江戸時代中期の名古屋《なごや》の俳人、横井也有《よこいやゆう》は「初午や禰宜《ねぎ》に化《ば》けたる庄屋殿」を、江戸時代後期の小林一茶《こばやしいっさ》は「初午を後に聞くや上野山」と詠んでいる。也有は狐が化けるように初午には庄屋が禰宜に化けて稲荷社の祭りを行うこと、一茶は初午に稲荷社で叩かれる太鼓の音が上野山に登る背後から聞こえることを句にしているのであり、当時はこの祭りはなじみ深かったのがうかがえる。

稲荷の霊験

初午の祭りがなじみ深く稲荷社が賑《にぎわ》ったのは、単に祭り好きという心性によるだけではなく、稲荷にはさまざまな霊験《れいげん》が伝えられ、それを多くの人が真のことと信じていたからである。先にあげた王子稲荷には、今も社殿の裏山に神使《かみづかい》の狐が住む穴が残され「お穴様」として聖地になっている。文政《ぶんせい》十二年（一八二九）の序をもつ『江戸名所図会』などによれば、王子稲荷には、毎年の大晦日《おおみそか》には各地の狐が集まって来るので、地元の人たちはその狐火の火影の様子で豊凶を占うという。

王子稲荷社では、江戸時代中期には初午に「火ぶせ凧」を頒布《はんぷ》するようになっているが、稲荷の火難除《かなんよ》けについては、烏森稲荷は明暦《めいれき》三年（一六五七）一月の江戸の大火でも、この社だけ焼失を免れたことで、霊験あらたかだといっそう信仰が広まったと伝える。同様に江戸時代に大火の難を逃れたという伝承は、東京都中央区《ちゅうおう》にある椙森《すぎのもり》稲荷社、台東区《たいとう》の下谷《したや》稲荷社や宮古《みやこ》森《もり》稲荷社、練馬《ねりま》区の火消稲荷社にもある。さらに港区の古寿老《こじゅろう》稲荷社は、大正十二年（一九二三）の関東大震災や太平洋戦争の空襲でも周辺一帯が燃えなかったのはこの神社の霊験によるといい、中央区銀座《ぎんざ》の豊《とよ》岩《いわ》稲荷社も太平洋戦争の空襲でも難を逃れ、火防の神として祀《まつ》り続けているなど、火伏せの信仰は現在も続いている。

こうした稲荷の火防信仰は、江戸東京だけではない。東北地方には初午に田圃《たんぼ》からタニシを採って来て家の屋根に投げ上げると火災除けになるとか、東北地方から関東甲信越地方では稲荷をまつる初午にお茶を飲んだり、風呂《ふろ》を焚《た》いたりすると火災に遭いやすいので、お茶をいれない、風呂を焚かないと伝えるところがある。関東地方では初午の期日が早い年には火災が起きやすいといい、鳥取県など山陰地方では初午に家の屋根に何度も水をかけると火災にならない、九州北部の福岡県・大分県などでも稲荷や初午と火防が結びついた伝承がある。

稲荷信仰は五穀豊穣《ごこくほうじょう》、商売繁盛だけではなく、火防信仰は右のように国内の広範囲にわたる。また、先にあげた日比谷稲荷社は「鯖稲荷《さば》」という別名をもち、虫歯の痛み止めや赤児の疳《かん》の虫封じには鯖を食べることを断って祈願した。東京都中央区の高尾稲荷社は、頭痛持ちの人はこの社に供えられた櫛《くし》を一枚借り、これで髪をなでると頭痛が治る。こうして願が叶《かな》ったら借りた櫛に新しい櫛を添えて奉納したという。新宿区の市ヶ谷《いちがや》八幡社の茶ノ木《ちゃき》稲荷では、眼病の人は願掛けに七日間お茶断ちをしたなど、稲荷社に病気平癒を祈願する伝承は各地にある。

初午と稲荷詣

このように稲荷の霊験にはさまざまな伝承があり、その信仰は生活と密着している。いわば現世利益《げんぜりやく》的な信仰で、稲荷信仰は江戸時代に一気に各地に広まった。しかし、二月初午に稲荷社に詣《もう》でることは古くから行われていた。平安時代末の『今昔物語集《こんじやく》』には「今昔《いまはむかし》、衣曝《きさらぎ》ノ始午《はつうま》ノ日ハ、昔ヨリ京中《じゅう》ニ上中下《かみなかしも》ノ人稲荷詣《もうで》トテ参リ集《つど》フ日也《なり》」として、茨田《まった》ノ重方《しげかた》という男が稲荷詣に来ていた艶《なま》めかしい女に声をかけて口説《くど》いたら、その女は自分の妻で、重方はその妻に頰を激しく叩かれたという物語がある。この稲荷は今の伏見稲荷大社であり、当時はこの社に多くの男女が初午に参るので、

稲荷への奉納鳥居
（京都市伏見、伏見稲荷大社）
たくさんの赤鳥居が奉納されている

ここは男女出会いの場になっていた。十世紀末の清少納言の『枕草子』にも二月午の日に伏見の稲荷社に詣でる姿が描かれている。

平安時代後期には、京都では二月初午に伏見の稲荷社へ参詣《さんけい》することが盛んになっていたが、その初見は『大鏡《おおかがみ》』の元慶《がんぎょう》八年（八八四）の記載で、ここには「二月の三日、初午といへど甲午《きのえうま》の最吉日、常よりも世こぞりて稲荷もうでにののしりしかば（以下略）」とある。午の日でも、この日が干支《えと》で甲午だともっとも良く、通常よりも稲荷詣の人出が多かったのがうかがえる。

広く知られた稲荷社といえば、現在の伏見稲荷大社のほか、愛知県豊川市の豊川稲荷（曹洞《そうとう》宗・妙厳寺《みょうごんじ》）や岡山市の最上《さいじょう》稲荷（日蓮《にちれん》宗・妙教寺《みょうきょうじ》）、茨城県笠間《かさま》市の笠間稲荷社、佐賀県鹿島《かしま》市の祐徳《ゆうとく》稲荷社、宮城県岩沼《いわぬま》市の竹駒《たけこま》稲荷社、大阪府東大阪《ひがしおおさか》市の瓢箪山《ひょうたんやま》稲荷社、広島県福山市の草戸《くさど》稲荷社など多くがあり、四月の初午や初卯《はつう》に祭りを行う地方もある。

二月初午の祭りは、平安時代の記録からわかるように伏見稲荷社によるが、この期日は和銅《わどう》四年（七一一）二月初午に伏見の三《さん》ノ峰《みね》に稲荷大神が鎮座したことによるという。この由緒は安永《あんえい》九年（一七八〇）『都名所図会』の「三の峰稲荷大明神の社」にも記されている。現在の伏見稲荷大社では、正月の大山祭《おおやまさい》、奉射祭《ほうしゃさい》、初午祭、稲荷祭、火焚祭などの祭りがある。初午詣は祭りの一つであり、『都名所図会』には「例祭は四月上《かみ》の卯の日なり」となっていて、四月の稲荷参りはこの例祭に則《のっと》ったものである。

最後に付け加えておくと、稲荷に油揚げは、狂言「釣狐《つりぎつね》」で猟師が狐を捕らえるために餌《えさ》にした若鼠の油揚げが、十八世紀に豆腐料理が流行したことで、稲荷の神使への供物には豆腐の油揚げが使われるようになった。

目一つ小僧の来る日

【めひとつこぞうのくるひ】

妖怪を研究する

「言霊《ことだま》の幸《さきわ》ふ国」と日本を性格づけたのは『万葉集』だが、それとともに日本文化の特色の一つと言えるのは、日本列島から琉球列島にかけての島々には、さまざまな妖《よう》怪《かい》が跳梁《ちょうりょう》し、細部に跋扈《ばっこ》して人間界と交渉を続けていることである。その様子は、早く明治二十年代には井上円了《いのうええんりょう》（一八五八〜一九一九）が「妖怪学」なる学問を立ち上げ、『妖怪学』や『妖怪学講義』など多くの著作で紹介している。そして後には、日本の民俗学を創設した柳田國男（一八七五〜一九六二）が大正時代から昭和十年代にかけて各地の妖怪を取り上げて論じ、昭和三十一年（一九五六）には『妖怪談義』としてまとめている。

日本の妖怪は、近代以降は学術研究の対象ともなったが、こうした心意現象への関心は、江戸時代後期の国学者である平田《ひらた》篤胤《あつたね》（一七七六〜一八四三）にもあった。篤

「百鬼夜行絵巻」〔粉本〕（個人蔵）

胤は稲生《いのう》武《ぶ》太《だ》夫《ゆう》が物怪《もののけ》を退治する絵巻『稲生《いのう》物怪録《もののけろく》』を編み、また『古《こ》今《こん》妖魅《ようみ》考《こう》』を著している。さらに妖怪への関心は中世にもさかのぼり、十四世紀には楽器や鍋釜《なべかま》などさまざまなものが妖怪となった「百鬼夜行絵巻《ひゃっきやぎょうえまき》」が作られ、ここには異形《いぎょう》の者たちの道行きが描かれている。

俳諧《はいかい》や俳句にどのような妖怪が登場するのかは調べていないが、先の柳田の『妖怪談義』には、河童《かっぱ》、めどち、小豆《あずき》洗い、狸《たぬき》の団《だん》三郎《ざぶろう》、ひだる神、座敷わらし、山姥《やまんば》、ひひ、大人《おおひと》弥《や》五郎《ごろう》、一つ目小僧、一本だたら、天狗《てんぐ》などが登場する。そして、この書の巻末には「妖怪名彙《めいい》」が付され、ここにはシヅカモチ、タタミタタキ、センダクギツネ、ヌリカベ、イッタンモメン、ノブスマ、クビナシウマなど、各地に息づく多様な妖怪伝承の具体例が並んでいる。

目一つ小僧の伝承

妖怪の存在は絵空事《えそらごと》であり、他愛もないものだと思えば、その先には一歩も進まない。篤胤や井上円了、柳田國男が妖怪を研究対象としたのは、これをそうは考えなかったからである。こうした「もの」に日本人の心意が映し出され、精神世界の研究には絶好の素材だと考えたのである。

具体的に日本の年中行事を見ていくと、さまざまな場面で妖怪に出会うことができる。その一つがこの項の「一つ目小僧」あるいは「目一つ小僧」と呼ぶ、一眼の少童《しょうどう》である。その出現は二月八日と十二月八日で、おもに関東甲信越地方の各所で伝えている。

たとえば神奈川県綾瀬《あやせ》市では、二月と十二月の八日をヨウカゾウ（八日僧）と言い、目一つの魔物である目一つ小僧が夕刻に家々を訪れるという。そのため両日には、目がたくさんあるメカゴ（目籠）を竹竿《たけざお》の上に付けて屋根や門口に立てかけている。籠《かご》を掲げるのは、訪れて来た目一つ小僧は家の入口にたくさんの目をもつものがいて驚き、逃げていくからで、目一つ小僧は、子どもをさらうためとか、家の者に病気や災厄を与えるために来ると伝える。さらに十二月八日には、どこの家に病気を憑《つ》けるかを帳面に記録し、これを二月八日に取りにくるからといって、路傍《ろぼう》にまつられている道祖神《どうそじん》に預けて帰る。厄介な帳面を預けられた道祖神は困り果て、正月十四日にしめ飾りや門松などを集めて燃やすセエトバライでこの帳面を焼き、二月に目一つ小僧が帳面を受け取りに来たときには、自分の家とともに火事で焼けてしまったといい逃れるのだと伝える。

ヨウカゾウには目の多い籠を玄関に置く（神奈川県座間市座間入谷）供物に小豆粥を供える

　目一つ小僧は目籠で脅《おど》され、道祖神には病気を憑《つ》ける家を記した帳面を焼かれ、結局人間に災厄や病気を憑けることができない。目的を果たせず退散する魔物の目一つ小僧は憐《あわ》れでもあり、またここがこの伝承の滑稽《こっけい》さでもあるが、千葉県の市川《いちかわ》市や松《まつ》戸《ど》市、柏《かしわ》市などでは、二月八日と十二月八日を「八日節供《ようかぜっく》」と呼び、この晩には目一つの妖怪であるヒトツマナコが歩き回るという。これは悪鬼だともいい、両日にはヒトツマナコに襲われないように、夕方になると家の軒先に目籠を竿の先に付けて立てた。ここでも目が一つの妖怪は目のたくさんある目籠を恐れたが、どういうわけかこの地域では、その翌朝には軒先に立てた籠の下に銭が落ちているという。これは親がこっそり銭を撒《ま》いておき、子どもに拾いに行かせ、ヒトツマナコが本当に来たと信じる子どもを喜ばせたのだという人もいる。

目一つ小僧の正体

二月と十二月の八日に来訪する目一つ小僧やヒトツマナコは、東北地方ではこれに代わって厄神《やくじん》とか疫病神《えきびょうがみ》が訪れるといい、関東地方北部では悪魔とか魔物だと伝える所が多い。伝承地域は限定されているが、茨城県西部から栃木県では笹神様《ささがみさま》が訪れるといって、竹三本を庭に立てて供物《くもつ》をする所、静岡県東部では疱瘡神《ほうそうがみ》が来訪すると言い伝えている所がある。さらに西日本では、各地で二月八日には「コトの神」と呼ぶ一本足の神が訪れるという。

多くの地方で来訪する神は、災厄や病気をもたらすものだったり、異形《いぎょう》のものだったりするのである。しかも関東地方から東北地方南部にかけては、目籠のほかにニンニクやヒイラギの枝、唐辛子、豆腐を家の戸口に付けた所もある。豆腐はともかく、ニンニクやヒイラギ、唐辛子といえば、臭い、トゲ、辛味をもつもので、災厄や病気をもたらすものを防御しようという心意がうかがえる。さらに積極的には、静岡県や愛知県、山梨県、長野県では、二月と十二月の八日には「八日送り」とか「送り神」などといい、この悪神を藁《わら》人形に見立て、鉦《かね》や太鼓で囃《はや》しながら村境や海に送り出す所さえある。

来訪する目一つ小僧やヒトツマナコの性格はこれでわかるが、それでは何故、こうしたものが一つ目なのだろうか。おおいに気になるところである。西日本では前述のように一本足だと言っている。一眼一本足といえば、一本だたらの妖怪となり、これは言うまでもなく製鉄を行うたたら師がまつる神に由来し、『日本書紀』などに記される「天目一箇神《あめのまひとつのかみ》」に系譜することになる。しかし、目一つ小僧やヒトツマナコは、たたら師の神では説明がつかず、正体は別にあり、それは人の善悪を監視するという「天の眼《まなこ》」と考えるほうがわかりやすい。西日本の一本足の解釈は残るが、「天の眼」に対しては、たとえば井戸の底には「井戸眼《まなこ》」があるという伝承は広い。この「井戸眼」は「地の眼」だとも言える。人は天からも地からもにらまれていると考えていたのである。二月と十二月の一つ目の妖怪をダイマナク（大眼）と呼ぶ所があるが、それはまさに天の大眼で、こうした姿をもつ神が両日に来訪するという信仰である。

目籠を立てる

二月と十二月の八日に竿に目籠を付けて立てることは、『東都歳事記』（天保《てんぽう》九年〈一八三八〉）にも見える。両日を「お事《こと》」といい、「家々笊目《ざるめ》籠《かご》を竹の先に付て屋上に立てる」とある。現在の東京都世田谷区上町の大場家『家例年中行事』（文化六年〈一八〇九〉）でも、両日を「おこと」といって、朝の六ツ時（午前六時頃）に門口に目籠を立てる。籠は目の多い小籠なら何でもよく、竿の先に付けて立てるのは、前日七日の夕方からでもよいとしている。

同じようなことを両日にしているのは、文化年間（一八〇四〜一八一八）に各地の風俗習慣を記した「諸国風俗問状《しょこくふうぞくといじょう》」の答えによれば、現在の福島県の白河、信夫《しのぶ》郡・伊達《だて》郡、茨城県の水戸《みと》、新潟県の長岡、愛知県の吉田（豊橋）である。秋田県の秋田でもこれを行う家があるが、どちらかといえば葉の多い竹を六十センチほどに切って、これに唐辛子を付けて門の左右に付ける場合のほうが多いという。そして、三重県の白子《しろこ》（鈴鹿市）、広島県の福山では、針供養の日でもある二月八日に竿の先に籠や目籠を付けて立てている。

目のある籠を二月と十二月の八日、あるいは二月八日に家の軒に立てることは、広範囲に行われていたのである。この目的は、信夫郡・伊達郡では天上からの神を迎え、送るため、秋田では疫病除《よ》け、長岡では疫神を追い払うためと伝えている。信夫郡・伊達郡は他と異なるが、秋田や長岡には現在とほぼ同じ伝承が文化年間にも存在していたのがわかる。

事始めと事納め

目一つ小僧や疫病神などが訪れる二月と十二月の八日は、先の『東都歳事記』には、二月八日は「正月事納め」、十二月八日は「正月事始め」だが、逆に二月八日を「事始め」、十二月八日を「事納め」ともいうとある。「事」の始めと終わりに、逆の伝承が並存していたのである。いずれにしても民俗学では、これらの日が「事」という名で伝えられていることから、「事八日《ことようか》」と総称している。ただし、これは東北地方の一部や近畿地方南部、九州中・南部、沖縄地方には伝承がなく、また近畿地方北部から中国地方では「春ごと」といって二月だけに行われている。

「事」の名は、たとえば能登《のと》半島では稲の刈上げ祭りをアエノコト、東北・関東地方では三月十五日の梅若《うめわか》忌を「梅若ゴト」と呼ぶことなどから、家の祭りや小祭を意味するといえる。この「事」の始まりを二月八日とするのは、正月の祭事が終わってこれから家々の祭りや小祭が始まり、十二月八日を最後として正月祭事の準備に入ることになる。逆に十二月八日を「事」の始めとするのは、一年間の農作業が終わり、この日から正月祭事のための物忌みの祭りが始まることになる。

どちらを始めとするかは、現在の各地の伝承でも一定せず、何ともまぎらわしいが、九条兼実《くじょうかねざね》の日記『玉葉《ぎょくよう》』の仁安《にんあん》二年（一一六七）二月八日の条には「事始了」と記されている。平安時代末には、すでにこの日が公家《くげ》の間では「事」の日となっていたのがわかる。この文面を素直に読むなら、この日に「事始」の行事が「了」となるが、いずれが本来の始めなのかは、明確な判断はできない。

雛人形と桃の節供

【ひなにんぎょうとももののせっく】

雛市のにぎわい

三月三日の上巳《じょうし》節供に雛《ひな》人形を飾る現在のような雛祭りが一般化するのは、江戸時代に雛人形を売る雛市《ひないち》が立つようになってからである。雛市は、江戸では貞享《じょうきょう》年間（一六八四〜一六八八）に、現在の東京都中央区の日本橋《にほんばし》周辺である中橋《なかばし》、尾張《おわり》町一丁目、十軒店《じっけんだな》、人形町《にんぎょうちょう》や千代田区の麴町《こうじまち》四丁目に二月二十七日から三月二日まで立つようになった。その後、江戸時代末の天保《てんぽう》年間（一八三〇〜一八四四）には、同じ期間に浅草茅町《あさくさかやちょう》や池之端仲町《いけのはたなかちょう》、牛込神楽坂上《うしごめかぐらざかうえ》、芝明神前《しばみょうじんまえ》にも雛市が立ち、江戸の雛市は百年余の間に倍増した。

こうした雛市の様子を『東都歳事記』（天保九年〈一八三八〉）は、「街上に仮屋を補理《しつら》ひ、雛人形・諸器物にいたるまで金玉を鏤《ちりば》め造りて商ふ。これを求むる人、昼夜大路に満てり。中にも十軒店を繁花の第一とす。内裏雛《だいりびな》は寛政《かんせい》の頃、江戸の人形師・

原舟月《はらしゅうげつ》といふ者一般の製《つくり》を工夫し、名づけて古今ひひなといふ。これより以来世に行はれて、大かたこの製作にならへり」と記している。また、天保三年（一八三二）の『江戸名所図会』には十軒店の雛市の挿絵があり、道に面した畳敷きの店先に箱に入れた内裏雛をびっしり並べて売る店、雪洞《ぼんぼり》や人形の屏風《びょうぶ》など雛飾りの道具を草葺《くさぶ》きの仮屋に並べて売る店、通りを行き交う多くの人の姿が描かれている。

この時代には、寒かった冬も終わり、桜の花が見頃となる旧暦二月下旬には華やかな雛祭りの季節となり、江戸の街のあちこちに雛の市が立ち、これを買い求める人で賑《にぎ》わったのである。そして、このような雛市は江戸だけではなく、京都では四条《しじょう》に、大坂《おおさか》では御堂《みどう》（東西本願寺《ほんがんじ》別院）前にも立つようになり、上巳節供に雛人形を飾る習俗は、江戸や京大坂などの大都会から広がったのである。

雛人形

雛人形といえば、現在では最上段に内裏雛、その下に三人官女《さんにんかんじょ》、五人囃子《ばやし》、随身《ずいじん》、衛士《えじ》という段飾りが一般的だが、こうした豪華な段飾りが庶民の間に広まったのは昭和初期以降のことのようである。雛人形には、現在も世相を反映した人形が作られるなど流行がある。しかも、御所の姿を模して内裏雛を飾るのに、男雛《おびな》を向かって左側に置くのは、昭和三年（一九二八）の昭和天皇即位大礼時の、天皇・皇后の御座の位置に倣《なら》ってのことだという。しかし、江戸時代に描かれた雛人形飾りや明治、大正期の図では、これとは逆に、たいていが男雛は向かって右、女雛《めびな》は左に置かれている。男雛と女雛の置き方も時代によって違っているのである。

いずれにしても雛人形は時代とともに変化し、江戸時代後期の寛政年間（一七八九～一八〇一）には、先の『東都歳事記』の記事のように、原舟月が作った「古今ひひな（雛）」が江戸で大流行した。これ以前には、丸顔の次郎左衛門《じろざえもん》雛や女雛の膝《ひざ》にあたる裳《も》のふくらみが大きい享保《きょうほう》雛などがあった。さらに雛人形には、これらの座り雛のほかに、紙製の立ち雛や粘土を型どりして素焼きし、色つけをした土人形の土雛《つちびな》もあった。

文化年間（一八〇四～一八一八）に全国各地に風俗習慣を質問した「諸国風俗問状」の答えから雛人形を見ていくと、備後《びんご》国福山領（広島県福山市）では、内裏雛、武者雛、紙雛のほかに、大きな「這子《ほうこ》人形」を買って家でつくった着物を着せて飾る。阿波国（徳島県）では、毛氈《もうせん》を敷いた段の上段には紙内裏と男雛、女雛を立て、中段には八幡太郎《はちまんたろう》（源義家《みなもとのよしいえ》）や関羽《かんう》、三番叟《さんばそう》の人形、下段には雛の調度を飾ると答えている。越後《えちご》国（新潟県）も同じで、内裏雛や京雛などいろいろな人形を飾っていた。

雛人形と吊し雛（静岡県賀茂郡東伊豆町稲取）

雛菓子（山形県酒田市）
庄内地方では色どりあざやかな雛菓子を供えている

雛祭りの人形飾りは、内裏雛のような男雛と女雛と、これ以外のさまざまな人形を飾っていたのである。また、その飾り方には、一部にはこの時代にも段飾りがあるほか、畳の上に毛氈などを敷き、その上に並べて飾る平飾りも広く行われ、いろいろだった。

雛遊びと人形

このように、三月三日の上巳節供に雛人形を飾り、女児の成長を祝う行事は、江戸時代になって飾り人形が庶民化するなかで一般的となった。これ以前には上巳節供を女児の節供とする考え方はなく、上巳節供の人形は「ひとがた」で、祓《はら》えのためのものだった。『源氏物語』「須磨《すま》巻」には、三月朔日《ついたち》の巳《み》の日に浜辺で陰陽師《おんみょうじ》が「ひとがた」で祓えを行い、船にたくさんの「ひとがた」を乗せて流す場面が描かれている。いわゆる「流し雛」の行事で、上巳節供の人形は、この「ひとがた」に源流があるといえる。

一方、「雛遊び」といえば、平安時代には正月などに女児たちが人形で遊ぶことで、この人形が「雛」であった。「雛事《ひなごと》」ともいい、これで「ままごと」のような遊びをしていた。この時代の人形の類《たぐい》には、「天児《あまがつ》」や「這子」があり、これらを子どもの枕元などに置いて、子どものお守りとした。天児は立ち姿の人形、這子は文字通り、這う子どもの姿で、これらも「ひとがた」の一種で、禍《わざわい》を子どもに代わって受けとめてくれると考えていた。

平安時代には、このように人形は穢《けが》れを祓ったり、禍を除いたりするための「ひとがた」としての性格が強かったが、こうした考え方に変化が起きてくるのは室町時代になってからだった。『建内記《けんだいき》』という記録の永享《えいきょう》十二年（一四四〇）三月三日の条には、上巳の祓えのための「人形」が贈られ、これを枕元に置いて祓えのための「撫物《なでもの》」とした。しかし、この人形は棄てずにお寺へ持って行って祈禱《きとう》をしてもらい、翌年の上巳の祓えにも使うという記事がある。祓えの「人形」を棄てずに翌年までとっておくというのは、おそらくこの「人形」が棄てるのには惜しかったからで、後の上巳節供の雛人形飾りへの道筋は、こうしたところから始まったと考えられる。

草餅と桃の花

三月三日は「三」が重なることから「重三《ちょうさん》」とも呼ばれ、この日の上巳節供は、前述のように、明らかに祓えの行事だった。現在の雛祭りには、この意識は損なわれているが、祓えの要素は草餅《くさもち》を作ること、桃の花を飾ること、さらにこの日に磯遊びをすることなどに受け継がれている。

ヨモギを使った草餅や草団子は、上巳節供だけではなく春の行事食によく登場するが、三月三日と草餅の結びつきは、伊勢神宮の内宮の儀式を記した延暦《えんりゃく》二十三年（八〇四）の記録に、「三月例　三日節、新草餅作奉」とある。嘉祥《かしょう》三年（八五〇）の記録にも、三月三日に女性が「母子草《ははこぐさ》」を摘み、これで蒸し餅を作ることが歳事となっているとある。蒸し餅というのは、恐らく団子のようなもので、古くはこれにヨモギではなく、ハハコグサを混ぜていた。ハハコグサは春の七草であるゴギョウのことで、現在も草餅にこれを使う地方がある。

また、雛祭りには桃の花がつきものであることは、誰もが知っていることで、平安時代中期の『枕草子』にも「三月三日は、うらうらとのどかに照りたる。桃の花のいまさきはじむる。柳などをかしきこそさらなれ」とある。この時期に咲く花の中から桃の花と柳を特に取り上げているのは、これらが三月三日と結びつきがあるからで、桃の節供という感覚は、平安時代までさかのぼることができる。先の「諸国風俗問状」の答えでも、この時期には桃の花が咲かない秋田でも「桃はまだ咲かねば、枝を折りてかたばかりに用い侍《はべ》る」と、桃を意識し、備後国（広島県）では、桃の枝と柳を家の軒に差したり、徳利に立てて神棚に供えたりしている。

上巳節供の草餅や桃の花、柳については、中国の長江《ちようこう》中流地域の年中行事などを記した六世紀の『荊楚《けいそ》歳時記《さいじき》』にもあって、これらが邪気を祓うものとなっている。桃については、『古事記』にあるイザナギ・イザナミの神話に、イザナギが黄泉国《よみのくに》から逃げ帰る時に追っ手のヨモツシコメを桃の実で退散させる場面がある。桃には古代から邪霊を祓う力があると考えられていたのである。

磯遊び

さらに上巳節供で重要なのが磯遊びで、これは現在も家族揃ってこの日には浜に弁当を持って行き、一日遊ぶことを伝えているところがある。「磯節供《いそせっく》」とか「瀬祭《せまつ》り」「浜下《はまお》り」など、地方によっていろいろな呼び名があり、浜で潮水を三回すくって顔や手を洗うとか、家に残った病人のために海水を汲《く》んで帰り、手足を洗わせるなど、磯遊びには禊《みそ》ぎや祓えの性格が今もうかがえる。

「諸国風俗問状」の答えには、肥後国（熊本県）天草郡では、三月三日には「潮干とて諸人海に行き、みなささひなどといふものを取もあり。又海辺にて酒飲み、網引・すなどりなど見物するもあり」という。海で「ささひ」（さざえ）を採ったり、飲食したり、すなどり（漁）を見たりして楽しむのである。『東都歳事記』にも三月三日には、「潮干」として「三月三日を節《ほどよし》とす」とあり、潮干狩りの図と「潮干なり尋ねてまゐれ次郎貝」などの句が記されている。

雛祭りのご馳走《ちそう》にハマグリのお吸い物をつくるのは、こうした潮干の行事に基づいている。海辺に出ることはなくなっても、食べ物にこの日の伝統が残されているのである。海が近くにない内陸部では、女児たちが川辺に雛人形を持って行き、そこで煮炊きをして食事をする行事がある。これも水辺に出ての禊ぎや祓えの意味をもっている。流し雛の行事は、いうまでもなくこうした浜辺や川辺の行事と関連したものである。

上巳節供は「ひとがた」が飾り人形となることで、大きく変容したが、この行事のなかには、かつての禊ぎや祓えの要素を残しつつ、現在に至っているのである。

磯遊び　【いそあそび】

春一番から別れ霜

「暑さ寒さも彼岸《ひがん》まで」とはいっても、春分を中日《ちゅうにち》とする春の彼岸はまだ寒さが感じられる。その後の桜花の時期にも「花冷え」があり、油断はできない。さらに「八十八夜の別れ霜」といい、五月初旬の八十八夜を過ぎれば心配ないが、それまでは霜が降《お》り、お茶などの農作物が遅霜《おそじも》の被害にあうことがあった。山の茶畑に何本もそびえ立つ大型の扇風機は、遅霜が降りそうなときに風を起こし、霜害から新しい茶葉を守るためのものである。冬の余波は八十八夜頃まで続いて新緑の季節となる。

一方、春の初めの実感は、おおよそ立春から春分頃までの間に吹く「春一番」であろう。この風は必ずしも南風とは限らず、東風や西風に近い場合もあって風向きは地方によって違う。広島県東広島市《ひがしひろしま》安芸津《あきつ》町三津《みつ》の漁師新藤松司《しんどうまつじ》氏の著書『瀬戸内海西部の漁と暮らし』（平凡社）によれば、二十四節気の雨水《うすい》である二月十九日頃に吹く強い南西風が「春一番」で、これを「蒙古風《もうこかぜ》」とも呼んだという。三津では春一番に対し、秋を呼ぶ南西の強風を「秋一番」と呼んでいる。

いずれにしても「春」というのは台風にも匹敵するような強風、思いがけない冷え込み、そして遅霜など、なんとも不安定な気候で、自然の起伏に敏感になる季節でもある。

大潮の磯遊び

こうした季節に歳事として行われているのが旧暦三月初めの大潮の日の磯遊びである。今でも沖縄県各地から奄美《あまみ》諸島などでは盛んで、これが旧暦三月三日の行事となっている。旧暦三月三日は新暦では四月上旬から中旬で、宮古島《みやこじま》ではサニツ（三日）と呼ぶこの日に、沖合に姿を現す八重干瀬に渡って潮干狩りなどを行う。この行事は、現在は「八重干瀬祭り」として盛大で、多くの観光客が干瀬《ひし》に渡っている。八重干瀬は、地元ではヤビシとかヤビジとも呼ばれ、池間島《いけまじま》の北の沖合にある周囲約二十五キロメートルの巨大なサンゴ礁《しょう》群である。普段は海面下にあるが、潮の干満の差が大きい大潮の干潮時には島のように海面上に現れる。旧暦三月初めの大潮の日が干満の差がもっとも大きく、三日のたいてい昼すぎの干潮時一〜二時間だけここに渡るのである。

「浜下《お》り」である八重干瀬のサニツは、旅行社によるツアーが組まれるほどになっているが、本来は女性たちだけが、よもぎ御飯のおむすび、魔除《まよ》けや厄除《やくよ》けになるニンニクの漬け物などを持って漁船に乗り合ってここに渡った。そして、潮が退《ひ》いている間にサンゴ礁にひそむタコや魚、貝類、海藻などを採り、手足と顔を海水で三回ずつ浄《きよ》めて帰ってきた。

沖縄島の北部、今帰仁村《なきじんそん》でも旧暦三月三日はハマウリ（浜下り）の日で、家族そろって浜に出て潮干狩りをする。「浜下りしない者はアマン（ヤドカリ）になれ、ンチャ（土）になれ」とか、「浜に下りない者はシコーフ（ミミズク）になれ、プスクンジャムシ（セミの幼虫）になれ」などという。浜下りから帰ってくると採ってきた貝類やタコなどを料理してシマ（集落）の人たちが持ち寄り、スージ（祝儀）の宴《うたげ》となった。スージには、各家が豆腐やチンヌク（鶴の子、里芋《さといも》のこと）の煮物、フーチムチ（よもぎ餅《もち》）などを重箱に詰めて持って集まり、楽しいひとときを過ごしている。

那覇《なは》市の旧那覇地区でも戦前までは、三月三日には家の女子の人数分だけ菓子やフーチムチを詰めた重箱を調え、先祖に供え、女の子たちはこのお重を持って「浜下り」といって浜辺に行き、ご馳走《ちそう》を食べて遊んだ。この日は「女の節供《せっく》」とか「三月遊び」ともいう。女たちはこの日のために着物を新調し、若い娘や主婦たちは船を借りて乗り、「流れ船」といって那覇の海に浮かべ船中でご馳走を食べたり、太鼓を叩《たた》いて踊り遊んだりした。この日ばかりは自由に芝居見物などに出かけることもでき、女性たちにとっては一年でもっとも楽しみな日だったと伝えている。

禊ぎと死者の祓え

沖縄県や奄美諸島の三月三日は、このように浜下りをしての磯遊びの日だが、沖縄の浜下りの由来には次のようなアカマタ伝説が伝えられている。それは、昔あるところに美しい娘がいて、夜になるとこの娘のもとに若い男が通ってきた。娘とその男は契りを交わし、娘はその子どもを宿した。娘は母親に妊娠したことを問い詰められ、真相を話すと、母親は男が帰るときに着物の裾《すそ》に糸をつけた針を刺すように言いつけた。そして、翌朝糸をたどって行くと糸は岩の下の穴に入っていた。その穴のもとで耳をすましていると、中から、三月三日に浜に行って波にあたると娘が宿した種はすっかりおりてしまうという話が聞こえた。穴の中をのぞくと、その話をしているのはアカマタという蛇だった。そこで娘は三月三日に浜に行き、潮水にあたったら蛇の子がすべておりたという。

この伝説は、『古事記』の三輪山《みわやま》伝説にもある蛇聟入《へびむこいり》の説話である。昔話としても各地で語られていたが、これが沖縄では三月三日の浜下りの由来になっているのである。アカマタ伝説が意味するところは、いうまでもなく女性たちの浜へ出ての禊《みそ》ぎであり、こうすることによって災厄を祓《はら》い除《の》けるというのが、本来の浜下りの目的であった。

沖縄では、さらにこの日には海で亡くなった人の霊を弔う行事がある。ハマスーコー（浜焼香）とかアラサングヮチ（新三月）などと呼ばれ、名護《なご》市ではこれをしないと死者に海に引きずり込まれると伝える。浜で海に向かって神酒《みき》や重箱に詰めたご馳走を供える行事で、集落行事として、あるいは一族である門中《もんちゅう》の行事として行われている。似た行事としては、那覇市では三月三日にウビナディー（お水撫《なで》）といい、古い井戸や城跡を参拝して清水を汲《く》んで家の先祖に供え、家族もその水で身を浄める行事がある。ウビナディーの行事は、死者もこの日に禊ぎをして災難を祓うことを意味しており、ハマスーコーももとはこうした意味だったといえる。

ヤマトの磯遊び

沖縄県から奄美諸島にかけての三月三日の行事には雛人形を飾ることはなく、雛祭りはヤマトの文化ということができる。一口に日本文化といっても、これには沖縄県から奄美諸島までの琉球文化と種子島《たねがしま》・屋久島《やくしま》以北の日本列島に展開したヤマト文化が存在する。さらには、ここでは触れないが日本列島北部にはアイヌ文化が認められる。

三月三日の上巳《じょうし》節供に雛人形を飾るのは、室町時代後期から行われるようになり、それが江戸時代になって庶民にも広がったが、こうした行事は琉球圏には及ばなかった。しかし、琉球圏で広く行われている三月三日の磯遊びは、実はヤマト圏でもかつては広範囲に見られた。昭和三十年代までは青森県や宮城県などの東北地方から関東地方、さらに兵庫・和歌山・山口・愛媛・長崎・鹿児島県などでは、三月三日には「磯がり」「磯遊び」「浜遊び」などといい、浜辺に出て潮干狩りなどを行った。神奈川県真鶴町《まなづるまち》では、女子が誘い合って重箱にご馳走を詰めて海辺に行き、みんなで食事をしてから持っていった古い雛人形を海に流した。和歌山市では、三月三日には「磯遊び」といって弁当を持って浜に出て、歌ったり踊ったりして一日を楽しんだ。また、愛媛県松山《まつやま》市の二神島《ふたがみじま》では、女児の初節供の祝いに加え、集落の人たちは巻き寿司《ずし》などのご馳走と酒を持って浜に出て、太鼓を叩いて踊るなどして過ごしていた。

江戸時代の潮干狩り

先にあげた琉球圏の浜下りや磯遊びは、一七一三年の『琉球国由来記』に、いくつもの間切《まぎり》（村）に三月三日は「海ニ下リ遊申事」という記載があり、すくなくとも今から三百年前には行われていた。そしてヤマト圏では、天保《てんぽう》九年（一八三八）の『東都歳事記』の三月三日には、「汐干。当月より四月に至る其内三月三日を節《ほどよし》とす」とし、その潮干の場として芝浦《しぼうら》、高輪《たかなわ》、品川《しながわ》沖、佃島《つくだじま》沖、深川洲崎《すさき》、中川《なかがわ》の沖をあげ、「早旦より船に乗じてはるかの沖に至る、卯《う》の刻過より引始て、午《うま》の半刻には海底陸地と変ず、ここにおりたちて礪蛤《かきはまぐり》を拾ひ砂中のひらめをふみ、引残りたる浅汐に小魚を得て宴を催せり」と記されている。「卯の刻」というのは朝の六時、「午の半刻」は午後一時頃である。

『東都歳事記』には「深川洲崎の汐干」の図が挿絵にあり、その姿をうかがうことができる。こうした江戸の潮干狩りは、元禄《げんろく》三年（一六九〇）の『江戸惣鹿子《そうかのこ》』の「年中行事」にも「三月三日芝浦塩干」とある。そして享保《きょうほう》二十年（一七三五）の『続江戸砂子《すなご》』の「江府《ごうふ》年行事」には、三月三日の「上巳御祝儀」の項に「汐干　品川沖、深川沖。まだ汐のみちぬるほどに棹《さお》さして、はるかの沖に至る、卯の過がてより引そめて、午ばかりには目におよばぬほど限りもなく海底忽《たちまち》陸地となれり、干潟《ひがた》の船よ

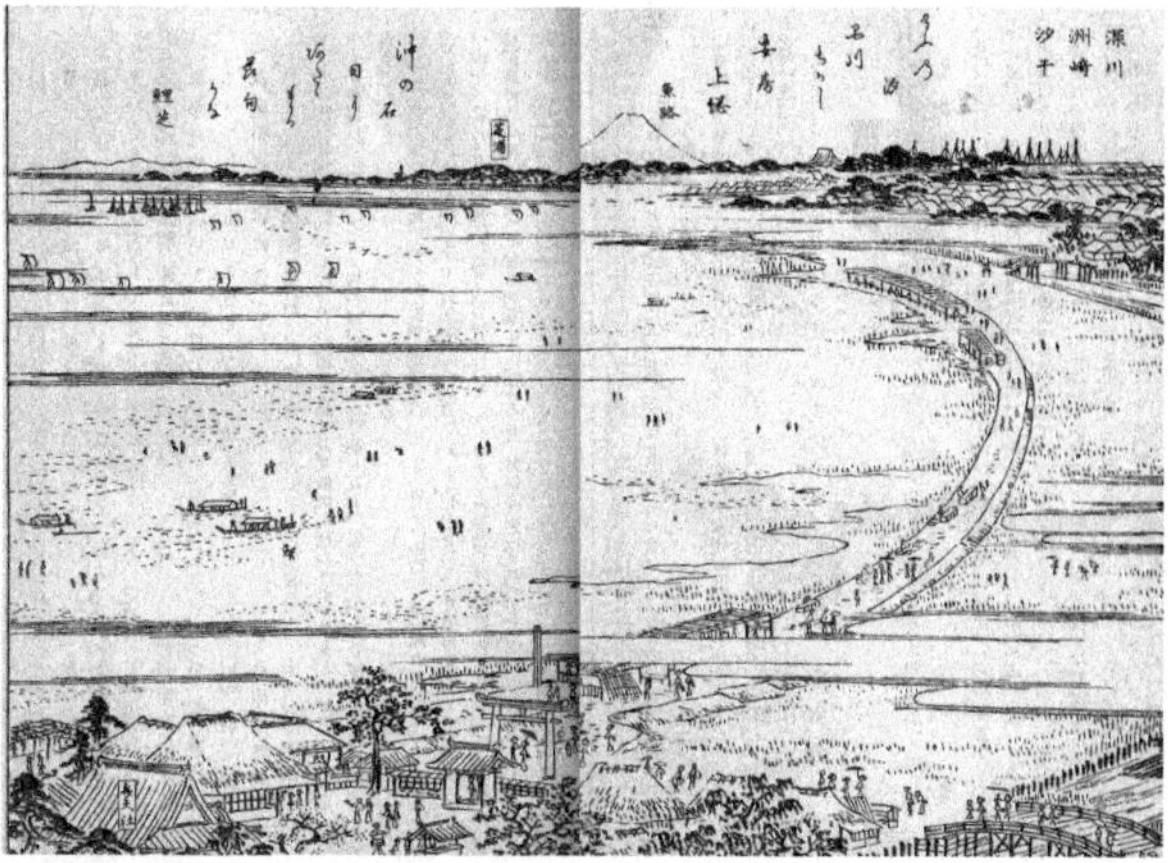

江戸の潮干（『東都歳事記』より）

りおりたち蠣蛤をひろひ……」と、後の『東都歳事記』とほぼ同じ文面があり、元禄期よりも潮干狩りが盛んになっているのがうかがえる。寛政《かんせい》十一年（一七九九）刊の『日本山海名産図会《ずえ》』には、大坂の住吉浦《すみよしうら》の潮干狩りの図があり、十八世紀末には大坂でも三月三日の潮干狩りが盛んであった。

一気にさかのぼるが平安時代の『源氏物語』「須磨《すま》巻」には三月一日の上巳の祓《はら》えと、源氏《げんじ》が須磨の海に形代《かたしろ》の人形《ひとがた》を流す場面がある。これは形代の人形に身の穢《けが》れを移しての祓えである。江戸時代には行楽となっていた潮干狩りの源流は、ここにあることは間違いなく、三月三日の海辺での祓えは、琉球圏とヤマト圏に共通する文化である。すでに奈良時代に朝廷で行われた「曲水の宴」は、中国の上巳節に倣《なら》ったものだが、これも水辺での祓えに淵源《えんげん》しており、東アジア圏には三月初旬の水辺の祓えが古くからあったといえる。

彼岸と社日

【ひがんとしゃにち】

暑さ寒さも彼岸まで

旧暦を「太陰太陽暦」というのは、暦を作る基準に月と太陽、両方の運行が含まれているからである。月の満ち欠けが月々の期日の基準となり、太陽の位置や動きが二《に》十四節気《じゅうしせつき》や七十二候《しちじゅうにこう》の基準となっている。二十四節気は太陽の周りを地球が一巡する三百六十五日を二十四等分したもので、ほぼ十五日が一節気となっている。七十二候は二十四節気それぞれを三つに細分するので、一候はほぼ五日である。二十四節気は「立春」から、七十二候は「東風解凍」（東風が厚く張った氷を解かし始める）から始まるが、これらは季節の移ろいを十五日単位、あるいは五日単位で刻んでいく目盛りでもある。

いずれも中国伝来の暦法とはいえ、五日単位で季節変化をいう七十二候からは繊細な季節感がうかがえ、また二十四節気は何かにつけて季節の表現に使われ、日本人の生活に浸透しているのがわかる。

二十四節気には立春、立夏、立秋、立冬という四季の始まりがあり、春分、夏至、秋分、冬至という太陽暦法の重要な区切りである二分二至《にぶんにし》も含まれている。大寒から立春までが寒さの、そして大暑から立秋までが暑さのピークで、ここから暖かさ、涼しさが始まるから立春、立秋という。これに対して春分、夏至、秋分、冬至は、春夏秋冬それぞれの季節の中間点にあたり、旧暦では春分は二月、夏至は五月、秋分は八月、冬至は十一月だった。

彼岸は春分と秋分の日を「中日《ちゅうにち》」とし、前後三日間ずつの七日間のことで、暑さと寒さはこの時までというのは、右のような春分、秋分の二十四節気での位置づけに拠《よ》っている。

「彼岸」の歴史

「彼岸《ひがん》」という表現は平安時代中期の『宇津保《うつほ》物語』に見え、『源氏物語』の「行幸《みゆきの》巻《まき》」には二月「十六日彼岸のはじめにて、いとよき日なりけり」、同じく「総角巻《あげまきのまき》」には八月「廿八日の彼岸のはてにて、よき日なりければ」とある。この日がなぜ「よき日」なのか気になるが、藤原頼長《ふじわらのよりなが》の日記『台記《たいき》』の久安《きゅうあん》六年（一一五〇）には、二月十九日から七日間が「彼岸」で、沐浴《もくよく》して浄衣《じょうえ》に着替えて清らかな莚《むしろ》の上で潔斎し、不動尊に向かって呪《まじな》いの言葉を七日間に十万遍唱えるとともに、毎日金剛般若経《こんごうはんにゃきょう》を唱え、さらに春日《かすが》大社に願いをかけることなどが記されている。平安時代の中・後期には、「彼岸」は年中行事として公家《くげ》たちの世界では一般化しているが、これは延暦《えんりゃく》二十五年（八〇六）三月十七日に朝廷の太政官《だいじょうかん》から「五畿内七道諸国《ごきないしちどう》」へ、国分寺の僧に春分・秋分を中心とする七日間に金剛般若波羅蜜経《はらみつきょう》を読ませる命令が出ているのが元になっている。これを命じた太政官符《だいじょうかんぷ》では以後このことを恒例とするようにいい、これは康保《こうほう》四年（九六七）に施行された『延喜式《えんぎしき》』にも記されている。

「彼岸」という行事名は、この時の金剛般若波羅蜜経の「波羅蜜」が彼岸に到る意味をもつことに拠《よ》るといわれている。「到彼岸」は、この経を唱えることで此岸《しがん》の煩悩を離れ、彼岸にある仏菩薩《ぼさつ》の悟りの世界に到れるとの教えで、『源氏物語』がいう「よき日」というのは、彼岸行事にはこうした自己救済の意味があったからであろう。鎌倉時代の有職故実《ゆうそくこじつ》書『拾芥抄《しゅうがいしょう》』は、二月と八月の、彼岸に到るための斎会《さいえ》法《ほう》を修めることで吉祥の時を得、浄土が満ちる。この功徳《くどく》を修めれば所願が成就し、万事が叶《かな》うなどと説明しており、『源氏物語』がいう「よき日」という感覚はこの時代にもあったようである。

寺参りと墓参

鎌倉時代までの彼岸は、現在の彼岸とは趣が異なっているが、天保《てんぽう》九年（一八三八）の『東都歳事記』は、二月の彼岸の項には「七日の間諸寺院仏事を修し説法等をなす。この間参詣《さんけい》多し、俗家にても仏に供養し僧に嚫《しん》す」とした上で、「六阿弥陀参《ろくあみだまいり》」が盛んな様子を記している。「六阿弥陀参」というのは、六ヶ所の阿弥陀仏に詣《もう》でることで、行基《ぎょうき》作と伝える下谷《したや》広小路の常楽院《じょうらくいん》などの「六阿弥陀参」のほか、「山の手《やまのて》六阿弥陀参」「西方六阿弥陀参」をあげ、さらに「西方三十三所観音《かんのん》札所参」などの三十三所参りをあげている。最初の「六阿弥陀参」には「彼岸中、都鄙《とひ》の詣人道路に満つ」ともあり、江戸の人たちは自家の墓所と菩提寺《ぼだいじ》へお参りするだけでなく、功徳を積んで西方浄土へ渡れることを願ったのがわかる。江戸時代末にも彼岸には涅槃《ねはん》を願う気持ちは強かったのである。

江戸に対して大坂では、嘉永《かえい》六年（一八五三）頃の成立という喜田川守貞の『守貞《もりさだ》謾稿《まんこう》』には「諸人、四天王寺参詣す。この時、婦女美服を着すこと」とある。女性たちの着飾っての参詣は何とも面白いが、彼岸の四天王寺《してんのうじ》参りは現在も盛んである。参詣者は、亀井堂《かめいどう》で戒名を記した塔婆《とうば》流し（経木流し）をして先祖を供養したり、また

「日想観《にっそうかん》」といって四天王寺の西の入口といえる石鳥居の中へ沈む夕日を拝み、西方浄土への結縁《けちえん》を願ったりしている。

「日想観」は、浄土三部経の一つ『感無量寿経《かんむりょうじゅきょう》』に落日を拝して西方浄土を想うことが説かれ、これが真西に太陽が沈む春分、秋分に結びついて行われるようになった。民間の行事でも、近畿から北陸地方などでは「日迎え日送り」などと言い、彼岸の朝に東から昇る太陽を迎えて拝し、夕方に西に沈む太陽を送りながら拝す行事を伝えるところがある。

全国的に行われている彼岸の墓参は、こうした西方浄土への想いと結びついて一般化したといえるが、静岡県東部や神奈川県西部では彼岸に熱海《あたみ》市にある日金山《ひがねさん》（東光寺《とうこうじ》）に登って死者を供養する習わしがある。日金山にお参りすると死んだ人に会えると伝えられている。香川県では彼岸中日に「弥谷参り《いやだにまいり》」と言って死者の魂が集まると伝える弥谷山（弥谷寺）にお参りに行くところがあり、また彼岸にはお盆の新盆と同様な「初彼岸」の行事が各地で行われている。さらに秋田県や宮城県、新潟県、山口県などでは、彼岸に迎え火、送り火を焚《た》いて先祖の迎えや送りを行っており、さまざまな死者供養や先祖祭りを見ることができる。地方によっては、町内など近隣の家々の人が集まって百万遍念仏や、天道《てんとう》念仏といって日天《にってん》への念仏を行っている。

団子とぼた餅

私が住む平塚市など神奈川県の県央南部地域では、彼岸といえば墓参に加え、「入りぼた餅《もち》に明け団子、中の中日小豆飯《あずきめし》」といい、食べ物が決まっている。それぞれ仏壇に供えて家族も食べる。中日の小豆飯というのは、小豆を入れて炊いた御飯である。日本の年中行事には、行事食といえる特別な食べ物が付随している。こうした行事食として彼岸に多いのが団子とぼた餅で、ほかに赤飯や小豆飯もある。たとえば青森県むつ市では、彼岸にはつぶし餡《あん》あるいは塩小豆をつけた団子を作る。また、出来たての団子に胡麻《ごま》を添えて仏壇に三個を供え、お寺へは七個を届ける。さらに、彼岸最後の「送り彼岸」には仏壇に「お土産団子」を供えるという。彼岸明けの団子を仏様のお土産というのは、新潟県や栃木県、茨城県などにもあり、広島県庄原《しょうばら》市では、彼岸には彼岸餅と呼ぶぼた餅と赤飯を作るが、彼岸最後の日には椀《わん》に赤飯を高く盛り上げて供え、これは家の仏様が帰るときの土産だと伝えている。

各地の彼岸団子もいろいろで、丸い団子ばかりではなく楕円《だえん》形の団子、真ん中を押して平たくした団子、あるいは季節柄か、よもぎ団子の場合もある。ぼた餅も、餅には搗《つ》いてない白い強飯《こわめし》を椀に盛って小豆餡をのせたもの、あるいは飯を丸く握って餡をまぶしたものなどさまざまである。名称も「おはぎ」とも呼ばれ、ぼた餅とおはぎの区別などは諸説があって紛らわしい。

社日

彼岸には、福岡県や佐賀県、熊本県など九州では町内の人たちが神社やお寺に籠《こ》もる「彼岸ごもり」を行うところがある。熊本県玉名《たまな》市では、秋の彼岸には五軒ずつが順番に氏神様に一晩ずつお籠もりし、最後の日にはムラの全戸が集まる総籠もりをして豊作を願ったと伝える。彼岸にこうした行事があるのは、春の彼岸は稲作の開始時期と重なり、秋の彼岸は稲刈りあるいは麦の作付け前にあたるからである。

農耕との結びつきは、暦でいえば春分と秋分にもっとも近い戊《つちのえ》の日が「社日《しゃにち》」で、この日との関係が強い。社日は雑節《ざっせつ》の一つとなっていて、たとえば新潟県長岡市周辺では、春秋の社日には鎮守社に豊作祈願のお参りをするほか、各家では春の社日には田の神にお供えする餅を搗くと、その杵《きね》の音を聞いて田の神が降りてきて、秋の社日には夕方搗く餅の杵音で田の神が天に帰るという。高知県高岡《たかおか》郡では春の社日に田の神が山から下りてきて、秋の社日には山に帰ると伝えている。社日が田の神の去来日となっているのである。

地神塔（徳島県海部郡牟岐町中村）
五神の名を刻む

また、神奈川県や東京都多《た》摩《ま》地方、広島県や徳島県などの中・四国地方では、春秋の社日に農業の神である地神《じじん》を祭っている。神奈川県や多摩地方には、町内の家々で構成する地神講があり、社日に当番の家に集まって地神像の掛軸に供物をしたり、「地神」と刻んだ石塔に供物をしたりして地神を祭っている。広島県や徳島県などでは、社日に天照大神《あまてらすおおみかみ》・少彦名命《すくなひこなのみこと》・埴安媛命《はにやすひめのみこと》・大己貴神《おおなむちのかみ》・倉稲魂命《くらいなだまのみこと》の五神の名を刻んだ五角柱の石塔に神酒《みき》や洗米、供物の膳《ぜん》を供えて地の神を祭っている。社日には田畑を耕してはいけないとか、地の神の日なので庭の土をいじるのもいけないという禁忌を伝えるところも多い。

現在の彼岸は墓参が中心だが、その歴史と各地の伝承を見ていくと、ここには西方浄土へ寄せた日本人の想いや社日も含めた春秋の農耕の祭りなどが重層して存在しているのがわかる。

花見とサクラ【はなみとサクラ】

桜の開花予想

気象庁は、平成二十一年まで、各地の気象台や測候所の観測を基に三月初旬にソメイヨシノの開花予想を発表してきた。この予想は昭和二十年代半ばに始まり、五十年以上続いたが、平成二十二年からは民間の気象事業者が開花予想を行っている。

気象庁の観測予想は、特定の植物の変化や動物の出現から気候変動を分析する生物季節観測に目的があって、ソメイヨシノのほか、ウメやアジサイの開花、イチョウやカエデの紅葉、ツバメやモンシロチョウの出現なども観測されてきた。季節変化に敏感に反応する動植物からの、いわばアナログ的観測で、これには、たとえば長野地方気象台ではアンズの開花予想も発表するなど、地方ごとの特色もあった。

マスコミによる「桜前線」の北上予測はこの観測に基づくが、こうした報道には、いうまでもなく日本人の桜への思いが反映されている。それは寒かった冬を越え春の兆《きざ》しを感じ、桜花のなかで心浮き立つ春爛漫《はるらんまん》を迎える期待感とでもいえようか。

桜花への期待感は、歴史をさかのぼると、江戸時代の文献からもうかがえる。享和《きょうわ》三年（一八〇三）版の『増補江戸年中行事』は、三月の末尾に桜花の見ごろを列記している。一部をあげると「東叡山《とうえいざん》（東京・上野の寛永寺《かんえいじ》）、当山は江戸第一の花の名所なり」として「大ざくら　立春より六十日目頃、中堂の西。大仏の前・くるまざか・山王の山、これらは当山にて早き花なり、ひがん桜の後よりさき初《はじむ》る」「秋色桜《しゅうしきざくら》は清水御供所《ごくうしょ》のかたはら、六十五日め頃。慈眼堂《じげんどう》前糸ざくら、六十日め頃」、続いて「飛鳥山《あすかやま》の桜、立春より七十日目頃盛也《さかりなり》、享保年中植させらる」「王子権現の桜、同七十七日め頃よし、古木五、六株あり、八重にて匂《におい》深し」「隅田川堤の桜、同六十四・五日頃よし」「御殿山の桜、同七十日め頃盛也、房総の遠霞海辺の佳景《かけい》尤《もっとも》よし」という具合である。

飛鳥山の花見（東京都北区王子本町）
江戸時代からの花見の名所

また、江戸の花名所を記した、安永《あんえい》五年（一七七六）『四時《しじ》遊観録《ゆうかんろく》』では、「春の部」の三分の二は桜の名所記となっていて、これにも見ごろは立春から何日目だと、経験知に基づく案内が場所ごとに記されている。

花見の宴

江戸遊覧の諸書が、このように桜花の名所と見ごろを記しているのは、すでにこの時代には、桜の花見が江戸の人びとの歳事となっていたからで、花に興じた酒宴の賑《にぎ》わいが目に浮かぶようである。こうした花宴《はなうたげ》とも言える桜花の宴は、松尾《まつお》芭蕉《ばしょう》の花宴の句からもうかがえる。

芭蕉は、元禄《げんろく》七年（一六九四）三月二日に依水《いすい》らと上野山に花見に出かけた。ところがすでに大勢の人たちが幕を張り、舞や小唄《こうた》も賑やかで、花見に佳《よ》い場所がないので傍らの松の木陰でと前置きし、

四つごきのそろはぬ花見心哉

と詠んでいる。携帯用の四つの御器《ごき》（旅僧の用いる粗末な食器）もそろわないというのは、まわりの花宴に比してということで、句はちぐはぐな花見の気持ちを表しているのであろう。自分たちは花に浮かれた酔客とは違って、とでも言いたい「花見心」

墨田川堤の看花（『東都歳事記』より）
花見客で賑わい「さくら餅」の店も出る

だろうか。だが実際は、同行した依水が曾良《そら》に宛てた手紙には「例の瓢《ひょう》箪《たん》の底をたたき、肴《さかな》はたんぽぽにて、毛氈《もうせん》の上の腹鼓《はらつづみ》も狸まけぬ酔心、翁の野々宮、熊坂も出る程の大繁昌……」（『芭蕉年譜』）とあって、芭蕉も花宴に酔い、幕を張ったまわりの花見客と変わりなかったのである。何ともはや、この句は、浮かれた花宴の後の寂しさというか、後悔というか、ちぐはぐな花見心を詠んだようでもある。

　いずれにしても、この時五十歳の芭蕉翁でさえも花見の酒宴を張っていて、桜花の宴は十七世紀末にはすっかり江戸町人の楽しみとなっていたのがうかがえる。だからこそ、江戸遊覧の書は花見の名所と桜花の見ごろを盛り込んでいるのである。そして、花見の賑わいは江戸ばかりではなく、江戸時代前期の「祇園観桜図屏風《ぎおんかんおうずびょうぶ》」や「淀橋本観桜図屏風《よどはしもとかんおうずびょうぶ》」からは、京・大坂でも同じような桜花のもとの宴が盛んだったのが見てとれる。

しかし、江戸の花見の名所である飛鳥山に多くの桜が植えられたのは十八世紀前半、品川の御殿山《ごてんやま》は十八世紀後半で、上野山に桜がまとめて植えられたのは、白幡洋三郎《しらはたようざぶろう》氏の研究によれば（『花見と桜』）、十七世紀後半だという。芭蕉が上野山で花見の宴を開いたのは、現在のような群落の桜花の花見が盛んになり始めた時代だった。ただし、上野山には将軍の徳川家ゆかりの寛永寺があって、花見に小唄と浄瑠璃《じょうるり》・仕舞《しまい》は許されたが、楽器を使う宴は禁止されていた。

春山入り

ソメイヨシノ（染井吉野）という品種名が正式に用いられだしたのは明治三十三年（一九〇〇）である。植木職人や造園師が多く住んでいた染井村《そめいむら》（東京都豊島区《としまく》駒込《こまごめ》）で、吉野桜《よしのざくら》から発見された新品種なのでこの名が付いたが、この里桜そのものの発見は十八世紀前半とか、幕末など諸説があって定かではない。『東都歳事記』に（天保《てんぽう》九年

〈一八三八〉で二月の景物に記されている桜は、彼岸桜、枝垂桜《しだれざくら》、単弁《ひとえ》桜、重弁《やえ》桜で、単弁桜の多くはヤマザクラだったと思われる。現代人は、桜といえばソメイヨシノを思い浮かべるが、これは古くからのことではない。

江戸の町や京・大坂での花宴の桜には多種があったわけだが、都市の大衆文化として歳事となった花見には、前史があった。その一つが「春山入り」とか「山遊び」などといい、三月三日から四月八日頃の間に山に花見に行く習俗である。上巳節供《じょうしせっく》を旧暦あるいは月遅れの四月三日に行っていた時代には、全国各地でこの日に子どもたちがご馳《ち》走《そう》を重箱などに詰めて山に花見に行った。男女を問わずの行事で、雛《ひな》人形を山に持って行くところもあった。

神奈川県大井《おおい》町《まち》では、月遅れの雛祭りである四月三日に子どもたちは、茣蓙《ござ》を抱え、赤飯や煮染めなどのご馳走と白酒を持って山に登り、ヤマザクラの下で花見をしてご馳走を食べた。明治末あるいは大正初め頃まで行われていた行事で、子どもたちは毎年、これを楽しみにしていたと伝えている。愛知県豊田《とよた》市でも、三月四日は「お雛様の花見」で、子どもたちは雛人形を抱いて山に登り、雛人形をあちこちに向けながら「雛様ごじろ（ご覧《ろう》じろ）、あの花ごじろ、この花ごじろ、また来年も餅《もち》を搗《つ》いて侍《はべ》るち」と歌い、菓子や弁当を食べたという。

春山入りの花は、桜だけではなくツツジの花見のところもあり、またこの行事の多くは子どもの行事となっていた。こうした農山村の花見の体験が江戸や京・大坂という都市社会のなかで町人たちの桜花の宴につながり、広がったといえよう。

花の下

もう一つの花見の前史は「花の下《もと》」で、吉田兼好《よしだけんこう》の『徒然草』百三十七段には、情趣を解する人はそのことにのめり込むような姿は見せず、おもしろがる様子はあっさりしているが、片田舎《かたいなか》の人に限って何かにつけぎらぎらと興にのるもので、「花の本《もと》には、ねぢ寄り立ち寄り、あからめもせずまもりて、酒飲み連歌して、はては、大きなる枝、心なく折り取りぬ」と言っている。桜の花のもとに、むやみに近寄ってわき目もせずに見つめて、酒を飲んだり、連歌をしたりし、ついには大きな桜の枝をむやみに折り取ってしまうと、田舎者の品格のない花見を嘆いている。がしかし、この嘆きは桜花のもとでの連歌や酒宴が、おそらく東国武士にまで広がっていたことを表していて、これが後には江戸時代の都市周辺での花見の宴へと受け継がれていくのである。

平安時代中期の『伊勢物語』八十二段では、交野《かたの》の「院の桜」の趣をいうのに、昔の、惟喬親王《これたかしんのう》が毎年桜花の盛りに、水無瀬離宮《みなせりきゅう》に出かけ、従者が狩りをろくにせずに酒を飲み、大和歌《やまとうた》に興じたことを持ち出している。これからすれば、花見に郊外に出かけることは、この時代の公家《くげ》たちの年中行事だったのがうかがえる。『源氏物語』の「花の宴」には、二月二十日すぎに南殿《なでん》の左近《さこん》の桜を愛《め》でる宴の模様が描かれ、平安時代中期には御所での花見も恒例となっていた。

自然暦のサクラ

『万葉集』巻八には、「桜花の歌」として「娘子《おとめ》らが　かざしのために　みやびをの縵《かずら》のためと……」の歌がある。ここでは乙女の簪《かんざし》や雅男《みやびお》の髪飾りとして、桜花をつけることが歌われている。雅男の表現からは、桜花の趣は都会風にあるのがうかがえ、その感性は後の花の宴へとつながる。ところが一方では、「山桜が咲いたら麻を蒔《ま》け」(鳥取県)、「桜の花が山の中腹まで咲き上がったらナスの種蒔きと甘藷《かんしょ》の苗を植えろ」(徳島県)、「山桜が咲いたら甘藷の種を伏せろ」(愛媛県)など、各地に農作業の指標としての桜伝承があるのも重要である。

「桜の花盛りの五月の鱒《ます》がもっともうまい」(岐阜県)というのもあるし、岩手県では特定の桜を「田打ち桜」と呼んでこの花が咲いたら田を耕し始める、新潟県の佐渡《さど》や宮城県、山形県には「種蒔き桜」といってやはりこの桜が咲いたら苗代《なわしろ》に種蒔きを行うという木があった。初めに取り上げた気象庁の生物季節観測の発想は、こうした自然暦の知恵に導かれたものだったといえよう。

桜の自然暦には、さらにまた、岐阜県や秋田県ではコブシを「田打ち桜」「田植え桜」と呼び、この花を田打ちや田植え開始の目印としたところがある。サクラというのは、季節を告げる花としてだけではなく、特定の時期に咲く花の代名詞ともなっていた。サクラは必ずしも桜ではなく、ここからは桜花の宴とは別次元の、もう一つのサクラ文化がうかがえる。

卯月八日の花祭り

【うづきようかのはなまつり】

灌仏会のにぎわい

四季の変化を敏感に感じ取ってきた日本人は、祭りや行事のなかで、身近な花に特別な意味を与えてきた。こうした花の行事の代表が、卯月八日《うづきようか》の花祭りである。

卯月八日の行事にはいくつかがあるが、なかでもよく知られているのが「灌仏会《かんぶつえ》」である。これはお釈迦《しやか》様の誕生を祝う法会《ほうえ》なので仏生会《ぶつしょうえ》とも呼ばれ、寺院では、花で飾った「花御堂《はなみどう》」に三十センチほどの釈迦誕生仏を納め、参拝者は甘茶《あまちゃ》を杓《しやく》で像の頭から注いで拝む。摩耶夫人《まやぶにん》の右の脇下から生まれた物語をもつお釈迦様は、童子《どうじ》姿で右手は天を指し、左手は地を指す。これが生まれたときの「天上天下唯我独尊《てんじょうてんげゆいがどくそん》」の姿で、拝むときに頭から注ぐ甘茶は、龍《りゅう》の口からはき出される五香水《ごこうすい》の産湯《うぶゆ》とされている。季語の「灌仏」「浴仏《よくぶつ》」は、いうまでもなく産湯の香水を誕生仏に注ぐことによる。また、灌仏会を「花祭り」ともいうのは、御堂を花で飾り立てることに基づいて

灌仏会の花御堂と釈迦誕生仏
（神奈川県綾瀬市）

江戸時代末の釈迦堂（回向院）
の灌仏会（『風俗画報』432号より）

いる。

明治四十三年（一九一〇）の東京・両国《りょうごく》の回《え》向院《こういん》で行われた灌仏会では、朝五時には御堂のもとに直径が五尺（約一・五メートル）、深さが一尺五寸（約四十五センチ）もある大きなたらいを据《す》え、この中に釈迦誕生仏を安置し、夕方までに二百四十石《こく》（一石は約百八十リットル）の甘茶を汲《く》みつくしたという（「回向院と灌仏会」『風俗画報』四〇八号）。一升瓶にすると二万四千本分もの甘茶が使われたのは、誕生仏に注ぐだけでなく、これを家に貰《もら》い帰り、目を洗ったり飲んだりすると病からのがれられると信じたからである。一人が貰い帰るのはせいぜい二合ともいっているので、参拝者は大変な数だったのがうかがえよう。

今の灌仏会はこれほどの賑《にぎ》わいはないが、この行事の歴史は古く、宮中では仁明《にんみょう》天皇の承和《じょうわ》七年（八四〇）四月八日に清涼殿《せいりょうでん》で初めて行った記録（『続日本後紀《しょくにほんこうき》』）がある。寺院での灌仏は、奈良・大安寺《だいあんじ》の天平《てんぴょう》十九年（七四七）の記録に「金泥《きんでい》灌仏像一具」の記載があって、この時代には行われていた。さらに、さかのぼって『日本書紀』の推古《すいこ》十四年（六〇六）には、この年から初めて寺ごとに四月八日と七月十五日に「設斎《おがみ》」を行うとある。「設斎」は法会に食事を出すことをいうが、四月八日は灌仏会、七月十五日は盂蘭盆会《うらぼんえ》の日にあたり、この時代には灌仏会が行われていた可能性もある。

甘茶のまじないを信じる

時代はくだって江戸時代の後期、文化年間（一八〇四〜一八一八）に国学者の屋代《やしろ》弘賢《ひろかた》らが諸国の風俗習慣を調べるために配布した「諸国風俗問状」の答えには、各地の灌仏会が記されている。灌仏会はこの時代には全国化していて、甘茶をもらって帰ることも全国的になっていた。そしてこの甘茶は、今の福島県の白河（陸奥国白川）

では、これで眼を洗うと眼疾《がんしつ》を除き、甘茶で墨をすって紙に「白」の字を三つ（下段に二つ、その上に一つ）書いて柱に貼ると不浄の虫を祓《はら》うことができるという。広島県芦品《あしな》郡周辺（備後国品治《ほんじ》郡）でも、釈迦の産湯の甘茶で眼などを洗い、これで墨をすって「白」の字を書いて柱ごとに逆さまに貼った。さらに興味深いのは、各地で、甘茶ですった墨で「千早ぶる卯月八日は吉日よ神さげ虫をせいばいぞする」などの呪《まじな》い歌を書いて戸口や厠《かわや》（便所）などに貼ると、悪い虫が室内に入ってこないと伝えていることである。お釈迦様の産湯としての甘茶は神聖なもので、病を除いてくれる呪力《じゅりょく》があり、しかも事はこれだけに留《とど》まらず、甘茶の墨で書いた呪い文字や呪い歌には、不浄虫や悪虫を防ぐ力があると信じられていた。

花御堂と天道花の花はつつじ

先の「諸国風俗問状」の答えには花御堂の様子も記されている。お堂を飾る花は、白河では藤・山吹・つつじ、茨城県水戸ではつつじ、新潟県長岡では椿・つつじ・山吹、福井県小浜《おばま》ではれんげ・すみれ・つつじ・卯《う》の花、広島県の福山ではれんげ、芦品郡では桐・つつじ、淡路島ではつつじ・れんげ・松のみどりなど、徳島市などの阿波ではつつじ・ごぎょう・菖蒲《しょうぶ》などだった。花御堂の飾りに各地でつつじを使ったのは、この行事は、本来は旧暦の四月八日で、つつじが代表的な季節の花だったからである。

灌仏会は寺院の行事だが、卯月八日にはこれとは別に、家ごとに「天道花《てんとうばな》」とか「花の塔」などといい、長い竿先《さおさき》に花を結び付けて庭や軒先に立てる行事もあった。江戸の年中行事が詳しく記された天保《てんぽう》九年（一八三八）の『東都歳事記』には、仏に卯の花をあげ、戸口にも卯の花を挿すとあるが、近畿地方を中心にして東海地方から中国・四国地方などでは、竿先につつじの花などを結んで立てるところが多かった。嘉永《かえい》三年（一八五〇）の『孝経楼漫筆《こうきょうろうまんぴつ》』は、京都の家々では四月八日につつじと卯の花を竿の先に結い付け、これを「花の塔」と呼んで立てると記している。天道花にしても、花の塔にしても、花を高く掲げることからの命名で、この名だけでも家の庭に花を立てた美しい光景が目に浮かんでこよう。

天道花は、灌仏会の花御堂とともにつつじを多く飾ったのであり、つつじの花は卯月八日の特別な花だった。今では卯月八日の行事が新暦となり、つつじの花はまだ咲いてないが、旧暦四月には山のみどりが濃くなり始め、この中に浮き立つように咲く赤紫のつつじの花は、遠くからでもひときわ目立った。こうした花の姿が、つつじを特別な花と感じさせ、卯月八日の行事に使われるようになったといえよう。

「花より団子」は山の花見で

天文《てんぶん》元年（一五三二）頃に山崎宗鑑《やまざきそうかん》が編んだ俳諧《はいかい》連歌抄の『新撰犬筑波集《しんせんいぬつくばしゅう》』には、

　花よりも　だんごとたれか　岩つつじ

という句が収められている。「花より団子」は、芸術や美より実利・実益を欲するという意味となっているが、もともとは花見をするより、持って行った団子を食べるほうがいいということで、この成句は、この句がもとになって生まれたといえる。

類句としては、寛永《かんえい》十年（一六三三）刊の松江重頼《まつえしげより》編の『犬子集《えのこしゅう》』に、〈花よりも　団子やありて　帰雁〉〈だんごより　ましたる花か　もちつつじ〉〈花よりや　下戸の目につく　もちつつじ〉〈花よりも　実こそほしけれ　桜鯛〉がある。いずれの句も、場面は酒肴《しゅこう》を持参しての花見で、思わずニヤッとしてしまう趣きをもつが、ここでの花は「岩つつじ」や「もちつつじ」である。

〈花よりも　だんごとたれか　岩つつじ〉は、山の岩つつじの花を目の前にして、その花よりも持参した団子のほうがいいと誰かが言っている、と解釈できる。団子や酒肴などを携えての花見となれば、そこにはつつじの、ある程度の群落があったのであろう。酒肴をもっての花見といえば、古くから八重桜や山桜でも行われた。『万葉集』

や『伊勢物語』にも桜の花見の歌がある。しかし、『伊勢物語』の花見は、狩りはほどほどにして「酒を飲みつつやまと歌にかかれりけり」と、心は歌に向かっていて、酒肴には向かっていない。

やはり「花より団子」の花は、桜ではなくつつじであって、この「花よりも……」の句は卯月八日の行事に由来するといえる。しかも、この日につくる特別な食べ物は、たとえば兵庫県では白とヨモギの団子、東京周辺でもヨモギ団子で、先の「諸国風俗問状」の答えの白河（福島県）には、「鼻くそだんご」と呼ぶ草団子を作って仏前に供えるとある。「鼻くそだんご」とは、よくぞつけた名だが、これもヨモギ団子である。地方によっては、それこそ「卯月八日の花より団子」という直接的な成句を伝えている。卯月八日には団子がつきものだった。だから「花より団子」なのである。

山遊びの花見は何のため

「花よりも……」の句の場は、四月八日の団子を持っての山での花見だが、こうした花見は「山遊び」とか「嶽《だけ》まいり」などの名をもつ年中行事だった。群馬県の赤城山《あかぎさん》麓《ろく》の村々では、前年に家族が亡くなると、家の者が四月八日に赤城山の地蔵岳《じぞうだけ》にお参りに行く。新潟県の米山薬師《よねやまやくし》、香川県の弥谷山《いやだにさん》、鳥取県の九品山《くほんざん》などでも、この日には新しい仏を供養するために多くの人が山に登った。京都府から兵庫県にかけての丹《たん》波《ば》地方では、登山はしないが、新しい仏のいる家では、嫁いだ者たちも里帰りをし、「花折り」などと称して墓参りをしている。

このような四月八日の死者供養の行事からは、花よりも団子のほうがいいと言っているのは、この時に魂を迎えて供養される新仏と考えられよう。〈花よりも　だんごとたれか　岩つつじ〉の句には、民間の死者供養としての花見という、深い意味が含まれているのである。

また、四月八日の「山遊び」は、死者供養のためだけでなく、山形県ではこの日に山の神が山から下りてきて田の神になるなどと伝え、山から花を摘んで田の神迎えをしているところがある。色鮮やかな花や青々とした常磐木《ときわぎ》を高く掲げるのは神迎えのしつらえで、家の庭に花を高く掲げる天道花は、田の神を迎えるための目印となった。

卯月八日の花祭りは、このように釈迦誕生を祝う灌仏会の花、死者供養のための花見の花、農耕の神である田の神を迎えるための花という、三つの意味をもって伝えられてきた。そして、これら花祭りの背後には、つつじの花を大事にする日本人の心があった。

神々の浜下り

【かみがみのはまおり】

潮汲み

東京都府中《ふちゅう》市に鎮座する大國魂《おおくにたま》神社は、武蔵《むさし》国の総社《そうじゃ》で六所明神《ろくしよみようじん》社とも呼ばれた神社である。総社と呼ぶのは、武蔵国内の一の宮から六の宮の祭神をあわせ祀《まつ》ることによる。総社の制度は平安時代後期に整えられ、その国を司る国府《こくふ》の近くに置かれたので、この神社がある府中市は、現在の神奈川県横浜《よこはま》市から埼玉県までの広い範囲にわたる武蔵国の政治的な中心地だった。「府中」という地名はこうした歴史に拠《よ》っている。この大國魂神社の例大祭は「くらやみ祭」の名で知られ、五月五日には神輿《みこし》や山車《だし》の巡行、さらに直径が二メートルもある大太鼓が出るが、例大祭に先立つ四月三十日には、わざわざ東京湾の品川沖で潮汲《しおく》みを行っている。潮汲みというのは、神職などが品川におもむき、品川の潮盛《しおもり》講中の人たちの助力により船で海に出て、海水で身を浄《きよ》めるとともに、海水を汲み取って樽《たる》に詰めて持ち帰る儀式である。こうして汲み取った潮で、神輿に取り付ける御鏡や出御《しゅつぎょ》する神輿を浄めるのであり、潮汲みはこの祭りには欠くことができない。

相模《さがみ》国の総社である神奈川県大磯町《おおいそまち》の六所《ろくしょ》神社でも、「こうのまち」と呼ぶ五月五日の国府祭の前日には、「浜下り」といい六所神社の神職や社人《しゃにん》、氏子たちが浜に出て桶《おけ》に潮を汲んでいる。汲んだ潮をもって相模国の一の宮から五の宮までの神輿が揃って祭儀を行う「神揃山《かみそりやま》」などの祭場を回り、潮を振って場を浄めている。

こうした潮汲みは、この二社の他にも全国各地の祭りに見られる。しかも潮汲みをともなう祭りは五月に限定されず、夏や秋、冬の祭りにもあって、日本人の心意には、潮には穢《けが》れや災いを祓《はら》う力があるという思いが沈着しているのがわかる。葬式から帰って家に入る前に自分の身に塩を振ったり、相撲の力士が土俵に塩を撒《ま》いたり、さらに料理屋の入口には塩が盛られたりするのも同じことで、こうすることで穢れを祓い、災厄を除こうとしている。塩は人間の生存には必須のもので、上杉謙信《うえすぎけんしん》が敵対する武《たけ》田信玄《だしんげん》に塩を送った故事は有名だが、一方には、祓えや除災という精神性が根強く存在している。

神輿の浜下り

潮汲みは海がもつ浄化力に淵源《えんげん》していることは確かで、その代表的な歳事が三月三日の浜下りである。渚《なぎさ》に身をひたすことで穢れや災厄を除くことができると考えての行事で、民俗採訪に何度か訪ねた徳島県牟岐《むぎ》町では、三月三日を「浜下り節供《せっく》」といって重箱にご馳走《ちそう》を詰めて家族そろって浜辺に出て、この日一日遊んだ。今でも行う人があるが、ここではかつては三月三日に雛《ひな》を飾る行事は行われていなかった。

茅ヶ崎の浜降祭（神奈川県茅ヶ崎市南湖）
寒川神社の神輿を中心に多くの神輿が浜降りをする

人間の浜下りが三月三日であるのに対して、茨城県中部から宮城県にかけての太平洋沿岸地域では、四月から五月にかけて神社の神輿が浜下りをする祭りが各地で行われている。神々が海辺へと巡行する神事で、福島県楢葉《ならは》町《まち》の大滝《おおたき》神社では四月五日に神職や神人《しんにん》などがお堂に「夜籠《よご》もり」して潔斎《けっさい》し、六日に笈《おい》に御神体を移して神社を出発し、七日には海浜への途中の木戸《きど》八幡神社で休む。八日には神輿に御神体を移して「お浜下り」を行い、汲み取った潮を榊《さかき》で神輿に振る「潮垢離《しおごり》」の神事があって、九日には大滝神社に御神体が還御する祭りが行われている。四月八日の浜下りを中心に前後五日間にわたる祭りである。浜下りをする海辺は、古く九世紀初めに紀州熊野《きしゆうくまの》の行者が神霊を奉じて船で北上し、鎮座地を求めて上陸した所だという。

春の本格的な農耕の開始に先立ち、神が潮垢離をとって浄まるだけでなく、ここでは縁起に伝える神祭祀《さいし》の始原の地を踏んで社殿に戻るのである。数日にわたり、多くの人が携わって実現する祭りで、その継承は容易ではないが、こうすることで神の力が蘇《よみがえ》り、豊作や除災がもたらされると信ずることで現在まで受け継がれている。福島県では浜下りを行う百二十社余りの神社のうち、九十社ほどが四月から五月に浜下りを行っている。祭日は新暦・旧暦が今も入り交じっているが、旧暦に戻せば四月八日がもっとも多く、大滝神社の浜下りもかつては現在より約一ヶ月後の旧暦四月八日だった。

茨城県でも浜下りを行う祭りが多く、その祭りは「磯出」「磯下り」「潮垢離」などと呼ばれている。これを行う神社は、現在は中絶した祭りも含めると五十数社が確認できる。海辺の神事だけでなく、なかには神霊が移された神輿が海に入る祭りもあり、とくに那珂《なか》川以北の地域では大半が四月から五月に浜下りの祭りを行っている。

七十二年ごとの磯出

茨城県の浜下りのなかでもっとも規模が大きいのが、ともに常陸太田《ひたちおおた》市に合併した旧水府《すいふ》村の東金砂《かなさ》神社と、旧金砂《かなさ》郷町《ごうまち》の西金砂神社の神輿が日立《ひたち》市の水木《みずき》浜《はま》に巡行する「磯出《いそで》大祭礼《たいさいれい》」である。これは七十二年に一度、未《ひつじ》年に行われる祭りで、仁寿《にんじゅ》元年（八五一）に始まり平成十五年（二〇〇三）には第十七回目の大祭礼が行われた。生涯に一度あるかないかという祭りであり、第十七回大祭礼は三月二十二日の西金砂神社の出御に始まり、三月二十七日には東金砂神社が出御し、それぞれが水木浜で磯出の神事と田楽《でんがく》の奉納を行い、三月三十一日に東金砂神社に神輿が還御した。両社あわせて十日間の祭りであり、往復八十キロメートルともいわれる道程を歩いて巡行した。こうした大祭礼とは別に西金

磯出大祭礼の浜下り（途中の日立市石名坂での神事）
榎を切ってその上に神輿をのせて神事を行う

砂神社では現在も六年ごとの未年と丑年《うし》に「小祭礼」を行っている。

前々回の大祭礼は昭和六年（一九三一）だったので、第十八回は二〇七五年となる。大祭礼では両社とも夜になって水木浜に到着し、ここでは深夜に神輿で運ばれてきた御神体の鮑《あわび》を浄めるのだと伝えている。各地の奇談異聞を集めた寛政《かんせい》年間（一七八九～一八〇一）の『譚海《たんかい》』には、「神体は即《すなわち》鮑《あわび》にて壺に潮をたたへ、其中に鎮座有。七十二年めに神輿の内に納て出御あり。同国御貢浜《みつぎはま》といふ所にて、御旅の間神体を入かふるなり」と記している。「御貢浜」（水木浜）での深夜の神事は秘儀であり、その詳細は不明だが、海辺に御神体が巡行してその神威が再生されることは確かである。

七十二年に一度というのは、十二支でいえば六巡目、小祭礼の回数でいえば十三回目に当たる年になる。干支《えと》には十二年でものごとが一巡し、十三年目には生まれかわるという考え方があるので、大祭礼の執行はこうした干支による「いのち」の更新の論理が根底にある。いずれにしても「磯出大祭礼」は、平成十五年は三月下旬に行われたが、旧暦の時代にはこの祭りの磯出も四月八日だった。

海から出現する神

「磯出大祭礼」を行う東金砂神社の神は、東方の海上から現れた神童が九穴《くけつ》の鮑に変じたといい、西金砂神社の神も九穴の鮑の小舟に乗って水木浜に寄り着いたと伝えている。これが御神体の鮑の縁起で、両社の氏子たちは今でも鮑を食べない。鮑は伊勢神宮の重要な神饌《しんせん》であり、宮中でも新嘗祭《にいなめさい》の神饌となっている。熨斗包《のしづつ》みの「熨斗」は干し鮑を伸したものである。こうした鮑を御神体とする神社はこの二社に加え、福島県いわき市の花園《はなぞの》神社など全国にいくつかがある。日本の昔話には、庚申《こうしん》の晩に「九穴の貝」を食べたことで九千年も生き続ける東方朔《とうぼうさく》の話があるが、この貝は「九穴の鮑」と無関係ではなかろう。『日本書紀』の允恭《いんぎょう》天皇十四年（五世紀）の条には、明石《あかし》の海底に棲《す》む大鮑の中の、桃の実のような大きな真珠を神に奉じて多くの獣を獲《え》たという記事がある。この大鮑を採りに潜った男狭磯《おさし》は、これを抱いて海面にあがったところで息絶えるのであり、鮑は単に貴重だというだけでなく、人の生死にもかかわっている。

先にあげた大滝神社も、この神は海路を来て海辺にあがったという。また、最初にあげた府中市の大國魂神社には、文政十二年（一八二九）序の『江戸名所図会』によれば、境内の木々には鵜《う》や鷺《さぎ》などの水鳥が巣を作り、毎日のように品川などの海浜から餌を運んでいるが、この鳥は随身門《ずいじんもん》より内には入らないという「当社七奇《ふしぎ》の一」があった。各地で祀られる神仏には、海中から御神体や御本尊を拾いあげたとか、渚に光る玉や老翁が現れて祀ったなど、海から出現したという縁起をもつ社寺が多い。海は計り知れない異界だったのである。

さまざまな浜下り祭

茨城県中部から宮城県の太平洋沿岸地域には、四月から五月にかけての浜下りの祭りが顕著で、それは青森県南部にも見られる。その祭日としては、旧暦の時代は四月八日が目立って多いが、茨城県中部以南から千葉県、東京都、神奈川県にかけては六月から九月にかけての浜下りが多い。四国や九州では十月が多くなっている。六月や七月の浜下りは、夏祭りである祇園《ぎおん》、牛頭《ごず》天王社の祭りと結びつき、九月・十月は秋祭りとして浜下りが行われている。

夏祭りの浜下りは、多くが悪疫を鎮圧する神々の禊《みそ》ぎで、東京都品川区の荏原《えばら》神社の「天王祭り」は六月上旬に行われている。「河童《かっぱ》祭り」とも呼ばれ、神輿の屋根に神面が取り付けられ、この面を海に入れることで豊漁を願うという。神面で表象される神が海に入って禊ぎをすることで新たな力を手に入れるのである。秋祭りの浜下りは、鹿児島県や宮崎県では八幡社のホぜと呼ぶ収穫祭に行っているところがある。鹿児島県曾於《そお》市大隅《おおすみ》町の岩川《いわがわ》八幡宮などでは「大人《おおひと》弥五郎」という巨大な人形が浜に向から。山口県の防府《ほうふ》天満宮では十月十四・十五日の祭礼に、菅原道真《すがわらのみちざね》の上陸地だという勝間《かつま》浜に神輿が巡行している。祭日は区々だが、南九州では「浜殿」、近畿地方では「浜宮」などと呼ぶ海浜の小社に神輿が渡御《とぎょ》する祭りがいくつもあり、浜下りの祭りは全国的に見ることができる。

端午の節供

【たんごのせっく】

鯉のぼりと武者飾り

『東都歳事記』（天保《てんぽう》九年〈一八三八〉）には、五月五日に武家から町家まで七歳以下の男子がある家では、戸外に幟《のぼり》を立て、兜《かぶと》人形を飾る。この兜人形の座敷飾りと、幟と一緒に立てる紙の鯉形は、近年の習わしで、これは江戸の風俗だとある。そして、鯉のぼりを飾るようになったのは、鯉が出世の魚だという諺《ことわざ》にちなむと記している。出世魚の諺というのは、中国の黄河《こうが》中流の竜門《りゅうもん》を昇った鯉は龍《りゅう》になる「登竜門」の伝説である。

江戸の町で始まった紙の鯉のぼりは、その後、布製となって各地に広がり、戦後の昭和三十年代には端午節供の風景として全国化した。

しかし、こうした五月五日は、旧暦では今の暦の六月中旬で、蒸し暑さを感じる入梅の季節であり、江戸の町の紙の鯉のぼりは、曇り空のもとでの飾りだった。

端午の幟（静岡県沼津市岡一色）

武者飾りと人形（静岡県沼津市岡一色）

江戸の町では旧暦四月になると蚊帳《かや》売りが始まり、月末には堀留《ほりどめ》(日本橋堀留町)の問屋は団扇《うちわ》の売買で賑《にぎ》わった。端午節供はこの後で、端午の行事は、こうした季節感と深い結びつきをもっていた。五月晴《さつきば》れの空に色鮮やかな緋鯉《ひごい》や真鯉《まごい》が、そよ風を受けて泳ぐ現在の光景は、この行事の元々の姿ではなかった。

鯉のぼりとともに端午節供につきものの武者飾りは、今は家の中に飾っているが、江戸時代には屋外に飾るもので、『東都歳事記』の「端午市井図《たんごしせいず》」など、江戸時代の図絵では、家の軒先に道路へ向けて飾っている。こうした端午の飾りものは、文化年間(一八〇四～一八一八)に全国各地に発せられた「諸国風俗問状」の答えを見ると、福島県の旧信夫《しのぶ》郡・伊達《だて》郡から熊本県の天草《あまくさ》まで、家の軒先に勇ましい武者や鍾馗《しょうき》、あるいは縁起物の亀甲《きっこう》や鶴亀、松竹梅を描いた幟を立て、槍《やり》などの武器や兜人形を飾ることが広まっているのがわかる。江戸時代後期には、四月下旬になると京都四条や大坂の御堂前《みどうまえ》、江戸の十軒店《じっけんだな》・尾張《おわり》町・麴町《こうじまち》などに、端午に飾る武者人形、菖蒲太刀《しょうぶたち》、甲冑《かっちゅう》、槍、長刀《なぎなた》、弓、鉄砲の類《たぐい》を売る市《いち》が立ち、多くの人が買い求めた。こうして、派手やかな都市文化としての飾り物が、新しい風習として各地に広がったのである。

菖蒲兜と菖蒲の祓え

『東都歳事記』や『日本歳時記』などの年中行事図に描かれた武者人形や兜は、頭から菖蒲の葉を何本も垂らした菖蒲兜のようなものである。この菖蒲兜については、すでに十三世紀中頃の宮中女官の日記である『弁内侍日記《べんのないしにっき》』に「しょうぶかぶと」とある。さらにさかのぼると、奈良時代には、天皇が宮廷に仕える者たちに五月五日の節《せち》には、菖蒲の蘰《かずら》をして参内《さんだい》することを命じている。蘰とは頭につける髪飾りで、『万葉集』にも五月《さつき》の菖蒲の蘰が詠《うた》われている。

万葉の時代や奈良時代の菖蒲はアヤメのことで、植物としてのショウブとは別物だが、古代の端午の菖蒲の髪飾りは、鎌倉時代には菖蒲兜となり、さらに江戸時代にはこれが武者人形へとつくり変えられていったようである。髪飾りが兜へと変化するのは、武家政権が生まれてからで、この時代には菖蒲のショウブという音が「尚武」や「勝負」と読み替えられた。こうした推移の中で端午節供が男児の祝いとなり、そして、男児の本分としての尚武の思想が、さらに武者絵などの幟飾りや鯉のぼりなど、新たな飾り物を生んでいった。

しかし、古代の菖蒲の蘰は、民間では、頭痛持ちの人は、端午に菖蒲を頭に巻くと頭痛が治るという「菖蒲の鉢巻き」などに形をかえて受け継がれている。鉢巻きではないが、京都・上賀茂《かみがも》神社の五月五日の競馬会《くらべうまえ》神事には、神事に関わる社人たちは菖蒲を身につけている。これは邪気を祓《はら》うためで、菖蒲の鉢巻きも、これで頭痛という邪気が祓えると考えたのである。また、すがすがしい菖蒲湯も同じ目的で、菖蒲湯の沐浴《もくよく》は鎌倉時代中期には行われていた。

端午の菖蒲は、「菖蒲枕」といってこれを刻んで枕の中に入れて寝ることもあった。先の「諸国風俗問状」の答えには、三重県の白子《しろこ》では五日の夜に菖蒲を敷いて寝れば虱《しらみ》の口が曲がって刺すことができなくなるとある。菖蒲は昔話の世界にも登場し、娘が蛇と契りを結んでしまう「蛇聟《むこ》入り」では、娘に菖蒲酒を飲ませることで孕《はら》んだ蛇の子を堕《お》ろす話が伝えられている。

漢字では「菖蒲」と書いたアヤメやショウブは、このように端午のさまざまな場面に登場するが、これは「菖蒲」が持つ抗菌や解毒、鎮静などの薬効や青々とした草の芳香が邪気や病、災厄を祓うと信じたからであった。盛夏への変わり目の梅雨入りの時期は、病や災厄が起こりやすい季節で、端午節供の目的はこれらを祓うことにあった。

菖蒲葺き

端午の菖蒲の行事としてよく知られているのは、家の軒に菖蒲とヨモギを挿すことであろう。今ではあまり見られなくなったが、「菖蒲葺《ふ》き」とか「菖蒲屋根」などと呼ばれ、これは平安時代の『枕草子』にも見えている。清少納言は宮中の御殿から誰が住んでいるか知らない民の家まで菖蒲を葺いていると記していて、十一世紀には都では身分を問わず一般的になっていた。

端午節の菖蒲とヨモギ売り（中国浙江省嘉興市）
菖蒲とヨモギ、漢方薬の入った香袋を家の入口に吊る

これと似た端午の風習は中国にもあり、宋《そう》代（九六〇～一二七九年）には菖蒲や桃、柳、葵《あおい》の花などを端午の門飾りにしていた。この風習は、中国では漢族だけでなく各地の少数民族にも広まっており、現在も年間を通して菖蒲やヨモギを家の玄関口に飾るところがある。日本ではこれを軒に葺くので、やや趣が違うが、さまざまな風習を記した天文《てんぶん》元年（一五三二）の『塵添壒囊抄《じんてんあいのうしょう》』には、毒虫が人家に交わるので菖蒲とヨモギを葺くのだとある。これは中国と同じ目的であり、「端午」という名称とともに

に中国からもたらされた文化といえる。

薬玉ともぐさ

「薬玉《くすだま》」というのも、中国の「五綵糸《ごさいし》」などの端午節の風習がもとになっている。『万葉集』には「五月の玉」、『源氏物語』や『延喜式《えんぎしき》』など平安時代の文献には「薬玉」とか「続命縷《しょくめいる》」などとあって、公家《くげ》たちは盛んに行っていたのがわかる。薬玉というのは、菖蒲やヨモギなどを玉のように丸め、これからさまざまな色糸を組み下げたもので、これを寝所の柱や御簾《みす》に吊《つ》った。邪気や悪疫を除《よ》けたり、長寿を願ったりするための呪《まじな》いで、小さな薬玉を作って身に付けることもあった。薬玉には、錦《にしき》の袋に麝香《じゃこう》や沈香《じんこう》などの香料を詰めて玉にし、これに菖蒲やヨモギを添えて五色の糸を垂らしたものなどもある。公家たちは端午に薬玉を掛けて九月九日の重陽《ちょうよう》まで置き、重陽にこれを菊の花と交換し、同じように邪気や悪疫を除けることを願った。

また、端午にはヨモギを摘んでお灸《きゅう》のモグサを作ることも、かつては盛んだった。とくにこの日の朝露がついたヨモギでモグサを作るとよく効くとされていた。

『日本書紀』の推古天皇十九年（六一一）の条にある「薬猟《くすりがり》」、『万葉集』にある「薬《くすり》狩《がり》」は、野に出て薬草を摘んだり、鹿を捕まえて、鹿茸《ろくじょう》と呼ぶ袋角を取ったりすることで、端午のモグサ作りはこの流れを汲《く》む風習である。中国では六世紀の『荊楚歳時記《けいそさいじき》』に「艾人《がいじん》」といって、ヨモギを摘んで人形を作って戸口に掛けること、また、唐《とう》代にはこの艾人をお灸に使うことが見えている。

粽と柏餅

端午の行事をさかのぼっていくと、そこには男児の成長の祝いとしての行事ではなく、悪疫や邪気を祓う行事だったのが見えてくる。節供の行事は少なからずこうした意味をもっているが、なかでも端午にはその性格が強く、この日の食べ物の粽《ちまき》にも祓えとしての性格がある。先にあげた文化年間の「諸国風俗問状」の答えでは、広島県の福山に、端午の粽《ちまき》を居間の柱に掛けておき、悪夢を見た朝にこれを見ると夢を消してくれる「夢粽」が出てくる。これは京都・祇園祭の粽のような、魔物を除ける呪力《じゅりょく》を持つ飾り粽の一種である。

粽といえば、その由来は中国の、汨羅《べきら》に身を投じた屈原《くつげん》を弔うために五月五日に餅《もち》を投じたという故事が知られているが、チマキという名は、茅《ち》で巻いた食べ物という意味で、日本には各地にさまざまなものがある。現在も伝えられているこうした葉包みの端午の食べ物には、茅のほかに、笹《ささ》、ミョウガ、朴《ほお》、葦《よし》などで包んだものがある。

サンキラとかサルカケ、カタラなど多くの地方名があるサルトリイバラの葉で挟んだものもある。全国的には笹を使うところが多く、東北地方南部から近畿地方にかけては柏《かしわ》、近畿地方以西ではサルトリイバラを使う傾向にある。

そして興味深いのは、サルトリイバラなどを使ったものもカシワモチと呼ぶところが各地にあることで、カシワモチの原義は、葉をカシワとした餅と理解できる。この場合のカシワは「膳」のことである。端午節供に欠くことができないのが、こうした葉包みの食べ物で、使われている葉はいずれも殺菌作用をもつものである。食べ物がいたみやすい入梅時期の、節《せち》の供え物として選ばれたのが葉包みの食べ物だったのであり、これは中国から粽が入ってくる以前から存在していたと考えられる。

セックは、平安時代の言葉では「せく」とか「せちく」で、これは祭りが行われる節の供物の意味だった。粽や柏餅が端午の節供《せちく》であり、セックは江戸時代前期まで「節供」と書いた。その後、この言葉の意味が忘れられて「節句」となったのであり、「節供」が本来の意味を表わす書き方である。

凧あげ節供　【たこあげせっく】

凧あげの季節

凧《たこ》あげといえば、正月の遊びと考えるのが普通であろう。東《ひがし》くめ作詩の唱歌「お正月」では「もういくつ寝るとお正月、お正月には凧あげて……」と歌い、正月前には商店の店頭にさまざまな凧が並ぶ。江戸時代でも、嘉永《かえい》四年（一八五一）の『増補《ぞうほ》俳《はい》諧《かい》歳時記《さいじき》栞草《しおりぐさ》』では、「紙鳶《しえん》」は正月の季語だし、嘉永六年（一八五三）『守貞謾稿《もりさだまんこう》』も、凧あげは「江戸は、早春を専《もっぱ》らとし」という。

しかし、同書は大坂の凧あげは正月末から二月に行われ、とくに二月初午《はつうま》の日が盛んで、大坂城近くの馬場に大人も一緒になっておおぜいが集まり、酒を飲みながら凧をのぼせて遊ぶと記している。さらに『長崎歳時記』（寛政九年〈一七九七〉）によれば、長崎の凧あげは三月から四月八日まで、文化十四年（一八一七）の三河国《みかわのくに》吉田領（愛知県豊橋市）「諸国風俗問状」の答えには、子どもたちは三月末から凧あげを始め、五月五日まで、武家は五月六日まで行ったとある。また、文化七年（一八一〇）に菅江真澄が記した『牡鹿《おが》の嶋風《しまかぜ》』には、秋田県男鹿《おが》ではお盆の凧あげということで七月十三日から二十日まで船の上から凧をあげるとある。

このように江戸時代までさかのぼると、凧あげの季節は地方によってさまざまで、それが明治時代以降、次第に正月に集中するようになったのである。『東都歳事記』（天保《てんぽう》九年〈一八三八〉）の挿絵「初春路上図」を見ると、江戸日本橋からの遠景に高くあがる凧がいくつも描かれ、凧あげは正月という江戸町人の風俗が、後に全国的になったのがうかがえる。

端午の凧あげ

江戸時代の凧あげの季節はさまざまだが、注目されるのは正月、二月初午《はつうま》、四月八日の花祭り、五月五日の端午、お盆というように、節日《せちび》と結びついていることである。しかも、大人も宴《うたげ》を設けて凧あげに興じるところもあり、これは祝祭性をもつ遊びだった。

その祝祭性がもっとも色濃いのが端午節供の凧あげで、男児の初節供を祝って大凧を作り、大空に勇壮にあがる姿にその児の将来を託した。先の三河国吉田領の「諸国風俗問状」の答えには、端午の凧あげは、答えを記した三十年ばかり前の一七九〇年頃には凧の大きさを競い合い、大竹の二つ割りを四辺の枠にし、幅六十センチ・長さ四十センチほどの厚手の和紙である大直紙《おおなおがみ》を貼ったものとなった。そこで近年は大直紙で二十五枚までの大きさに規制されるようになったが、この凧には「うなり」と呼ぶ、鯨《くじら》のヒゲ製の弦を凧の頭に張るので、風のいい日にはこれが風に震えブンブン、グワングワンと鳴り響いて騒々しいほどだという。

大直紙二十五枚の凧は、おおよそ畳三枚強の大きさとなるが、大きさが規制される以前は、前記の枠の材料からは、この数倍あるいは十数倍の大ききだったと思われる。巨大な凧をあげていたのであり、こうした凧は現在、神奈川県の相模原《さがみはら》市や座間《ざま》市で行われている端午節供の「大凧まつり」に見ることができる。九から十五メートル四方もの凧で、十五メートル四方の凧は、大きさ

初節供の大凧（神奈川県平塚市大神）

は畳百二十八畳分、重さは凧の引き綱も合わせ約一トンもあり、あげるには八十人から百人の人手が必要となる。

相模原市や座間市の現在のような大凧あげは、明治時代中頃の日清《にっしん》戦争後から地区をあげて行うようになったが、これは、長男が生まれて初節供を迎えると、その家が地区の若者たちに頼み、子どもの名前を書いた大凧をあげてもらう風習に由来している。元は四、五メートルほどの大きさの凧で、子どもの初節供を祝って高くあげ、立身出世を願った。凧をあげる若者たちには酒やご馳走《ちそう》が振る舞われたが、節供前にはこうした凧があちこちであがり、おのずと高さや滞空時間を競い合うようになったのである。

節供凧の全国分布

相模原市や座間市の端午の節供凧は、神奈川県内では藤沢《ふじさわ》市・茅ヶ崎《ちがさき》市・海老名《えびな》市・厚木《あつぎ》市・伊勢原《いせはら》市・平塚市など広い範囲にあり、現在も端午節供の凧あげを見かけることがある。同様な風習は、関東地方では千葉県の市原《いちはら》市・君津《きみつ》市・富津《ふっつ》市や茂原《もばら》市・勝浦《かつうら》市・大多喜町《おおたきまち》などの上総《かずさ》地方、埼玉県のさいたま市・上尾《あげお》市・春日部《かすかべ》市などにもある。

上尾市では、家を継ぐ長男の初節供に町内の若い衆に頼んで、数メートル角の凧をあげてもらったが、この若い衆には家の名を染め込んだ印半纏《しるしばんてん》を贈り、凧がうまくあがると樽酒《たるざけ》を振る舞った。また、市原市でも近所の若者たちが惣領《そうりょう》（長男）の生まれた家の初節供を祝い、大凧を作ってあげた。君津市でも初節供の大凧は高くあがればあがるほどその子が出世すると喜んだ。節供凧は家紋や子どもの名前を入れた角凧《かくだこ》のほか、上総地方の東部では「長南《ちょうなん》トンビ」や「上総トンビ」と呼ばれる、着物のように袖《そで》が付いた形の袖凧、上総地方西部ではオタマジャクシのような形の「唐人凧《とうにんだこ》」をあげることもあった。

東海地方では、静岡県西部の遠江《とおとうみ》から愛知県の東三河地方にかけて節供凧が盛んで、この凧を「初凧」と呼ぶところが多い。愛知県豊川市でも「初凧」といい、長男の初節供には八角形の「八つ花凧」や「ケロリ凧」とも呼ぶ四角形の「三河凧」を、大人たちが祝い酒を飲みながら賑《にぎ》やかにあげ、節供が終わるとこの凧を家の天井や納戸《なんど》などに飾った。

東日本ではこのほか、長野県や山梨県、群馬県、新潟県などに端午節供の凧あげの風習があり、西日本では滋賀県や三重県、愛媛県、高知県などに見ることができる。滋賀県東近江《ひがしおうみ》市の八日市《ようかいち》では、男児の初節供のお祝いにあげていた凧が明治時代中期に大凧あげとなり、現在では五月第四日曜日に縦横とも十メートルを超える凧をあげている。

凧合戦

端午の初節供を祝う凧は、各地で明治時代から大型化して大凧の勇壮さを誇るようになっているが、これとは別に凧同士を戦わせる凧合戦へと変化したところもある。端午の凧合戦としては静岡県浜松《はままつ》市や愛媛県内子《うちこ》町五十崎《いかざき》が有名で、浜松市では五月三日から五日に、初節供を祝う初凧が出世凧としてあげられ、この後に合戦凧による凧合戦が繰りひろげられる。凧合戦はすでに江戸時代後期には行われていて、参加する町内ごとに二・四メートルから三メートル四方ほどの凧をあげ、ラッパの音を合図に他町内の凧の糸を絡めて「チョン掛け」とか「釣り上げ」と呼ばれる技で糸を切り、凧を飛ばしてしまう合戦が行われる。

愛媛県五十崎の凧合戦も、もとは初節供の祝い凧であったが、昭和二十九年（一九五四）に一町二村が合併して五十崎町が誕生したときから、五十崎と天神《てんじん》とが小田《おだ》川をはさんで陣を張り、双方から凧をあげ、凧糸に付けたガガリという刃物で相手の凧糸を切り合う合戦が行われるようになった。合戦凧の大きさは一・五メートル前後の角凧で、凧糸を巧みに操って凧を大空に乱舞させながら争い、決められたルールで勝敗を決めている。五十崎でも節供凧は別にあげられ、三、四メートルの大きさの凧に子どもの名前を書いてあげている。

　凧合戦といえば、この他にも新潟県の新潟市南区《みなみ》白根《しろね》の大凧合戦や三条《さんじょう》市の凧合戦、長岡《ながおか》市中之島《なかのしま》と見附《みつけ》市今町《いままち》の大凧合戦が有名である。ただし、これらはいずれも六月上旬で、その由来は端午節供の凧あげとは結びついてない。

凧の歴史と名称

　端午の節供凧はこのように大型化し、各地で端午のイベントとなっているが、節供凧の歴史は資料的には十八世紀半ば以降の風習である。日本の凧の歴史は承平《じょうへい》年間（九三一～九三八）の『和名類聚抄《わみょうるいじゅしょう》』に「紙老鴟《しろうし》」の記載がある。しかし、その後は、元和《げんな》六年（一六二〇）の記録に子どもの玩具《がんぐ》としての「烏賊幟《いかのぼり》」、また井原西鶴《いはらさいかく》の『好色一代男』（天和《てんな》二年〈一六八二〉）に「烏賊のぼせ」と出てくるだけで、文献記録がとんでいる。鎌倉・室町時代の記録には、「紙老鴟」も「烏賊幟」も見当たらず、平安時代後期に日本に凧があったかは疑問だと言わざるを得ない。

　凧の名称は、江戸時代初期は前記のようにイカノボリで、正徳《しょうとく》二年（一七一二）の

『和漢三才図会《わかんさんさいずえ》』の「紙鵙」も「いかのぼり」の読みが振られ、和名は「師労之《しろうし》」で、今は「烏賊《いか》」と呼び、関東では「章魚《たこ》」と言うと説明している。江戸時代の文献では、イカが一般名でタコは関東の方言だったのである。

近年の方言調査によれば、青森県下北《しもきた》地方ではタコバタ、東北地方東部ではハタとかテンバタ、新潟県から北陸・近畿・中国地方東部・四国瀬戸内《せとうち》沿岸ではイカ、イカノボリ、中国地方西部ではヨーズ、九州北部ではタコバタ、タカバタ、ハタ、タツなど、長崎県北部・平戸《ひらど》・五島《ごとう》列島や壱岐《いき》ではヨーチュとかヨーチョ、さらに沖縄県の宮古島ではカビトゥズ、八重山諸島ではピキタマと呼び、これら以外の地方ではタコである（徳川宗賢《とくがわむねまさ》編『日本の方言地図』中公新書）。凧の方言分布からは、ハタ系の名が日本列島の北端と南端にあり、この名が古い名のようだが、沖縄県も含めると全国的には多様である。

凧の地方名がどうしてこんなにも多様なのか、また、どのような事由があって端午に凧あげをするのかは、今のところ謎としか言いようがない。ただし、名称はともかく、端午の凧あげについては、中国の明《みん》（一三六八〜一六四四）と清（一六三六〜一九一二）の時代に行われていた、清明《せいめい》節前の厄祓《やくばら》いの紙鳶あげが関連すると思われる。清明は二十四節気の一つで、四月五日頃となり、中国では先祖祭りの日である。これに先だって紙鳶をあげて災厄を祓うのである。これが日本にもたらされ、初午や花祭り、端午、お盆など、春から初秋までの節目に結びついて定着したのではないかと推測することができる。

サツキとサオトメ

水田と稲作の歴史

平成二十三年（二〇一一）三月十一日の東北地方太平洋沖地震は、未曾有《みぞう》の被害をもたらした。東日本大震災と命名されたが、こうした大震災に見舞われ改めて気付くのは、普段目にしているマチやムラの姿、生活の糧を与えてくれる水田や畑、漁の姿などは、自然にそこに出来たのではなく、人々のたゆまない努力と叡智《えいち》の上に成り立ち、それが持続されて存在してきたことである。これは決して忘れることなく、しっかりと心に刻んでおきたいことである。

日本の水田稲作は、弥生《やよい》時代（紀元前三世紀前後から紀元後三世紀後半まで）の少し前に中国の長江の中・下流域から数次にわたって日本にもたらされて始まった。長江の中・下流域では今から七千年以上も前から水田稲作が行われており、それが今から約二千五百年前に日本に伝来したのである。九州北部地域では、発掘調査によって菜《な》畑《ばたけ》遺跡（佐賀県）や板付《いたづけ》遺跡（福岡県）などから初期の水田跡が発見されている。日本の陸稲も含めた稲作は、遺伝学者の佐藤洋一郎《さとうよういちろう》氏の研究によれば、水稲である温帯性ジャポニカ以前に、陸稲の熱帯性ジャポニカが日本に伝来していたといい（ＮＨＫブックス『ＤＮＡが語る稲作文明』）、日本への稲の伝来はさらに遡《さかのぼ》るが、二千五百年を超える日本列島の稲作の歴史の中には、さまざまな災害を乗り越えて現在に至った人々の思いが込められている。

サツキの意味

三世紀後半に成立した『魏志倭人伝《ぎしわじんでん》』の裴松之《はいしょうし》の注によれば、『魏略』という文献には、倭国《わこく》ではまだ正式な暦がなく「春耕秋収」によって年紀とするとある。「春に耕して秋に収める」というのは、言うまでもなく稲作のことで、これを基準として一年としていたのである。「春」をハルというのは、芽が「張る」あるいは土を「墾《は》る」で、「秋」をアキというのは食糧が「飽き」るほどあるからという語原説があるが、これは「春耕秋収」によって年紀としていたことが一つの根拠になっている。「春」「秋」などの漢字と呼ぶ文字は、日本列島へは外国語としてもたらされたのであり、これにハル、アキの読みを与えたのは列島の風土に基づいている。

漢字を使う現代の日本人は、どうしてもその文字から意味を考えてしまいがちだが、そもそも漢字は外来の文字で、これ以前から使われていた言葉に文字を当てはめた。いわゆる大和《やまと》言葉を漢字に翻訳したのである。漢字の読みというのはそういうもので、一般的に旧暦五月をいうサツキには、「五月」「早月」や「皐月」が当てはめられている。

しかし、サツキといえばこれだけではなく、北陸地方から東北地方では田植えを意味している。さらに秋田県では田植えの昼の弁当をサツキ飯、福井県では田植えのときに歌った田植え唄《うた》をサツキ節《ぶし》、長野県では田植え前の水田の代掻《しろか》きをするために借りる馬をサツキ馬、静岡県では田植えをする女性がつけた襷《たすき》をサツキダスキ、徳島県では田植えに着る新しい着物をサツキゴと呼んだところがある。こうした複合語を含めると、サツキが田植えの意味だったところはもっと広かったようである。

五月雨と早乙女

サツキが田植えのことを言ったのは、旧暦五月が田植え月だったからである。昭和三十年代になってコシヒカリなどの品種が広まると、こうした品種を作る地域では田植えの時期が早くなり、新暦五月の連休頃に行われるようになったが、通常は六月中

壬生の花田植え（広島県山県郡北広島町）
ユネスコの無形文化遺産として一覧に記載
されている

壬生の花田植えの田の神
田を均らすエブリの上に苗を供え、
田の神であるサンバイをまつる

旬から七月初旬が田植えの盛時だった。この時期が旧暦五月であり、ちょうど梅雨時《つゆどき》である。五月雨《さみだれ》というのはこの雨のことで、サツキ雨とも言われた。芭蕉の『おくのほそ道』にある〈五月雨をあつめて早し最上川《もがみがわ》〉はあまりにも有名だが、サミダレは『古今和歌集』にも詠《うた》われている。

そして、この田植えを行う女性をサオトメと呼ぶ所は各地にある。ショトメ、スートメなど地方ごとに訛《なま》りはあるが、日本の一般的な稲作では、田植えは女性のサオトメの仕事とされていた。動力田植機が普及する以前の手植えの時代には、秋田県仙北地方では、ショトメが新調の田植え着に帯を締め、さらに新しい前掛けと手甲《てっこう》を身につけて苗を植えた。広島県などに伝えられている「花田植え」「大田植え」では、今も飾り鞍《くら》などで飾られた牛が代掻きをし、エブリという道具で田を均《なら》し、新しい衣服を身に着けて笠《かさ》を被《かぶ》った女性たちが田植唄を歌いながら田植えをしている。サオトメは、若い者は柄《がら》の大きい派手目の衣服に明るい色の襷を掛け、既婚のやや年をとった女性は柄の小さな地味目の衣服に暗い色の襷を掛けるなど、遠目でも年柄がわかった。田植えは仕事といっても、華やかな時だった。

もう気付かれた方もあろうが、サツキ、サミダレ、サオトメと並べてくると、そこには一つの共通点がある。それはいずれも「サ」の付く言葉であり、サツキは「サ」

の月、サミダレは「サ」の水垂れ、サオトメは「サ」の乙女となり、「サ」が何らかの意味をもった接頭辞となっている。田に植える稲苗をいうサナエも「サ」苗である。田植え時期に花を咲かせる木をサクラと呼ぶのも、「サ」座《くら》が原義だという。

サオリとサナブリ

さらに稲作に関する儀礼や行事には、サビラキ、サオリ、サノボリ、サナブリなどがある。サビラキは田植え始めのことで、このときにサオリという儀礼があり、田植え終《じま》いにはサノボリとかサナブリという儀礼がある。

茨城県龍ケ崎《りゅうがさき》市では、田植えを始める日には家ごとにウエソメ（植え初め）などといい、三角あるいは俵形の御飯の小さいおむすびを十二個作り、これを米を計る枡《ます》に入れて煮炊きをする竈《かまど》の上に祀《まつ》るオカマサマあるいは荒神様《こうじんさま》に供えた。それから田に出て田植えを始め、この日の夕飯には供えたおむすびを食べた。

ウエソメの儀礼は単純だが、田植え終いの儀礼には、家ごとのサナブリと、集落全体の田植えが終わった後のムラサナブリの二種がある。家のサナブリは、田植え最終日に、苗代に円形に残した稲苗を採り、一本ずつ洗って泥を落とし、これを三把《ば》に束ねてオカマナエとする。オカマナエと呼ぶのはオカマサマに供えるからである。最後

サナブリ（茨城県龍ヶ崎市大塚）
台所のオカマサマに苗を3把供える

の稲苗の苗代への残し方は「苗をいかく（大きく）残すと円満に財産が大きくなる」と伝え、苗を洗うことは「よく洗うときれいな子どもが生まれる」とか「きれい好きな子どもが生まれる」という。オカマナエは、ただ稲苗を束ねたものだが、この苗は家の財産や子孫のあり方にまで影響すると考えていたのである。田植えは家にとって最も重要な仕事であり、その細部にまで家の繁栄の願いが込められたのである。

　さらにオカマナエをオカマサマに供えるときには、箕《み》の中に入れて苗の上から米を振りかけて供えることもあった。振りかける米は「稲の花」と呼ばれ、白い小さな稲の花に見立てられたのである。早苗《さなえ》を植える田植えは、これから水田で稲苗が育っていくことへの希望と、一方では干ばつや虫害、冷害などで不作となる心配とが入り混じるときである。無事に稲の花が咲く姿をつくるのは、豊年満作への願いを形にしたものである。

　これが家ごとのサナブリで、ムラサナブリは地区の区長が各戸の田植えが終わるのを見計らって期日を決め、地区の家々が一斉に仕事を休むことである。農家の仕事は、土日休みという週日に基づくものではなかったので、ムラサナブリの休みは誰もが楽しみにし、田植えの無事な終了を祝い、饅頭《まんじゅう》やあんころ餅《もち》などをつくった。

　各地の具体的な田植えの歳事を見ていくと、右にあげてきた龍ケ崎市のように田植え始めと田植え終いに儀礼を行っているのが一般的である。オカマナエを家の神に供えるだけでなく、水田へ灌漑水《かんがいすい》を取り入れる水口《みなぐち》に季節の卯《う》の花やツツジなどの花、あるいは「田の神様の宿り木」と呼ぶ小枝を挿し、木の葉を皿にして供物をすることが各地で行われていた。

　こうした儀礼からは、サビラキは「サ」開き、サオリは「サ」降り、サノボリ・サナブリは「サ」昇りを意味しているのがわかる。作業の開始時と終了時に儀礼があるのは、田植えには本来、神事的な性格があるからで、早乙女が着飾るのもこうした性格に基づいている。神事性というのは、言うまでもなく田の神を田に迎えて田植えをし、終わると田の神に帰ってもらうという神事である。稲作は田の神祭祀《さいし》とともに行われ続けてきたのであり、その心意は仕事の区切りごとに宴席を設けるという仕来たりへとつながっている。

シツケ

旧暦五月の田植えにはシツケという言い方もある。「苗を仕付ける」の仕付けで、田植え後の休日をシツケヤスミと呼ぶ所も各地にある。このシツケは言うまでもなく「躾《しつけ》」に通じる言葉である。つまり、子どもを躾《しつ》けることと稲苗を田に仕付けることは、同一線上の行為と考えられてきたのである。稲苗を田に植えるには、一株に植える苗の本数、植える深さ、株と株の間隔、さらに卯の日には植えてはいけないとか、田植えの期間中には風呂《ふろ》に入ってはいけないという禁忌を課すところもあった。田植えには、それなりの作法が存在し、植えた後には朝晩の水の管理や除草など手をかけたのである。それがシツケだった。

子どもの躾も同じで、それなりに手をかけなければ素直には育たない。シツケの心は、稲に限らず農作物全般に及ぶのであり、さらにこれが日本人のもの作りの根幹を形成しているといえよう。何とはなしに見ている日常の風景には、神とともに作業をし、また、丹誠を込めて仕付けてきた姿が込められているのである。

御柱の祭り

【おんばしらのまつり】

諏訪大社の御柱祭

六月を迎えるとうっとうしい梅雨の季節となる。旧暦でいえばこの時期が五月で、端午の節供は入梅頃の行事であり、端午が済むと田植えの季節となった。田植えのことをサツキと呼ぶ地方があるのは、皐月《さつき》が田植え月だからである。七年に一度、寅《とら》年と申《さる》年に行われる長野県の諏訪《すわ》大社御柱祭《おんばしらさい》は、この季節に先立つ祭りで、寅、申年の五月上旬には御柱の里曳《さとび》きが行われ、六月には最後の段階に入る。

諏訪大社は諏訪湖の東南にある諏訪市の諏訪大社上社本宮《かみしゃほんみや》、茅野《ちの》市の上社前宮《まえみや》、そして諏訪湖の北にある下諏訪町《しもすわまち》の諏訪大社下社春宮《しもしゃはるみや》と秋宮《あきみや》の総称で、御柱祭はこれら四社すべての祭りである。諏訪地方の二十一万人余の氏子《うじこ》が参加するという、その規模から、また、御柱を定期的に建て替えるという祭りの内容からも日本を代表する祭りの一つということができる。正式には「式年造営御柱大祭《しきねんぞうえいみはしらたいさい》」という遷宮《せんぐう》祭の一種である。四社それぞれの境内四隅に巨木の柱を建てるとともに、大社の宝殿《ほうでん》の建て替えが行われ、ここに祀《まつ》られている神霊の遷座が行われる。宝殿は本宮と春宮、秋宮にあって、それぞれに東宝殿と西宝殿があり、御柱の祭りごとに宝殿を建て替えて神霊を移す。

御柱祭というと、四月、五月の勇壮な上社八本、下社八本の御柱の山出しと里曳きが有名で、これらをめがけて観光客が集まるが、上社の宝殿遷座は六月になってからである。この祭りは上社では御柱祭の前年六月に御柱の木を決める本見立てをし、祭り当年の三月に伐採、下社では御柱祭の二年前に本見立てをして山出しの一年前に伐採する。御柱の木が見立てられて決まると、その木には薙鎌《なぎがま》と呼ぶ魔除《まよ》けの鎌が打たれる。そして、伐採した柱を上社・下社とも四月に山出し、五月に里曳きをして、それぞれの境内に建てて根固めの儀式が行われる。その後、下社は五月上旬に宝殿遷座祭、上社は六月中旬に宝殿遷座祭となる。ここまでが一連の遷宮造営の神事であり、山出しからだけでも二ヶ月半に及ぶ祭りである。

各地の御柱祭

諏訪大社の御柱祭では、長さ十七メートル、直径一メートル余、重さ十トンを超えるモミの巨柱を山から多くの人たちが力を合わせ、人力で大社まで曳く。山の斜面を一気に下す「木落し」、川を曳き渡る「川越し」など、それこそ熱狂と歓声の中で御柱に曳き子の若い衆が取りつく姿は壮観であり、見ている者を圧倒する。また、車も転《ころ》も使わず木遣り歌とともに曳行《えいこう》される御柱の姿からは、大社への敬虔《けいけん》な思いが感じられる。

こうした「木落し」や「川越し」は諏訪大社ならではの光景だが、同様な御柱祭は諏訪地方や長野市、松本市、上田《うえだ》市の諏訪神社、祝《ほうり》神社などでも行われ、さらに山梨県や埼玉県、群馬県など、長野県以外の諏訪神社にもある。たとえば長野市の善光寺《ぜんこうじ》門前の善光寺《ぜんこうじ》町《まち》では、武井《たけい》神社、湯福《ゆぶく》神社、妻科《つましな》神社を「善光寺三鎮守」と呼んで祀っていて、この三社に城山《じょうやま》の水内《みのち》大社を加えた四社が順番に諏訪大社と同じ寅年と申年に御柱祭を行っている。御柱祭の順番がまわってくると、市内の山から御柱の木を伐《き》り出して氏子町内を曳き回し、悪魔祓《はら》いの薙鎌を柱の頂部に打ち込んで境内に建てている。また、各地の御柱祭を調べた松崎憲三《まつざきけんぞう》編『諏訪系神社の御柱祭』(岩田書院)によれば、群馬県南牧《なんもく》村の星尾《ほしお》諏訪神社の御柱祭は享保《きょうほう》元年(一七一六)からの記録が残り、現在もやはり寅年と申年に山から長さ十二メートル余の御柱一本を伐り出し、四月あるいは五月に期日を決めて神社まで曳いて建てている。山梨県南《みなみ》アルプス市上《かみ》今諏訪《いますわ》、下今諏訪《しもいますわ》の御柱祭は、延宝《えんぽう》年間（一六七三〜一六八一）に行われていたことは確かで、中断を経て現在は両町内に祀られている諏訪神社に、四月上旬に七メートル余の御柱一本ずつを里曳きして建てている。

伊勢神宮の式年遷宮祭

このように御柱祭は諏訪大社を中心に隣接県の諏訪神社などでも行われているが、神社の御柱の曳行《えいこう》と遷宮祭は、よく知られているように伊勢神宮にもある。式年というのは一定の年限ごとにということで、神宮では二十年ごとに内宮《ないくう》と外宮《げくう》の正殿をはじめとして別宮の社殿を造り替えて神座を遷《うつ》す神事があり、このときにはさまざまな殿舎、さらに鳥居や宇治《うじ》橋なども建て替えている。内宮の式年遷宮は持統《じとう》天皇四年（六九〇）に行われた記録があるので、この神事は千三百年以上もの歴史をもっている。

平成二十五年（二〇一三）に行われた第六十二回式年遷宮は、数年前からさまざまな行事があって、平成二十一年（二〇〇九）十一月には新しい宇治橋の渡始《わたりはじめ》式が斎《さい》行《こう》され、その前の平成十八年（二〇〇六）と十九年の五月から六月初旬には材料となる御木曳《おきひき》行事の陸曳《おかびき》が、両年の七月には川曳が行われた。これらには全国から数万の人たちが参加し、正遷宮の年である平成二十五年七、八月には、二十万を超える人たちが参加するお白石持《しらいしもち》行事が行われた。これは宮《みや》川の河原から「お白石」を採って正殿用地に敷き詰める行事である。そして、九月には深夜に非公開で行われる心御柱《しんのみはしら》を建てる行事があって、十月に遷御《せんぎょ》の儀式がある。

伊勢神宮の御木曳行事は、式年遷宮の祭りということでは諏訪大社の里曳きに相当する行事である。御木曳行事は初めに御木《おき》曳初式《ひきぞめしき》があるが、これは四月に行われていて、諏訪大社の山出しと同じ時期である。伊勢神宮にしても諏訪大社にしても、御木曳が主に四月から五月にかけて行われ、川曳を除けば六月の初めには終わっていることは興味深い。梅雨入りする旧暦五月は、かつてはさまざまなことを慎むべき忌み月と考えられていたのであり、この前に造営のための御木曳を終える必要があったのであろうか。

社殿の建て替えと心御柱

諏訪大社の式年造営は、平安京《へいあんきょう》遷都を行った桓武《かんむ》天皇（七三七〜八〇六）の時代に始まったと伝えられ、これも古代から続く行事である。同じように式年遷宮を行っていた神社としては、大阪の住吉《すみよし》大社、千葉県の香取《かとり》神宮、茨城県の鹿島《かしま》神宮は『延喜《えんぎ》式《しき》』にその規定があり、また、京都の賀茂御祖《かもみおや》神社、奈良の春日《かすが》大社、新潟県の弥彦《やひこ》神社、大分県の宇佐《うさ》神宮、熊本県の阿蘇《あそ》神社も、二十年あるいは三十三年などの周期で遷宮を行ったというし、群馬県の貫前《ぬきさき》神社には十二年ごとの式年遷宮祭がある。平成二十五年は伊勢神宮と出雲大社の遷宮祭が重なっていた。

このように日本各地の古社では、定期的に社殿の建て替えが行われてきた。神を祀る「社《やしろ》」というのは、そもそも屋の代ということで、「代」は稲苗をつくるところを苗代《なわしろ》と呼ぶことからもわかるように場の意味である。「社」は神を祀る聖なる場というのが原義で、もっとも原初的な神社というのは、祭りのたびに御屋《みや》を建てるものである。この御屋が「宮」となった。御屋を毎年の祭りに建て替えることは、個人宅の屋敷神の祭祀《さいし》や各地の祭礼で作られる仮宮にも見られ、現在も引き継がれているし、式年遷宮・式年造営もこうした神祭りの原初性を残しているのである。

この御屋での神祭りに重要となるのが伊勢神宮や出雲大社でいう心御柱《しんのみはしら》である。神宮では内宮と外宮それぞれの正殿の御神体が鎮座するところの床下に建てられる柱であり、天御柱《あめのみはしら》とか忌柱《いみばしら》とも呼ばれている。この柱の伐り出しにあたっては、木本祭《このもとさい》という神事が行われ、この木はもっとも厳重に扱われる。鎌倉時代の文献には、この柱は「天地之形、陰陽之源、万物之体」であるという解説がある。天と地、陰と陽を形づくり、万物を象徴する柱だというのであり、こうした心御柱を祭りの場に建て、この上に神が鎮座して祀られるのである。出雲大社では、平成十二年（二〇〇〇）十月に平安時代末の本殿跡から三本の杉丸太が金輪で一本に束ねられた巨大な心御柱の基部が発掘され、天高くそびえ立つ御柱の上に社殿が建てられていたのが実物によって確認できるようになった。

御柱の意味

諏訪大社の御柱は御屋の心御柱に相当するのか、あるいは心御柱を囲む御屋の柱であるのかなど、その意味づけには諸説があるが、祭りの場にその中心となる柱を建てることは、さまざまな歳事にも見ることができる。たとえば一月の小正月に行われる左義長《さぎちょう》やどんど焼きではその中心に高い柱があり、お盆には先祖の精霊を迎え、あるいは送るための柱を建ててこの上で松明《たいまつ》を灯《とも》している。旧暦卯月《うづき》八日の花祭りにも、天道花《てんとうばな》といって竿先《さおさき》に花をつけた柱を建てている。

小正月や卯月八日、お盆の柱は神や精霊を迎え送る依代《よりしろ》と考えられ、神社の御神木も神の依《よ》り憑《つ》く木と理解されている。しかし、伊勢神宮などの心御柱の思想は、この世界を形作り、万物を象徴する、いわゆる「宇宙樹」の考え方と近い。さらにまた、心御柱や諏訪大社の御柱は、御屋を守るための木霊《こだま》の象徴としての柱という解釈もできる。木霊の象徴というのは野生の神樹への崇拝であり、御柱の信仰は一元的なものではなく、多元的な要素をもつ。こうした多様な御柱信仰は日本だけではなく、アジアをはじめとする世界各地にあり、まさに人種や民族を超えた人類文化全体の問題でもある。もっともこの問いは、私たちの家にはその中心に「大黒柱」があるが、この柱の発想には、どのような思想が根幹にあるのかという、身近な問いでもある。

祇園の祭り　【ぎおんのまつり】

京の祇園祭

日本は世界の中でも名だたる祭り大国で、春夏秋冬さまざまな祭りが行われている。こうしたなかで夏祭りといえば、七月一日に、長刀鉾稚《なぎなたぼこち》児《ご》の八《や》坂《さか》神社参詣《さんけい》や吉符《きっぷ》入《いり》から始まる京都の祇園《ぎおん》祭を思い浮かべる人が多かろう。

この祭りは、八坂神社の神輿《みこし》が京都市中の四条御《しじょうお》旅所《たびしょ》へ神幸《しんこう》する神事と、絢爛《けんらん》豪華な鉾や山《やま》の巡行に代表される町衆《まちしゅう》による町内行事から成る。前者の八坂神社の神幸は、天延《てんえん》二年（九七四）から始まっていて、四条寺町《てらまち》に御旅所を設け、ここに八坂神社の神が十七日の夕方に神幸する。三基の大神輿それぞれが大勢の男たちに揉《も》まれながら担がれて御旅所に安置され、二十四日夜には逆に神社に還幸《かんこう》するが、この御旅所への参拝は、「無言参り」といって黙ってお参りしないと御利益がないと伝えている。

後者の山鉾巡行は、南北朝期（一三三六～一三九二）に始まったという。しかし、

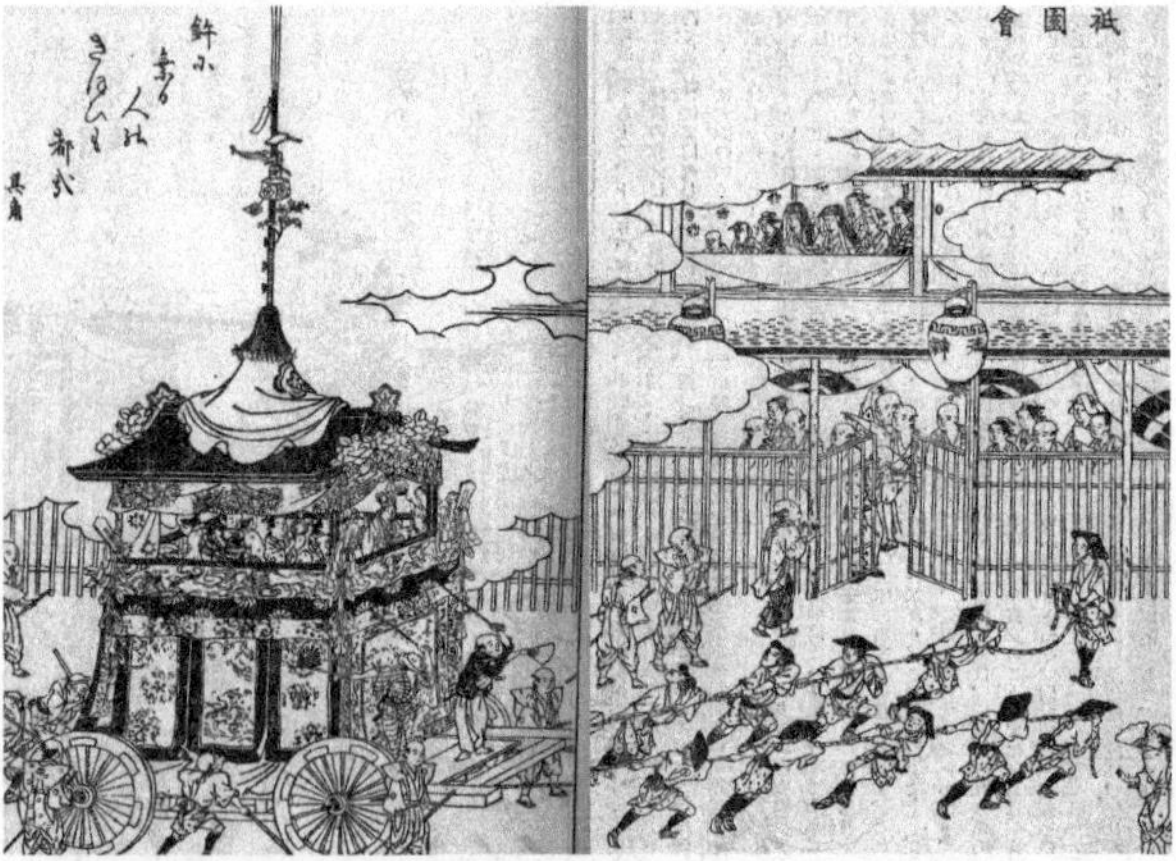

祇園祭の鉾巡行（『都名所図会』より）

京都が戦乱の場となった応仁《おうにん》・文明《ぶんめい》の乱（一四六七〜一四七七）で大半の山鉾は焼け、現在の山鉾はその後に再建されたものである。「鉾」は、屋形の上に鉾柱がたち、その頂部には鉾頭《ほこがしら》が付き、屋形には囃方《はやしかた》や音頭取が乗る。「山」は屋台に松などを立て、神仏像をまつったり、天岩戸《あまのいわと》神話や謡曲「蘆《あし》刈《かり》」「橋弁慶《はしべんけい》」などを再現する人形を安置したりしたものである。現在、三十二の山鉾が巡行するが、これらにはペルシャやインド、中国、ベルギーなどからの高価な舶来敷物、彫刻、飾り金具、絵画が取り付けられている。なかには室町時代のものもあって、京都の町衆の経済力をうかがうことができる。

山鉾は十日から鉾建《ほこだて》、十三日から山建《やまだて》が行われ、十六日の夕方には宵山《よいやま》となり、十七日朝には四条通から河原町《かわらまち》通、御池《おいけ》通への巡行が始まる。巡行する山鉾は、最大のものは重さが約十二トン、地上から鉾頭までは約二十五メートルにも及ぶ。鉾では音頭取の指図で祇園囃が奏でられ、優雅な情緒をかもしだしているが、三、四十人の曳《ひ》き子が綱を引き、十字路では二メートル近くもある車輪に人が取りつき、割竹の上を滑らせて手ぎわよく方向転換させる辻回《つじまわ》しは見ものとなっている。

祇園御霊会

このように京都の祇園祭は七月一日に始まり、二十九日まで神事が続き、三十一日には境内の疫神社《えきじんじゃ》で夏越祓《なごしのはらえ》が行われる。祭りは一ヶ月にも及ぶが、旧暦の時代には五月下旬に始まり、六月七日から十四日まで御旅所で神輿を祭る御霊会《ごりょうえ》が行われた。この時期は、暦の二十四節気では大暑の季節で、この時期に行われることに御霊会の意味があった。

じめじめした不快な梅雨があがり、暑さのピークを迎えようとする直前で、この時期に恐ろしい疫病を起こす疫神《えきじん》を鎮圧するのが御霊会の目的だった。八坂神社の社伝

神泉苑（京都市中京区）
（長野隆之氏撮影）

によれば、祇園御霊会は貞観《じょうがん》十一年（八六九）に疫病が大流行し、これを鎮めるために六月七日に六メートルほどの矛《ほこ》を六十六本立て、十四日に神輿を神泉苑《しんせんえん》に神幸させたのが始まりという。しかし、現在の八坂神社が創建されたのは貞観十八年（八七六）だという記録があり、祭神の牛頭天王《ごずてんのう》は播磨《はりま》の広峯社《ひろみねしゃ》（現・姫路《ひめじ》市）から迎えたという。社名の「八坂」は明治《めいじ》元年（一八六八）の神仏分離令に基づき、この地の地名を採って改名したもので、これ以前は感神院《かんしんいん》祇園社であった。祇園は、『平家物語』冒頭の「祇園精舎《ぎおんしょうじゃ》」のことで、釈迦が弟子たちに説法をしたというインドの寺院である。牛頭天王はその守護神だった。

この神は、日本では「牛頭」という名の通り、牛のような角をもつ神で、大変な力をもった荒々しい神となり、猛威を振るう疫神を鎮圧する力があると考えられた。こうした神を神輿に遷《うつ》し祭り、市中を巡幸させて疫神を押さえつけるのが、祇園社創建以後の御霊会の目的である。

お天王さんの祭り

夏祭りは、何と言っても祇園祭だというのは、八坂神社・弥栄《やさか》神社・八雲《やくも》神社・須《す》賀《が》神社・広峯神社など、元は祇園社あるいは牛頭天王社の名で牛頭天王をまつる神社は、全国に一万四千社を超え、その大半が夏に祭りを行っていたからである。現在の社名は、京都の祇園社と同じく明治期に付け替えられたもので、同時に祭神も素戔嗚《すさのお》尊《みこと》に統一された。祇園社・牛頭天王社は全国にあるが、なかでも中国地方には約三千四百社、近畿地方には約二千五百社、関東地方には二千百社がまつられている。

東京周辺では「お天王さん」と呼ぶことが多く、天保《てんぽう》三年（一八三二）の序をもち九年に出版された『東都歳事記』を見ると、旧暦五月二十八日には両国橋《りょうごくばし》のたもとに茶店や見世物、夜店が立ち、花火も始まって多くの人が夕涼みに集まるようになり、六月になると市中のあちこちで天王社の祭りが行われていたのがわかる。三日からは小柄原《こづかっぱら》牛頭《ごず》天王、五日からは神田の天王二の宮、七日からは神田の天王一の宮と品川牛頭天王、八日からは浅草蔵前《くらまえ》の牛頭天王、十日からは神田の天王三の宮、十五日からは橋場《はしば》牛頭天王と、天王祭が続いた。江戸でも旧暦六月には賑《にぎ》やかな天王祭が続いたのである。いずれの牛頭天王も祭礼には神輿が出て、定められた御旅所に神幸している。天王二の宮の神輿は五日早朝六時半頃に神田の社地を出発し、氏子町内を巡って午後四時頃に大伝馬町《おおでんまちょう》二丁目の御旅所への遷座となった。練り荒れる神輿の、御旅所への行列には幟《のぼり》、祭鉾、太鼓、獅子頭《ししがしら》などが付き、祭りには「参詣の貴賤《きせん》わくがごとくにして、街の繁昌《はんじょう》さらに筆舌に及ぶべからず」というほどだった。御旅所へ神幸した神輿は、八日の夕方には社地への還幸となり、夜遅くなって宮入《みやいり》した。

神輿の神幸はそれぞれに特色があって、品川の牛頭天王は、「みこし洗い」といって神輿が海に担ぎ込まれてから御旅所へと向かった。また、橋場牛頭天王祭では、神輿を船に乗せて荒川《あらかわ》を神幸し、また「おしあい祭り」といって神輿を担ぐときには手で担ぎ棒を持たず、肩だけで担いで渡御《とぎょ》した。小柄原牛頭天王は現在の南千住《みなみせんじゅ》の素盞《すさの》雄《お》神社、神田の天王二の宮と三の宮は神田神社（神田明神）の境内にあり、二の宮は大伝馬町八雲神社、三の宮は小舟町《こぶなちょう》八雲神社である。天王一の宮は、現在は神田青物《あおもの》市場《いちば》の江戸神社となっている。品川牛頭天王は品川神社と荏《え》原《ばら》神社、浅草蔵前の牛頭天王は浅草橋の須賀神社、橋場牛頭天王は南千住の石浜《いしはま》神社である。

博多祇園山笠と津島天王祭

福岡県の博多《はかた》で勇壮に繰りひろげられる山笠《やまがさ》巡行も、祇園祭である。櫛田《くしだ》神社祇園例大祭というのが正式の名だが、通常は「博多祇園山笠」と呼ばれている。屈強な若者たちによって担がれる「飾り山」が走り抜ける七月十五日の「追い山」が有名だが、これは祇園祭の最終日の行事で、祭り自体は七月一日の清めの「お汐井《しおい》取り」から始まる。その後、流《ながれ》ごとの流かつぎ、山見せなどがあって、十五日の朝五時直前から一番から八番までの山笠が出る「追い山」となる。こうした博多祇園山笠は、山笠の「かき手」（担ぎ手）が身につける法被《はっぴ》や締め込み（褌《ふんどし》）、手ぬぐいに独特の作法があるのも特色で、そのスタイルは九州北部地方の祇園祭に影響を与えている。

祇園の祭りは、中部地方では愛知県津島《つしま》市にある津島神社の天王祭が最大の祭りである。江戸時代には旧暦五月晦日《みそか》から六月十六日までの祭りであったが、現在は七月第四土曜日と日曜日に宵祭《よいまつり》と朝祭《あさまつり》が行われ、この両日が祭りのクライマックスとなっている。宵祭の午前中には津島神社の神輿が天王《てんのう》川（現在は天王池）の御旅所に神幸し、夕刻には一隻あたり五百を超える提灯《ちょうちん》を灯《とも》した五隻の「巻藁《まきわら》船」が天王川に出る。その姿は、津島笛の音とともに水面を御旅所に向かい、幻想的でもある。

翌日の朝祭には、津島の五地区と市江《いちえ》地域（現・愛西《あいさい》市）の六隻の車楽船《だんじりぶね》が天王川に出る。この車楽船は「車《くるま》」と呼ばれ、市江車には十人の「鉾持ち」が乗り、巡行の途中で天王川に飛び込んで、泳いで手に持つ布鉾を津島神社に奉納する。各車には高砂《たか》などの人形が置物として飾られていて、いわば「鉾」や「山」が川を巡行するのが見ものとなっている。そして、この祭りの特徴は、朝祭終了後の深夜に行われる「神葭《み》放流神事《よしながし》」である。病気や災難を起こす疫神を葭に憑《つ》けて天王川に流し、その後、神葭が流れ着いた場所でその疫神が七十五日間まつられる。

ちまき・笹団子・キュウリ

牛頭天王の祭りは、このように全国各地で夏祭りとしてさまざまな姿を見せている。この祭りと信仰は、八坂祇園系と津島天王系の二系統があって全国展開している。こうしたなかで興味深いのが、尾張地方などの愛知県内では天王祭の日にうどんを食べると病除けになると伝え、京都の祇園祭では厄除けの角ちまきが配られるなど、特別な食べ物があることである。天王祭の季節は小麦の収穫後で、新小麦のうどんはご馳《ち》走《そう》だった。祇園祭の角ちまきは、多くの山鉾が配っていて、各家ではこれを頂いて玄関口に付けてお守りにする。

また、東京の天王祭では、笹団子が疫病除けとなる。浅草蔵前の牛頭天王の祭りでは、氏子が団子を付けた笹を奉納し、参詣人がこれを競い取ったので、この天王社を「団子天王」と呼んだ。笹団子奉納は、現在も病除けや健康祈願の目的で行われている。博多祇園では、山笠の期間中はキュウリを食べてはいけないと伝えている。天王祭のキュウリは、長野市善光寺町の祇園祭である「御祭礼」でも、参詣者が弥栄神社へキュウリを供えるなど、各地に伝承がある。日本の祭りは、その賑《にぎ》わいに加え、こうした特有の食べ物が付随するのが特色である。

夏越と祓え　【なごしとはらえ】

「水無月」の原義

旧暦六月は、今の暦では七月から八月にあたり、梅雨があがってもっとも暑い時期で、晴天の日が続く。降雨が少なくなり、『万葉集』にも「六月《みなつき》の地《つち》さへ割《さ》けて照る日にも……」（巻十）と詠まれていることから、六月の異称の「水無月《みなづき》」とは、水無しの月の意味だとする説がある。しかし、この月の年中行事や祭りを見ていくと、月初めと月末、さらに月半ばにも水に関する、あるいは水辺での行事や祭儀があって、「みなづき」は「水の月」の意味であるといえる。

六月一日は、近畿地方から北陸・中国地方では「氷の朔日《ついたち》」といって、一度凍らせてから乾燥させた正月の凍《し》み餅《もち》を食べたり、その名の通り、氷室《ひむろ》に保存しておいた氷を食べたりした。この日のことを中部地方では「衣脱《きぬぬ》ぎ朔日」、関東から東北地方では「むけの朔日」といった。「むけの朔日」の名を伝えているところでは、この日には人間が脱皮をし、その皮が桑の木につり下がっているので、桑畑に行ってはいけないなどの禁忌もあった。

保存しておいた凍み餅は、歯固めとして食べるのであり、氷や凍み餅、さらに衣脱ぎや脱皮の言い伝えからは、一年の半分が終わる水無月は、時が改まり、人間が再生する月と考えていたのがうかがえる。六月一日には、雪が降ったという、とても信じられない言い伝えをもつ所があるが、これも氷の朔日と同様、年初めの清らかな雪を求める情趣を表現している。

六月半ばになると各地で水神祭りが行われ、また、夏祭りの代表である祇園《ぎおん》祭や天王祭では、神輿《みこし》を海辺や川辺に担ぎ、水の中に練り込んだり、水を掛け合ったりして、神輿にまつり籠《こ》めた神の力を更新する祭儀が盛んに行われている。京都の祇園祭といえば、七月になってからの山《やま》や鉾《ほこ》の巡行が有名だが、明治五年（一八七二）十二月の改暦以前は、これは六月の祭りで、八坂神社の神輿を鴨川《かもがわ》の水で洗う「神輿洗い」も六月の行事だった。

「水の月」としての最後の行事が六月晦日《みそか》の「夏越《なごし》」で、このときには身の穢《けが》れを移した人形《ひとがた》を川に流したり、自身が海や川に入って水浴して身を清めたりする行事を伝えるところが各地にある。

六月の一ヶ月間は、このように時が改まり、人間や神が再生する精進潔斎《しょうじんけっさい》の月で、その精進潔斎は水で行う、まさに「水の月」としての意味をもっていた。

茅の輪くぐり

「夏越」の行事として一般的なのは、神社で行われている茅《ち》の輪《わ》くぐりである。境内などにチガヤを束ねた大きな輪を作り立て、この輪をくぐって身に付いた災厄や穢れを祓《はら》う行事である。輪は三回くぐるが、初めはくぐってから左に、次は右に、三回目は左に回るなどいくつかの作法がある。こうして青々とした茅の輪をくぐることで、すがすがしい気持ちになった体験者も多いことと思う。三回の輪くぐりを、小林一茶《いっさ》は「茅《かや》の輪や始《はじめ》三度は母の分」(『七番日記』)と詠んでいる。一茶は、母の災厄を念入りに祓わなくてはならない理由があったようである。

人がくぐる茅の輪については、平安期の文献には記載がないが、一条兼良《いちじょうかねら》が応永二十九年(一四二二)に著した『公事根源《くじこんげん》』に、「家々に輪をこゆる事有」として、「みな月のなごしのはらへする人は　ちとせのいのち　のぶといふなり」と唱えながら輪を越えることを記している。この呪歌《じゅか》は、今でも芽の輪をくぐるときに唱えることがあり、茅の輪くぐりは少なくとも十五世紀前半には行われていたのがわかる。

屋代《やしろ》弘賢《ひろかた》らによる文化年間（一八〇四～一八一八）の「諸国風俗問状」の答えには、福島県の白河では、晦日には限らないが疫病《やくびょう》送りに藁《わら》で人形や輪を作って村境に立てる。茨城県の水戸では神社境内で茅の輪をくぐり、終わるとこの輪を那珂川に流すとある。愛知県の吉田（豊橋市）では、横町の牛頭天王《ごずてんのう》社では六月晦日の夜、茅の輪をくぐる神事があり、真夜中の九つ時（午前〇時頃）に吉田川（豊《とよ》川）に流すと記す。同じような茅の輪くぐりのことは、新潟県の長岡、三重県の白子、福井県の小浜《おばま》、京都府の峯山《みねやま》、広島県の福山、旧深津《ふかつ》郡（現・福山市）、旧品治《ほんじ》郡（現・福山市）、兵庫県の淡路島、徳島県の阿波、熊本県の天草でも行っている。

茅の輪（東京都府中市、大國魂神社）

　十九世紀の前半には、福島県以南の地域に茅の輪くぐりが広がっており、峯山では輪をくぐるときには、「みな月のなごしのはらへする人……」と「おもふ事　みなつきねとて麻の葉を　きりにきつても祓する哉《かな》」の二首の歌を唱える、輪くぐりの神事に参加できない者は、紙や木などで作った人形《ひとがた》で、自分のからだや病がある場所を撫《な》で、息を三度吹きかけ、年齢を人形に書いて川に流すなどと、夏越の祓えのことを詳しく記している。

先の呪歌の「おもふ事みなつきねとて……」の歌は、古く平安時代末の文献に見えている。麻の葉を切りに切っているが、これも祓えの歌で、「みなつきね」は「水無月」と「皆尽き」が掛詞《かけことば》になっている。

六月晦日といえば、旧暦では猛暑のピークである。この時期に茅の輪くぐり、呪いの歌、からだを撫でる人形など、同時にいくつもの祓えを行うのは、七月の先祖祭りであるお盆を迎えるにあたり、もっとも暑くてつらい夏を無事に乗り越えることが必要だったからである。

武塔神と茅の輪

夏越の茅の輪の由来は、さらに古く『備後国風土記』逸文に見える武塔神《むとうしん》と蘇民将来《そみんしょうらい》の物語にある。その物語は、北海の武塔神が南の海にいる神の娘を妻にしようと出発し、ある場所で日が暮れたので宿を求めたところ、裕福な弟の将来は断ったが、貧しい暮らしをしている兄の蘇民将来は、快く宿を貸し、粟殻《あわがら》の座布団と粟の飯で歓待した。そして、武塔神は南海で何年かすごした後、帰りに八人の御子神《みこがみ》を連れて蘇民将来の所に寄り、自分を歓待した蘇民将来の家族には茅で作った輪を腰に着けさせ、これを着けた蘇民将来の家族を除いて、残りの全員を殺し滅ぼした。武塔神は、自分はスサノオの神で、今後、悪い流行病があったときにも、蘇民将来の子孫として茅の輪を腰に着けている者は、病気からのがれることができると言った、という話である。

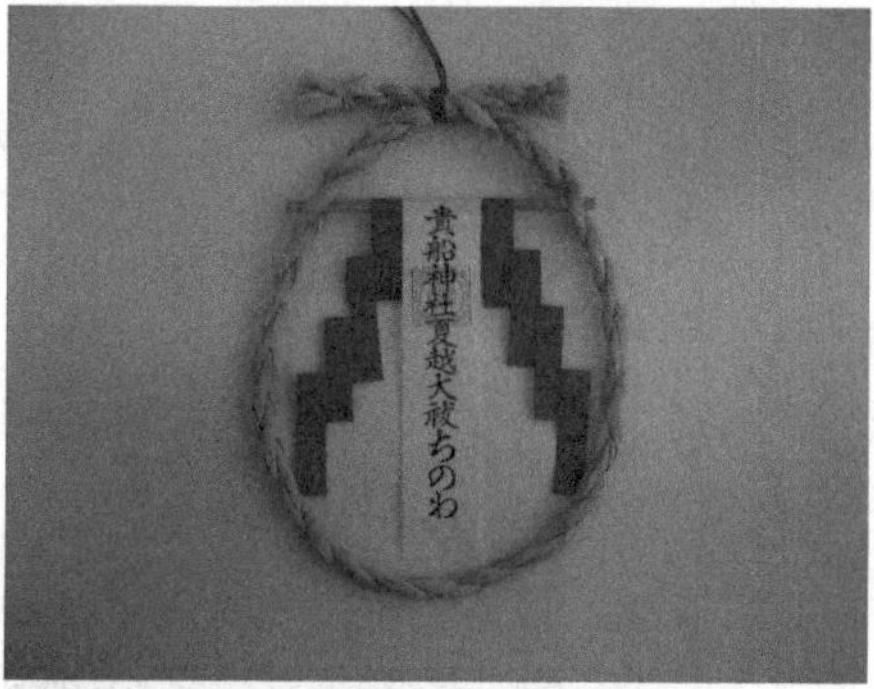

菅抜の茅の輪（京都市左京区、貴船神社）

腰に着ける茅の輪は小さいもので、平安時代末の藤原忠道《ふじわらのただみち》の漢詩集には、草を結んで輪にした「菅抜《すがぬき》」を首に掛け、夕暮れに水辺で祓えを行ったことが詠まれている。これと同じような小さな茅の輪を、岡山県では戸口に吊《つる》すところがある。東京都千代田区の日枝《ひえ》神社では、六月十五日の例大祭の前に茅の輪くぐりが行われ、このときに茅の輪から茅を抜いて、スガヌキと言って小さな輪にして自宅に持ち帰って災厄除《よ》けにする風習がある。

「菅抜」は後には「菅貫」とも記されるようになるが、記録の上の茅の輪は「菅抜」のほうが古い。

沖縄のサン（糸満市糸満）

菅抜とサン

首から掛けたりする菅抜と人がくぐる茅の輪との関係は、菅抜が大きくなって人がくぐる茅の輪になったとは、にわかに判断できない。人がくぐる茅の輪について、出雲大社宮司の千家《せんけ》国造家《こくそうけ》で行われている茅の輪行事は、茅の輪といってもこれは輪にはせず、太い縄のままで、祓えを受ける人が頭の上から目の前に降ろされてくる縄を縄跳びのようにして飛び越えることを三回行っている。また、茨城県の鹿島神宮の大宮司家で行われている茅の輪の行事も、宮司がチガヤで作った剣を手に持ち、その頭越しにチガヤの縄を降ろして宮司が飛び越えるという。

これらは一般にはほとんど知られていない茅の輪の作法で、人が輪をくぐるのではなく、人を中心にしてチガヤの縄を回しており、こうした祓えの方法が後に、現在のような形に変わっていったとも考えられる。

また、小さな輪である菅抜に類するものとしては、たとえば沖縄にはサンとかシバなどと呼ぶ、ゲーシ（ススキのこと）やチガヤの先端を結んで輪のようにした呪具《じゅぐ》がある。旧暦八月十日前後の「柴差《しばさ》し」の行事のときに作り、これを家屋敷の四隅や門口、井戸などに差して魔除けや悪疫除けにしている。また、供物の食物を墓に持って行くときには、供物の上にこれを置き、悪霊が食物にとりつかないようにしたり、墓の中にお骨を納めるときには、納骨の場所をこれで祓ったりもする。沖縄では、サンには桑の小枝を添えたりもするが、同様なチガヤの魔除けは中国の西南地方に住むトン族にも見ることができる。トン語ではクワッと呼ばれ、自家の水田に差して病害虫除けにしたり、村の入り口で鬼神が入ってくるのをこれで防いだりしている。

中国・トン族のクワッ（貴州省黎平県岩洞鎮）
集落の入口で道を塞ぐのにクワッをつけている

夏越の祓えの菅抜は、類似するものが日本列島から琉球列島、そして中国西南地方に連なって存在し、東アジアに広く同じような心意があるといえる。

六月祓と大祓

夏越の祓えは、六月に行われることから「六月祓」とか「六月晦日の大祓《おおはらえ》」とも呼ばれる。この祓え自体は『日本書紀』の天武《てんむ》天皇二年（六七三）に登場し、その後、朝廷では九世紀半ばにはこの祓えと十二月晦日の大祓が定例化している。六月には時が改まり、精進潔斎をする月としての性格があったが、こうした考え方は十二月にもあり、ともに人形《ひとがた》を用いた祓えが平安時代には行われていた。六月と十二月の大祓からは、一年を二分する考え方が古代には制度としても確立していたのがわかる。六月は先祖を迎えてまつる盆月の前月、十二月は正月の前月で、これら二度の大祓は、一年を二分する盆月と正月を迎えるにあたっての祓えでもある。

半夏生と土用

【はんげしょうとどよう】

暦本・暦法の伝来

日本列島の形成神話である「天地《あめつち》のはじめ」から始まる『古事記』の、中巻「倭《やまと》建《たける》の東征」には、倭建が「新治《にいばり》　筑波《つくば》を過ぎて幾夜か宿《ね》つる」と歌で尋ね「御火焼《みひたき》の老人《おきな》」が、「かがなべて　夜には九日《ここのよ》　日には十日を」と歌で答える場面がある。「かがなべて」は「日を並《か》べて」であり、日を数えることを意味する。同様な日の数え方は、上巻の「天若日子《あめわかひこ》」の項にもあり、ここでは天若日子が死に「日八日夜八夜《ひやかよやよ》遊びき」とある。ここでいう「遊び」は魂祭《たままつ》りのことである。こうした記載からは、古代には昼夜を別に数える習慣があったのがわかる。それは太陽が支配する日中と月が支配する夜とは別の世界と考えていたからである。こうした昼夜の別は現在の歳事や儀礼などにも受け継がれているが、暦本上の日読みは古代においても、もちろん夜と昼を合わせて一日である。

日本への暦の伝来は、『日本書紀』によれば六世紀半ばの欽明《きんめい》天皇十四年（五五三）の条に、朝鮮半島の百済《くだら》から暦博士や暦本が送られたとある。推古《すいこ》天皇十年（六〇二）にも百済から暦法や占星術が伝えられたとあり、時の政権が数次にわたって暦法を輸入していたのがわかる。この時に伝えられたのは宋《そう》の元嘉暦《げんかれき》で、中国大陸で編み出された暦が東アジア圏に広がっていた。さらに、斉明《さいめい》天皇六年（六六〇）には水時計である漏刻《ろうこく》が作られ、天智《てんじ》天皇十年（六七一）には、「時守《ときもり》」が鐘鼓《しょうこ》を打って時を知らせたことが『日本書紀』に見え、時の管理も進んでいた。

大伴家持《おおとものやかもち》は、天平宝字《てんぴょうほうじ》元年（七五七）十二月に「月数《よ》めばいまだ冬なりしかすがに霞《かすみ》たなびく春立ちぬとか」（『万葉集』）と詠《よ》んでいる。月は十二月だが、すでに立春を過ぎて春であると詠んでいるのであり、この歌は奈良時代末にはすでに暦の知識が広まっていることを示している。

暦の普及と歳事

日時の基準を一律にすることは国家統治に欠くことができず、暦本や暦法の導入と定着は重大な意味をもつ。こうした暦が庶民の間にどのように浸透したのかは、不明な点が多いが、暦本が庶民層にも広まったのは、室町時代に伊勢神宮や三島《みしま》大社（静岡県三島市）で発行した「伊勢暦」や「三島暦」が流布《るふ》してからだという。江戸時代にはこれらに加え、秋田暦、会津《あいづ》暦、大宮《おおみや》暦、江戸暦、京暦、南都《なんと》（奈良）暦、丹生《にう》暦、薩摩《さつま》暦など各地で暦が発行され、盛岡《もりおか》や田山《たやま》（岩手県八幡平《はちまんたい》市）などでは絵暦が出された。また、月の大小（三十日か二十九日か）などを示す壁に貼る一枚ものの大小暦や略暦が多数発行されていた。

こうした暦に大安や仏滅などの六曜《ろくよう》が一般的に記されるようになるのは明治時代以降だが、二十四節気や七十二候、雑節、日の良否や吉凶をいう二十八宿《しゅく》、十二直《ちょく》などは古くから記され、これらに基づく歳事や俗信が生まれて各地に広まった。

暦に基づく七月の歳事には誰でもが知っている七夕《たなばた》や中元《ちゅうげん》の盆と、今では知る人が少ない半夏生《はんげしょう》、鰻《うなぎ》を食べることが喧伝《けんでん》される土用《どよう》がある。ただし、これらは旧暦でいうなら七夕や盆は七月であり、半夏生や土用は六月のことで、月が違う歳事だった。季語としての半夏生や土用は夏だが、七夕や盆は秋となり、季節が異なっている。

半夏生

半夏生といえば、夏に小さい白い花が穂のように連なって咲く植物を思い起こす人もあろう。この草を片白草《かたじろぐさ》とも呼ぶのは、茎の上方にある葉の半分が白く変色するからである。中国の『礼記《らいき》』や八世紀の大衍暦《たいえんれき》では、七十二候の五月末候を「半夏生」としているが、これは夏至《げし》から半月後頃に葉が出て、その半分が白く変色するこの草の名と関係が深い。「半夏生」の文字表記からの語感と、この時期に葉を出し、葉の半分が白く色を変える草の生態が結びついたのである。まぎらわしいが、安永《あんえい》三年（一七七四）の『類題発句集』にある順円の「桑やせし畑に舌吐く半夏かな」にいう「半夏」は、「舌吐く」という表現からは、春に芽を出し、夏に円筒形の苞葉《ほうよう》の中に白い花を咲かせるカラスビシャクのことで、片白草の半夏生とは違う草である。

暦の上の半夏生は、夏至から十一日目のことで新暦では通常七月二日となる。この時期は、ちょうど梅雨《つゆ》があがる頃で大雨が降ることがある。この雨を「半夏雨」と呼び、さらに大雨によって起きる洪水を「半夏水」と呼ぶところがある。各地の伝承では、半夏生は田植え終了の目安となっている。神奈川県の藤沢市や平塚市、伊勢原市などでは「半夏生を過ぎて田植えをすると、一日に穂一本につき米が三粒ずつ減る」ので、この日までに田植えが終わるようにしたといい、栃木県や群馬県では、半夏生の日には田植えをしてはいけないとも伝えている。

季節の変わり目である半夏生は、神奈川県では粟《あわ》をつくっていた昭和二十年代までは粟の種子を畑に蒔《ま》く旬《しゅん》でもあった。粟は半夏生の日に蒔くと出来が良いなどという。

また、ところによっては、小麦の収穫後でもある半夏生の日には新小麦の団子や饅頭《まんじゆう》を作ったと伝えている。

半夏生の禁忌

一方、半夏生の日には毒の雨が降るので、野菜を収穫して食べてはいけないとか、この日から筍《たけのこ》に虫が入るので筍を採って食べてはいけない、東京都多摩地方では魔物が来て井戸に毒を入れるので井戸に蓋《ふた》をしたとか、この日に竹籔《たけやぶ》に入ると頭が禿《は》げるので竹籔に入ってはいけないと伝えている。さらに多摩地方では、この日は収穫した新しい小麦の粉で七枚の焼き餅《もち》を作って神棚に供えるが、あるときに「ハンゲショウ」という働き者が鍬《くわ》を壊すほど懸命に畑を耕してから、供えた七枚の焼き餅を食べ、竹籔に入って昼寝をしていたら筍が地から伸びてきて身体に刺さってしまった。だからこの日には竹籔に入ってはいけないという、何とも奇っ怪な伝承もある。

十四世紀後半に出来たと思われる『簠簋《ほき》内伝《ないでん》』という陰陽道《おんみようどう》の文献には、この日は不浄なことや淫欲《いんよく》なことをしてはならず、辛いもの・肉・酒を口にするのもいけないとある。江戸時代前期の寛文《かんぶん》三年（一六六三）の歳時記『増山井《そうやまのい》』は、半夏生の日には世俗では摘んだ青い葉類を食べてはいけないと伝える、と記している。これは、先の禁忌伝承とともに、半夏生は悪日なので慎んでいなければならないことを意味するが、こうした考え方は南北朝時代まで遡《さかのぼ》れるのである。半夏生の禁忌伝承は、思いのほか長い歴史をもっている。

現在、東京周辺では、半夏生といえばタコを食べる日としてスーパーマーケットなどが「半夏生」の説明とタコの売り出しを印刷したチラシを配っている。半夏生のタコ食は一体いつから始まったか判らないが、その心意は悪日なので特別なものを食べるという感覚である。

土用

夏の悪日は土用も同じで、天保《てんぽう》九年（一八三八）の『東都歳事記』には、土用中には銭湯風呂《せんとうぶろ》屋では「桃葉湯」を焚《た》くとか、高田（東京都新宿区）の本松寺《ほんしょうじ》では土用丑《うし》の日に「焙烙加持《ほうろくかじ》」といい、頭に焙烙を載せ、この上でお灸《きゅう》を焚く法会《ほうえ》があり、これは「のぼせ」や頭痛に効くとある。桃葉の湯は汗疹《あせも》にも効き、暑さには灸の熱さで対抗したのである。

文化年間（一八〇四〜一八一八）の「諸国風俗問状」の答えを見ていくと、福島県の白河では土用の入《い》りの日に南天の葉とニンニク、火をおこすための、板に硫黄《いおう》を塗った附け木を家の門に吊《つ》り、かき餅と椎茸《しいたけ》を入れた汁を食べると病気除けとなると伝え、家ごとにしている。現在の秋田市では、刻んだニンニクと小豆《あずき》を水で飲む、愛知県の豊橋市では生蒜《なまひる》、三から五粒の小豆あるいは小豆餅を食べると腹の中の虫が子を生まないという。熊本県の天草でも小豆とニラを水で飲むと、暑気に当たらず病気除けの呪《まじな》いになる、広島県の福山市では土用の入りに油揚げ、蒜、梅干し、小豆などを食べると同じく病気除けになると伝えると記している。こうしたものの飲食は、元禄《げんろく》五年（一六九二）成稿の『本朝食鑑《ほんちょうしょっかん》』にも記され、江戸時代前期にはすでに行われていた。

ここでいう土用は、夏と秋の間の土用で、暦では立秋の前の十八日間のことである。土用は立春前、立夏前、立秋前、立冬前の四季にあるが、こうしたことを行うのは立秋前の土用だけである。各地の伝承では「土用餅」とか「はらわた餅」など、土用の入りの日に餅を搗《つ》いて食べたところが多い。「はらわた餅」というのは、この餅を食べると胃腸をこわさないということである。

現在盛んにいう土用丑の日の鰻は、江戸時代中頃に江戸に始まり、蒲焼がはやるが、年中行事のようになるのは後のようである。昭和四年（一九二九）出版の矢部善三著『年中事物考』の土用には、土用入りの小豆、ニンニクの飲食を第一にあげ、続いて丑の日の鰻や土用玉子、土用蜆《しじみ》があり、この時代でも丑の日の鰻は第一ではなかった。ただし、この立秋前の土用の時期は一年でもっとも暑い時で、何とかその暑気に負けず、胃腸病などにかからないようにしたことは現在と一致している。「諸国風俗問状」の答えの天草には、「土用見舞」として親類縁者の間で素麵《そうめん》やスイカなどを贈りあうとあり、夏の暑さを互いにいたわりあって乗り越えようとする気持ちがあった。半夏生や土用は、梅雨明けから猛暑期の歳事であり、こうした行為や伝承には日本人の夏の季節感がよく現れているといえよう。

七夕は棚機

【たなばたはたなばた】

牽牛・織女の恋物語

七夕といえば、童謡「たなばたさま」で歌う「笹《ささ》の葉さらさら　軒端にゆれる……」の竹飾りをすぐに思い浮かべるが、日本の七夕には多様で多彩な伝承がある。

なかでも古くから確認できるのが牽牛《けんぎゅう》と織女《しょくじょ》の恋物語。日本最古の歌集『万葉集』には七夕歌《たなばたか》が百三十二首もある。巻八には山上憶良《やまのうえのおくら》の七夕歌が十二首、巻十には秋の雑歌《ぞうか》として九十八首が列《なら》び、巻九や巻十三などにも二十二首があり、ほとんどが二星の恋物語を詠《うた》う。

憶良は養老八年（七二四）七月七日に皇太子の令《おおせ》で「天の川相向き立ちて　わが恋ひし君来ますなり　紐《ひも》解きまけな」と詠い、巻十には「わが為と　棚機津女《たなばたつめ》の　その宿に織る白袴《しろたえ》は　織りてけむかも」、「天の川　楫《かじ》の音聞ゆ　牽牛と棚機津女と今宵逢ふらしも」などの歌がある。恋歌は、年に一度、七月七日に牽牛と織女が天の川を渡って逢《あ》う歌が大半で、しかも多くの歌は牽牛が織女のもとに渡って行く。

こうした七夕歌は、七世紀後半の天武《てんむ》・持統朝から盛んに詠われていて、牽牛・織女の年一度の逢瀬《おうせ》は、ロマンティックな物語として、飛鳥《あすか》・藤原《ふじわら》京時代には日本に根付いていたことがうかがえる。そして、七夕歌では「織女」を「たなばたつめ（棚機津女）」、機織りを「棚機」とあらわしている。「七夕」は「しちせき」ともいったが、七月七日の夕刻の行事なので、「七夕」と書いてその由来からタナバタと読むようになったのである。

こうした牽牛・織女相会《そうかい》の説話は、中国では三世紀の文献に見ることができ、日本には機織りの技術とともに伝えられたと考えられる。そして、飛鳥・藤原京時代には、この物語を題材とした歌が七夕の宴席などの場で好んで詠われるようになった。

中国「乞巧」の伝来

六世紀中頃の、中国の長江中流域の年中行事や風俗を記した『荊楚《けいそ》歳時記《さいじき》』は、七月七日の夜は牽牛・織女が年に一度出会う時で、各家では「乞巧《きっこう》」といって婦女たちが庭の机に酒食や瓜《うり》を供え、針孔《はりあな》に色糸を通して裁縫の上達を願うと記している。針孔を月に向けて持ち、これに色糸を通すことができると裁縫が上達すると考えられた。

七日の月は上弦で、月明かりは暗く、糸を通すことは簡単ではなかった。

中国で行われていた乞巧の行事はその後日本に伝わり、行われるようになった。聖《しょう》武《む》天皇の天平《てんぴょう》六年（七三四）には、七月七日に天皇が相撲を見た後、南苑《なんえん》で文人たちに七夕の詩を作らせ、その出来栄えに応じて禄《ろく》を賜った記録がある。そして、この時代の宝物を収めた正倉院《しょうそういん》には、銀や鋼、鉄製の七本の針と白・黄・赤の三色の絹糸の束が残《のこ》されている。このうち鉄の大針の孔には赤糸が通されていて、奈良時代には『荊楚歳時記』のような乞巧が日本の宮廷でも行われていたのがうかがえる。

乞巧奠と技芸上達の祈願

こうした乞巧の儀は、平安時代には「乞巧奠《きっこうでん》」として宮廷儀礼となっている。京都の冷泉家《れいぜいけ》では、これに近い乞巧奠が現在も旧暦七月七日に行われている。それは、庭に竹を二本立てて綱を張り、五色の糸と梶《かじ》の葉を吊《つ》り、五色の布と梶の葉を衣桁《いこう》に掛け、瓜や果物などの供物と楽器の琴、琵琶《びわ》を棚に並べ、この前に黒・白・赤・青・黄の五色の糸束と布を供え、家の中では七夕を詠う歌会が行われている。

「乞巧奠」の「奠」は供え物の意味で、供物の瓜類は中国の乞巧にならったものである。糸や布を供えるのは、織女の物語にちなんで紡績や機織りの上達を願うようになったあらわれである。楽器の琴や琵琶は、奈良時代には、この時に管弦の遊びが行われたことによる。また、梶の葉を供えているのは、室町幕府では将軍が七夕の歌を七首詠み、これを七枚の梶の葉に里芋《さといも》の葉の朝露ですった墨で書いたことにならったと思われる。

室町時代には七夕に「花合《はなあわせ》」といって草花を瓶に生けて競いあう遊びや連歌が行われ、さらに後には蹴鞠《けまり》などさまざまな遊びも加わり、七夕は初秋の華やかな行事となった。江戸の年中行事を記した『東都歳事記』（天保《てんぽう》九年〈一八三八〉）には、七夕行事として、亀戸天満宮では和歌連歌会、東西本願寺では京都の東西本願寺や池坊《いけのぼう》にならった立花会《りっかえ》が行われることが見えているが、これらは室町時代からの七夕行事の流れを汲《く》んだものである。

七夕の竹飾り

室町時代に将軍が七夕歌を梶の葉に書いたことは、江戸時代には庶民へと広がっている。京都の年中行事を記した延宝《えんぽう》四年（一六七六）の序をもつ『日次紀事《ひなみきじ》』には、七月七日の七夕には武家・庶民とも素麵《そうめん》を食べ、さらにこれを贈答しあう。そして夜には歌会があって、短冊やヒサギ、梶の葉に詩歌を書いたものと素麵やナス・瓜を牽牛・織女の二星に供えたことが見えている。

こうして江戸時代前期に京都で庶民化した七夕飾りが、寺子屋や手習い師匠を通じて広まったのが現在の竹飾りである。江戸時代後期、十九世紀初めの「諸国風俗問状」の答えでは、現在の秋田県や福島県では竹飾りは稀《まれ》だが、西日本では広く行われている。たとえば阿《あ》波国《わのくに》高河原村（現・徳島県石井町）では、七月六日に、七夕の詩歌を書いた五色紙の短冊を付けた小笹と五色の糸を掛けた棹《さお》を庭に飾り、ここに六日にはマクワウリとナスなど、七日朝には団子を供えた。寺子屋では、六日に「二星《にせい》祭《さい》」といって牽牛・織女の像を掛け、鏡餅《かがみもち》、五色の糸、瓜の類《たぐい》、素麵、神酒《みき》、お香、花などを供え、子どもたちは歌を書いた五色の短冊をつけた小笹を持ち寄って供えた。そして、七日早朝にこの小笹を川に流した。最初にあげた童謡「たなばたさま」に歌われる七夕の竹飾りは、江

害虫除けの七夕飾り
（神奈川県秦野市今泉）

西小磯の七夕（神奈川県大磯町）
七夕飾りを振ってその場所を祓う

戸時代後期に各地に広まり、全国化したのはその後のことだった。

「諸国風俗問状」の答えには、竹飾りに五色の短冊や糸を使うことが随所に出て来る。五色の色合いは陰陽五行説《いんようごぎょうせつ》の五色である。陰陽《おんみょう》道《どう》は江戸時代には庶民生活に根をおろしているが、冷泉家の乞巧奠に飾る糸や布の五色や竹飾りの五色も陰陽道からの影響といえる。

こうして七夕に陰陽五行説が取り込まれたことで、竹飾り自体に呪力《じゅりょく》があると考えられ、今も見られる竹飾りを田畑に立てて害虫除《よ》けとする民俗が生まれた。神奈川県大磯町西小《にしこ》磯《いそ》では、七夕の竹飾りを子どもたちが持って地区を回り、井戸や橋のたもとで、地面を叩《たた》くように振ってお祓《はら》いを行うが、これも竹飾りの呪力による。

七夕と水

牽牛・織女の二星に供え物をし、短冊に詩歌を書いて祈りを捧《ささ》げる七夕は、星空を見上げての行事である。しかし、こうした晴れた夜空への思いとは逆に、七夕には水にかかわる伝承が色濃く存在する。この日にたとえ一粒でもいいから雨が降らないと疫病《えきびょう》が流行《はや》る、七回水浴びをして七回食事をする、油がついた鍋釜《なべかま》を洗うと汚れがよく落ちる、女性は髪の毛を洗うときれいになる、普段使っている硯《すずり》を洗う、井戸の水をすべて汲み出して掃除をする、さらに川で水浴びをすると河童《かっぱ》の災難からのがれられるとか、牛を海に連れて行って洗ってやるなど、七夕の水の伝承は全国にある。

七夕は、星空と雨や水が同時に求められる特異な行事だが、こうした水の伝承は、「ねぶり流し」の行事からわかるように七夕の祓えに基づいている。「ねぶり流し」というのは、六日の夜に麻がらなどを枕の下に敷いて寝て、翌朝この麻がらを川に流す行事である。ネムの木の小枝を流すところもあるのは、ネムと「眠い」のねむを掛けた洒落《しゃれ》で、こうして夏の疲れのあらわれである睡魔を祓った。七夕も節供の一つで、祓えの行事内容をもつのである。

豪華な大型の行灯《あんどん》を飾る秋田県能代《のしろ》市の「ねぶながし」は、「眠り流し」の意味だし、青森市や弘前《ひろさき》市などの「ねぶた」「ねぷた」も、その名の由来は「眠り流し」にある。秋田市の竿燈《かんとう》も、もとは「眠り流し」という名であった。

七夕と盆

旧暦でいえば七夕は七月十三日からのお盆の七日前にあたる。逆にお盆からいえば七日は「七日盆」で、お盆の準備が始まる日でもある。こうした日取りの関係で、七夕行事にはお盆から移った行事がいくつかある。その一つが宮城県から千葉・埼玉県、東京都、さらに離れて高知県などで行われている「七夕馬」の行事である。竹飾りのもとに、マコモや麦わらで作った四十〜五十センチほどの馬を飾ったり、川まで引いて行ったり、屋根の上にのせたりなど、地域によってさまざまである。高知県高岡郡津野《つの》町では、七夕には川の上に張った縄にわら馬や里芋などを吊っている。こうした七夕の馬は、もともとは盆に先祖を迎えるためのものであった。

また、秋田県や青森県などで行われている先の「ねぶながし」「ねぶた」など、豪勢な大型行灯《あんどん》を引き回す行事は、十五世紀に京都で始まったお盆の風流灯籠《ふりゅうどうろう》がもとになっている。これが七夕行事となって日本海側の地域を北上して伝わり、「ねぶながし」「ねぶた」のほか、秋田県湯沢市では七夕絵灯籠として定着し、かつては北海道の函館《はこだて》でも七夕に額行灯《がくあんどん》を飾っていた。風流灯籠というのは、行灯で富士の巻狩りや義経《よしつね》と弁慶《べんけい》の出会いなどの場面を作り、内裏《だいり》に持ち込んで飾ったものである。

日本各地の七夕行事を見ていくと、このほかにも長野県松本市の「七夕人形」、仙《せん》台《だい》市の七夕の紙衣《かみごろも》飾り、富山県滑川《なめりかわ》市の人形流しなど、各地に特色ある行事が伝えられていて、七夕には想像力をかき立て、新たなものを創造する力が秘められているのがわかる。

七夕馬（高知県高岡郡津野町北川宮谷）
川の上に縄を張り２匹のワラ馬などを吊る

松本の七夕人形（長野県松本市）

花火　【はなび】

打ち上げ花火の季節

夜空を飾る打ち上げ花火は夏の風物詩となっている。花火大会の日ともなれば、鉄道が臨時便を出すほどのところもあり、日暮れ前の夕刻には涼しげな浴衣《ゆかた》姿の見物客があちこちから集まる。こうした打ち上げ花火は全国各地で行われ、もっとも早くは約一万発を打ち上げる沖縄県宜野湾《ぎのわん》市の琉球海炎祭が四月にある。日本で一番早い花火大会と銘打っている。九月以降では、新潟県小千谷《おぢや》市の浅原《あさはら》神社大祭の奉納花火として、四尺玉を打ち上げる片貝《かたかい》まつりは九月上旬、日本煙火協会が後援する茨城県土《つち》浦《うら》市での、約二万発を打ち上げる全国花火競技大会は十月上旬、熊本県八代《やつしろ》市での全国花火競技大会は十月下旬、さらにえびす講の歳事に併せて行われ、百年を超える歴史をもつ長野市の花火大会は十一月二十三日、冬の夜祭りとして知られている埼玉県の秩父神社の祭礼と併せて行われる秩父夜祭の花火大会は十二月三日である。

しかし、打ち上げ花火の大会は圧倒的に七月から八月にかけてで、しかも七月下旬から八月中旬に集中している。この季節の花火大会は枚挙にいとまがないが、たとえば新潟県柏崎《かしわざき》市では七月下旬の八坂神社祇園祭にあわせた「ぎおん柏崎まつり」があり、この時の花火大会は日本海側で最大規模を誇るという。三尺玉など約二万発が打ち上げられる新潟県長岡市の花火大会は八月二・三日、大阪市の淀《よど》川や富田林《とんだばやし》市での花火大会は八月初旬、仙台七夕祭と併せた花火大会も八月初旬、約三万発を上げる静岡県袋井《ふくろい》市の花火は八月上・中旬、四万発を超える花火が上がる長野県諏訪市の諏訪湖祭は八月十五日、日本三大花火大会の一つともいわれ、開催が八十回を超え、日本煙火協会が後援する秋田県大仙《だいせん》市の全国花火競技大会は八月下旬である。七月下旬から八月中旬の週末には、どこかで必ず花火大会があって、花火は日本の夏を彩っている。

江戸・両国の花火

こうした中でも記録がある限りでもっとも古いのが江戸両国の花火、今いうところの隅田《すみだ》川花火大会である。例年七月下旬に開催されるこの花火大会は、歴史的には享《きょう》保《ほう》十八年（一七三三）の川開きに遡《さかのぼ》るというので、今までに何度かの中断があるものの約三百年を経て現在に至っている。

享保十八年の川開きは五月二十八日、両国界隈ではこの日から八月二十八日までの三ヶ月間が「納涼」となった。隅田川の両岸にヨシズ囲いの茶屋や夜店、見世物小屋などが立ち、大勢の人で賑《にぎ》わった。「両国橋の夕涼み」ともいわれ、江戸の町民たちは隅田川の涼風をうけながらそぞろ歩きを楽しんだ。五月二十八日は現在の暦でいえば約一ヶ月後の六月末から七月上旬となり、何と十月末まで夕涼みが続いた。こうした季節に、享保十七年（一七三二）には西日本を中心に蝗の害による大飢饉が起こり、江戸では疫病も流行したようである。その餓死者や疫病死者を慰霊し、悪疫退散を願って行われた川開きの水神祭りに始まったのが両国の打ち上げ花火であるという。

江戸の納涼の様子を、蕉門《しょうもん》の宝井其角《たからいきかく》（一六六一〜一七〇七）は〈この人数舟なればこそ涼みかな〉〈千人が手を欄干《らんかん》や橋すずみ〉〈壱両が花火間もなき光りかな〉と詠んでいる。其角が生きた時代、すでに隅田川の納涼はたいへんな賑わいで、舟に乗って川面《かわも》に出なければ夕涼みにならないとか、千人もの大勢の人が両国橋で涼んでいると詠み、またこの時代には大尽《だいじん》がお金を出して納涼の期間に花火を上げさせたが、それは一両出しても一瞬の光で終わってしまうと、刹那《せつな》を詠んでいる。其角には〈またいたに小判投けり夷講《えびすこう》〉とも詠むような経済感覚があった。

ともかく両国界隈の納涼は賑わい、天保《てんぽう》九年（一八三八）の『東都歳事記』には、五月二十八日の夜から花火を点《とも》すが、その様子は「疾雷《しつらい》のはためくに驚きて首《こうべ》を挙《あぐ》れば、烟花《えんか》空中に煥発《かんぱつ》し、雲のごとく、霞のごとく、月のごとく、星のごとく、麟《きりん》の翔《かけ》るがごとく、鳳《おおとり》の舞ふがごとく、千状万態神まどひ魂うばはる。およそここに遊ぶ人、貴となく賤となく一擲千金《いってきせんきん》惜まざるも宜《うべ》なり。実に宇宙最第一の壮観とも謂《いひ》つべし」という。この花火の形容は原文のままであるが、「宇宙最第一の壮観」とはよく言ったものである。打ち上げ花火は、江戸の人びとにはそれほどの驚きだった。

打ち上げ花火の創案

江戸時代の花火に関する記録を見ていくと、慶安《けいあん》元年（一六四八）六月の触書《ふれがき》には「町中《まちなか》にて鼠火《ねずみび》・りうせい其外花火之類仕間敷《しまじき》事、但川口にては各別之事」とあり、寛文《かんぶん》十年（一六七〇）七月の触書にも、町中で花火を立てることは禁止するが川筋や沿海では構わない、「大からくり」や「りうせい」は行ってはならないとある。「鼠火」はおそらく「鼠花火」、「りうせい」は現在の「龍勢《りゅうせい》」とか「流星」などのロケット花火であり、「大からくり」は仕掛け花火のことであろう。これらを町中で行ってはならないというのは、火災を恐れたからである。明治元年（一八六八）六月には、

「納涼之花火」は砲声と紛らわしいものがあるので、時節柄、花火は禁ずるという通達が出ている。砲声と紛らわしいというのは、戊辰《ぼしん》戦争の上野山での戦いがあったからである。

明治の禁制はともかく、慶安や寛文の禁制を見る限りでは、この時代には打ち上げ花火はなかったと理解できる。松浦静山《まつらせいざん》（一七六〇～一八四一）の随筆『甲子夜話《かっしやわ》』が記す享和四年（文化元年〈一八〇四〉）の浅草川で行われた花火番付には、「流星」「綱火移し」「打出し」「からくり」があり、「打揚二段発」もある。ここにある「打出し」「打揚二段発」が、現在いう打ち上げ花火であろう。正徳《しょうとく》二年（一七一二）の『和漢三才図会《わかんさんさいずえ》』の「花火」の項に出てくるのは「花火線香」「鼠花火」で、いわゆる玩具《おもちゃ》花火である。

打ち上げ花火の考案は、両国横山《よこやま》町に店を構えた現在の奈良県吉野郡出身の花火師弥兵衛《やへえ》こと、鍵屋《かぎや》だという。弥兵衛は火薬を練って丸めた「星」を葦《あし》の管に入れた花火を考案して売り出した。これは『守貞謾稿』（嘉永《かえい》六年〈一八五三〉頃）が「浅草川川開き」の項で図示している、船上で花火師が手で持つ小さな打ち上げ花火であろう。同じような花火は、菱川師宣《ひしかわもろのぶ》の錦絵《にしきえ》「船上での花火図」に遊覧客が船上で手に持つ図がある。

鍵屋はその後も花火に改良を加え、両国の水神祭りで初めて花火を打ち上げたのは享保二年（一七一七）のことだった。これが後の隅田川の川開き花火へとつながるが、文化五年（一八〇八）には鍵屋の使用人だった清吉《せいきち》が独立し、両国吉川《よしかわ》町に玉屋《たまや》を開いている。花火の掛け声として知られている「鍵屋ぁ」「玉屋ぁ」は、この花火師のことである。しかし、玉屋は天保十四年（一八四三）四月十七日に火事を出し、自家だけでなく町並みを焼き、しかもこれが将軍家の日光東照宮《にっこうとうしょうぐう》への参拝前日だったため、玉屋は江戸から追放され、一代限りで終わった。

慰霊の花火

江戸両国の花火が盛大になったのは、前述のように享保十八年（一七三三）の川開きでの飢饉・流行病による死者の慰霊、悪疫退散にあった。轟音《ごうおん》とともに空高くあがり、閃光《せんこう》を放つ花火にはこうした意味があった。大尽の遊山《ゆさん》だけの意味ではなかったのである。「川開き」というのは水神祭りであり、また水死者供養の「川施餓鬼《かわせがき》」として花火を行っている所が各地にある。

花火が持つ供養、悪疫退散の意図は、先にあげた新潟県柏崎市の祇園《ぎおん》祭の花火でも伝わっている。柏崎の八坂神社での花火は、天保十一年（一八四〇）の祇園祭の記録に打ち上げたことがあり、こうした花火や神輿《みこし》の出御《しゅつぎょ》は、疫病が流行《はや》ったときに行われたという。宮城県石巻《いしのまき》市で大正五年（一九一六）から行われている「川開き祭り」も、北上《きたかみ》川河口の開削を行った川村孫兵衛《かわむらまごべえ》重吉《しげよし》の偉業を讃《たた》えるとともに、海難・水難で亡くなった人たちの供養《くよう》を込めて花火が打ち上げられてきた。この川開きは川施餓鬼であり、その花火は「供養花火」ともいわれていた。神奈川県厚木《あつぎ》市で八月に行われる「鮎《あゆ》まつり」は、昭和二十一年（一九四六）八月に行われた各国戦没者や死者万霊の供養の川施餓鬼・灯籠《とうろう》流しがもとになり、これに後に花火大会が加わった。慰霊や悪疫退散の打ち上げ花火は、江戸両国の川開きだけではなく、その後もこうした意図の花火が各地で行われているのである。

さまざまな花火

日本の花火には、打ち上げ花火のほかにもさまざまな花火がある。最も花火が盛んといえる愛知県三河《みかわ》地方では、火の粉を吹き上げる筒を青年が脇腹で抱え持つ手筒《てづつ》花火、趣向を凝らした図柄を花火で描く立物《たてもの》花火、張った綱を花火が渡る綱火《つなび》など多種がある。手筒花火は静岡県遠江《とおとうみ》地方や長野県などにもあるが、この花火は火の粉を浴びながらの勇壮なもので、男子はこれができて一人前と認められる。燃え尽きる時にはズドンと底が抜け、地響きとともに終わる。

愛知県新城《しんしろ》市や豊川市小坂井《こざかい》町には、趣向を凝らした図柄を花火で描く立物《たてもの》花火がある。綱火は茨城県のつくばみらい市や常総《じょうそう》市にもあって、つくばみらい市の小張松下《おばりまつした》流綱火、高岡《たかおか》流綱火は操《あやつ》り人形と仕掛け花火を組み合わせた精巧なものである。先にもあげたロケット花火の龍勢・流星は埼玉県秩父市や滋賀県の甲賀《こうか》市、米原《まいばら》市に伝わっている。

日本人が火薬の威力を知ったのは元寇《げんこう》の時で、その後の一五〇〇年代前半の鉄砲伝来によって火薬技術を習得する。花火の登場はこの後になるが、多種多様な花火が考案、伝承され、日本人は世界でも類を見ないほど花火好きになった。

盆の魂まつり 【ぼんのたままつり】

精霊迎え

猛暑も土用と立秋を過ぎると峠を越し、朝晩はやや涼風を感じて、いくぶん過ごしやすくなってくる。家に先祖の精霊《しょうろう》を迎え、一家団欒《だんらん》の時を過ごす魂祭《たままつ》りのお盆は、こうした季節の行事である。都会へと居を移した多くの日本人が、この季節にふるさとへと向かうのは、墓に詣《もう》で、家に帰ってきた先祖たちと一緒にふるさとの記憶を身によみがえらせるためといえよう。お盆は旧暦七月中元《ちゅうげん》の、初秋の行事なので、明治五年（一八七二）の改暦以後は新暦七月では季節感があわず、一月《ひとつき》遅れの八月になったところが多い。季節感を重視した絶妙の期日変更で、それが現在も引き継がれている。

富山県氷見《ひみ》市では、盆の八月十三日に子どもたちは昼ご飯を食べると、麦わらを束ねて先端に熊笹《くまざさ》を付けた松明《たいまつ》を持って海辺に向かった。そして浜から続く岩場で、火をつけた松明を海の彼方《かなた》に向かって振りながら、「しょらいぼう　むかいぼん　じいじもばばも　みなこいやー」と何遍も大声で唱えた。松明は一メートルもある大きなもので、これが燃え尽きるまで「しょらいぼう　むかいぼん……」と声をはりあげた。家に三人の子どもがいれば三本、二人なら二本の松明を作った。「しょうらいぼう(精霊坊)」とか「おしょうらいさん(お精霊さん)」と呼ぶ先祖の精霊を迎えるのは、家族の中で年齢的には精霊にもっとも遠い子どもたちの役目だった。

氷見市でこうした精霊迎えが行われたのは昭和四十年(一九六五)頃までで、現在は簡略化されているが、似たような盆の精霊迎えは全国各地にあり、今も十三日夕方に迎え火を家の門口で焚《た》いたり、墓に灯籠《とうろう》を立てたりしている。山から盆の花を摘んでくることが先祖迎えだったり、先祖が乗って家に帰って来るナスやマコモの馬を作ったりするところもある。

庶民の間で死者の位牌《いはい》やこれを安置する仏壇が一般化するのは、江戸時代の文化・文政期(一八〇四〜一八三〇)で、これ以前の先祖まつりといえば、季節ごとに先祖を招いてのまつりで、精霊迎えの「しょうらいぼう　むかいぼん……」の唱言は実感がこもっていた。

盆の精霊棚〔盆棚〕
（東京都八王子市上恩方）
（入江英弥氏撮影）

精霊棚のしつらえと供物

お盆は、仏壇以前の先祖まつりの姿をもっとも色濃く伝えている行事で、今でもお盆になると盆棚とか精霊棚《しょうりょうだな》などといって、特別の祭壇を設《しつら》えているところが多い。江戸近郊、現在の東京都世田谷区上町・大場家の年中行事を記した文化六年（一八〇九）『家例年中行事』には、七月十三日の精霊棚造りが詳細にある。それは、四斗樽《しとだる》二つを置いて上に戸板をのせ、戸板から下の前面と左右を新しいススキで囲い、四隅に葉付きの竹を立てて上方に横に竹を渡して結びつける。上方の真ん中にも横に竹を渡し、ここに行灯《あんどん》灯籠を二つ吊《つ》り、戸板の上にはゴザを敷く。立てた前面の竹二本の間には横に縄を張って、ここには稲穂やアワの穂、キビ、ヒエ、白《しろ》大豆、ササゲ、まだ実の小さい柿や栗を縄目に挟んで吊る。戸板のゴザの上には、白瓜《うり》に麻の茎であるオガラ（苧柄）の足を四本差した牛、ナスに同じくオガラの足を差

屋外の精霊棚〔「砂盛り」という〕
（神奈川県秦野市宿矢名）

した馬、華足《けそく》に盛った菓子、水を入れた鉢、ミソハギの小枝を束ねたもの、ナスの賽《さい》の目切りなどを供える。さらに行灯灯籠二つを棚の左右に吊る、というものだった。家の玄関先には、十三日夕方から十六日夜まで切籠《きりこ》灯籠を吊って灯をともし、精霊棚には十四日の朝・昼・晩に小豆餅《あずきもち》、湯素麵《そうめん》、小豆飯など、十五日の朝・昼・晩には、ヒユの味噌《みそ》和《あ》えと飯、冷やし素麵、酢の物と飯などを供えている。

同じく文化年間の「諸国風俗問状」の答えによれば、現在の広島県福山市では、精霊棚は家の軒口か庭に造るもので、竹四本を立ててその中に麻の茎で棚を組み、ここに蓮の葉をのせて、その上に素麵や農産物の瓜、ナス、サヤマメ、ササゲ、海藻のアラメ、麻の茎の箸《はし》を供えている。そして、中元の十五日の供物としては、蓮飯《はすめし》、刺鯖《さしさば》、素麵などをあげている。

いずれも手の込んだ精霊棚で、供物もそれ

ぞれしきたりとして決まったものだったが、世田谷・大場家の精霊棚には位牌の記載はなく、広島県福山市では、念入りに精霊棚を造る人は紙位牌を立てるとある。この時代には、現在のように精霊棚に位牌を並べることは一般的ではなかったのである。また、供物としては、稲穂やアワの穂など、まだ成熟してない農作物や豆類、野菜、さらにヒユ（スベリヒユ）や海藻のアラメなど地方によって独特のものがあった。

先祖の精霊と盂蘭盆

現在では、文化年間ほどの精霊棚を造る家は全国的にも少なくなっているが、注目すべきことは、死者である先祖の霊がお盆になると村や家に帰ってきて、お盆が終わると再びあの世である他界へと戻っていくということである。そして、こうした精霊をまつる場は、日常的には存在せず、祭りの時にだけ設けられ、終われば撤去されるということである。

先祖の霊がお盆に帰ってくるというのは、日本人なら当たり前の感覚かとも思うが、仏教思想、ことに浄土教が盛んになってからは、死者は十万億土の彼岸に旅立っている。仏式の葬式には僧侶《そうりょ》が死者に引導を渡し、出棺にあたっては竹などで仮門を造り、棺《ひつぎ》はここをくぐって墓地へと向かい、その仮門は死者が戻ってこられないようにと、

盆の高灯籠（新潟県佐渡市月布施）

新盆の提灯（高知県高岡郡津野町北川）

処分された。お盆の先祖霊の来去は、冥界《めいかい》を説く仏教的思想とは次元を異にするもので、日本在来の霊魂観に基づいている。

仏教でいう盂蘭盆《うらぼん》は、中国で作られた『盂蘭盆経』が説く、目連《もくれん》がその深い罪根のために餓鬼道に墜《お》ちた母を、仏陀《ぶつだ》の教えに従って七月十五日に夏の修行を終えた衆僧に百味の飲食などを供えて供養して救ったことに基づいている。盂蘭盆は冥界で苦しむ死者を救うことに目的がある。

この行事は『日本書紀』には、推古天皇十四年（六〇五）に寺ごとに行われるようになり、斉明《さいめい》天皇三年（六五七）には、七月十五日に飛鳥寺《あすかでら》の西に須弥山《しゅみせん》の姿をつくって盂蘭盆会《うらぼんえ》を行ったとある。その後、盂蘭盆会は平安時代中期には広く行われるようになっていて、これと在来の初秋の魂まつりが結びついて、民間の盆行事が成立した。「お盆」の名称は、この中元節の盂蘭盆会と関係が深いが、平安時代後期の『蜻蛉日記《かげろうにっき》』にある「盆（ぼに）」、『枕草子』の「七月十五日、盆たてまつる」の「盆」は明らかにこの日の供物を指していて、魂祭りの供物の容器である「盆」と盂蘭盆会の「盆」が重なって、行事名称になったといえる。

平安時代中期には盛んになっていた盂蘭盆会は、その後、鎌倉時代には万燈会《まんとうえ》も加わり、藤原定家《ふじわらのさだいえ》の日記である『明月記《めいげつき》』の寛喜《かんぎ》二年（一二三〇）七月十四日には、近年民家では長い竿《さお》の先に灯籠を取り付けて、先祖の供養を行っていると記されている。先の『家例年中行事』にある精霊棚に行灯灯籠を下げるようなことは、おおよそ十三世紀前半からのことのようである。長い竿の先に灯籠を付けて立てることは、現在では新盆《にいぼん》の行事となっているところが多い。新盆は人が亡くなって三年目の盆までのことで、こうした高灯籠《たかどうろう》に代わって、親戚《しんせき》縁者から贈られたたくさんの灯籠や提灯《ちょうちん》を軒先に飾るところもある。

盆供とお中元

精霊棚への供物は、稲やアワの穂、ササゲなどの農作物、スベリヒユや海藻のアラメ、さらに日に三度の食事としての餅や素麵、小豆飯、蓮飯、刺鯖など豊かな地方色が見られる。現在では、こうした地方色は薄れつつあるものの、まだ盆には供物《くもつ》のしきたりを守っているところが多い。供物の中の、たとえば農作物に関連して、茨城県や千葉県などでは、盆の十五日早朝に家の主人が蓑《みの》を着て、菅笠《すげがさ》を被《かぶ》って自家の田畑を回り、稲穂や里芋《さといも》、大豆などの作柄を先祖に見せて歩いたり、これらを少しずつ取ってきて精霊棚に供えたりした。これは「野まわり」とか「仏様の田まわり」などと呼ばれたが、主人の蓑・笠姿は迎えた先祖の精霊の化身としての姿である。

精霊船（新潟県佐渡市琴浦）
（長野隆之氏撮影）

素麺は、盆に先だって行われる七夕にも供物やこの日の食べ物となっていたが、これは奈良・平安時代の「索餅《さくべい》」に由来すると考えられ、十四世紀中頃には「索麺」とか「素麺」の名が見える。石臼《いしうす》を使って粉を挽《ひ》くことがひろまったのは十四世紀中頃からで、粉挽きが容易でなかった時代のことを考えれば、産地が限定された素麺は貴重な、しかもご馳《ち》走《そう》だった。

盆特有の供物や食べ物は、蓮飯や刺鯖《さしさば》である。蓮飯はもち米を蓮の葉で包んで蒸したもので、この他に蓮の葉に飯を盛ったり、素麺やササゲなどを蓮の葉に盛って供えたりもしている。刺鯖は鯖を背開きにして塩漬けにしたもので、盆には鯖のほかに、西日本にはトビウオやサンマが欠かせないとしているところが各地にある。蓮飯など、蓮の葉を供物に使うのは仏教の影響だが、刺鯖などの魚が必需品になっているのは、盆が仏事ではない表れである。

『東都歳事記』（天保《てんぽう》九年〈一八三八〉）には「中元御祝儀、荷飯《はすのめし》、刺鯖を時食《じしょく》とす」とあり、「諸国風俗問状」の答えには蓮飯や刺鯖、素麺を中元の食べものや贈りものとするのが各地に見られる。これが「お中元」の元の姿で、お中元の品はお盆の精霊への供物であり、またお盆に行われる自分の親の「いきみたま」への贈りものだった。「いきみたま」は、生存する親の御魂《みたま》を寿《ことほ》ぐことで、子どもたちが里帰りをして親にご馳走する行事である。お盆は死者霊だけではなく、生きている親の御魂祭りでもあり、お盆にふるさとへと里帰りするのは、現代版の「いきみたま」ともいえる。

こうして先祖の精霊をまつり、親の命を寿ぐ「いきみたま」の最後が精霊送りで、送り火を焚いたり、精霊船を海に流したりする。有名な京都の大文字の送り火も送り盆の行事で、迎えた精霊には必ず帰ってもらわねばならなかった。

いきみたま

【いきみたま】

盆の里帰り

お盆といえば、亡くなった人の供養や先祖の精霊《しょうろう》を迎えてのまつりとばかり思っている人が多いと思うが、民俗行事としての盆には「いきみたま」とか「いきぼん」「なべかり」などといって、生きている親を寿《ことほ》ぐ行事もある。他家に嫁いだ娘たちや他出した者たちが土産を持って実家に帰り、親たちと食事をして楽しむ。とくに嫁に出た者にとっては、「いきみたま」といえば遠慮することなく里帰りできる機会であった。

少しだけ自己体験を紹介しておくと、まだ小学生だった昭和三十年代のことだが、私を自宅での八月のお盆が終わると、母親は実家の「いきみたま」だからといって、私を連れて里帰りをした。まだ若く三十代であった母は、いつもより何だかうきうきした感じで、実家に行くバス停まで歩き、本数の少ないバスを待って実家に行ったことを、今でもよく覚えている。自宅の家族は父親の両親に加え、父の兄弟が何人もいたので、嫁の立場で普段は我慢することが多かったはずである。だから母にとって数少ない里帰りは、気持ちが浮き立ったのだと思う。こうした体験があるので、私にとって「いきみたま」は今も身近に感じている「しきたり」である。

盆の「いきみたま」というのは、現在では口の端にのぼることはなくなったが、自己体験としてあげた神奈川県の伝承をみていくと、この民俗は藤沢市と横浜市の境を流れる境川《さかい》流域から西の旧相模国の地域で広く行われていて、北部の旧津久井郡《つくい》（相模原市緑区《みどり》）では「いきぼん（生き盆）」といい、相模湖町《さがみこまち》では八月十五日に他出した子どもは両親が健在なうちは素麵などを持って行き、さらに結婚のときに間を取り持ってくれたハシカケと仲人には、結婚後三年は素麵などを持って挨拶《あいさつ》に行った。これに対して相模川流域から大磯丘陵地域である県央南部では「いきみたま（生き御魂）」あるいは「なべかり（鍋借り）」といい、平塚市では、昭和の時代までは農作業が一段落する七月下旬から八月の盆前、あるいは盆の後に家ごとに期日を決め、婚出した者たちが親元に集まる。このときには米や小麦粉、季節の野菜などを持ち寄り、鍋《なべ》などを借りて料理をつくって親たちと一緒に食べた。「鍋借り」という名称は、鍋などを実家で借りて料理をつくることに拠《よ》っている。このように行っていたのが、平成になってからは子どもたちが贈り物をもって親元に集まり、実家が御馳走《ごちそう》をつくって振る舞うように変わってきたという。もう一ヶ所あげると、神奈川県西部では「生き御魂《みたま》」とだけ呼び、山北町《やまきたまち》では七月下旬から八月の初めの間に期日を決め、子どもたちが親にご馳走するために里帰りをした。

「生き御魂」と盆魚

神奈川県内の伝承を紹介してきたが、「生き御魂」は他の地域にもあって、たとえば奈良県では、「生き御魂」は親の健在な者が盆の十四日に刺鯖《さしさば》あるいはトビウオを食べることだという。この行事を「盆のいただき」とか「盆鯖《ぼんさば》」とも呼び、両親が揃っている者は二尾、片親の者は一尾と数を決めたり、魚を食べるのは両親が健在な者だけで、片親でも亡くしている者は食べてはいけないと決めたりしているところがある。

奈良県の「生き御魂」と同様、親が健在な場合は盆中に刺鯖などの魚を食べることを習わしにしているのは、福島県や埼玉県、福井県、三重県、大阪府、京都府、愛媛県などにもある。近畿地方と愛媛県は奈良と同じく塩鯖やトビウオを食べるが、三重県では両親が揃っている者は盆中に二回、片親の者は「半精進《はんしょうじん》」といって盆中に一回だけ魚を食べてよいといい、両親がいる場合と片親だけの場合の食べ方の違いには地域差がある。

神奈川県の「生き御魂」は、他出した子どもたちが食べ物を持ち寄って親にご馳走を食べてもらうことであり、同じ「生き御魂」といっても差異があるが、鹿児島県の大隅《おおすみ》半島北部では「もろこいえ（モロコ祝い）」といい、盆の十四日から十六日の間に日を決めて他出した親族が実家に集まり、モロコという魚を食べる祝いが行われていた。両親健在の者には二尾、片親だけの者には一尾を食事に付けるが、これは食事に魚をつけて親の健在を祝うためで、そのため親を亡くしている者には魚を付けないといわれている。

奈良県などの「生き御魂」に刺鯖などの魚をつけるというのは、健在な親たちも同席してのことであり、親に魚を振る舞うということになる。最初に記した神奈川県の「生き盆」「生き御魂」では、魚が特別なものになっていないので、内容が違う感じがするが、健在な親に食事を出して寿ぐということでは同じである。

「生き御魂」の歴史

現在では知る人が少なくなっていても、昭和三十、四十年代までさかのぼると、この行事は各地で行われており、それは江戸時代の記録や文献でも確認できる。江戸の町の年中行事を記した天保《てんぽう》九年（一八三八）の『東都歳事記』では、七月十五日に「中元御祝儀、荷飯《はすのめし》、刺鯖を時食《じしょく》とす。刺鯖は其色青紫のものを上とす、能登産を上品とし、越中これに亜《つ》ぐ」とし、続いて「良賤生身魂《りょうせんいきみたま》の祝ひ」をあげ、「七月の盆に亡者の霊魂来るよしを云《いい》てまつるより、移りて現存の父母兄弟などの生御《いきみ》たまをいはふ意なりとぞ」と説明している。蓮飯と塩にした刺鯖がこの時の食べ物で、「生身魂」というのは、盆に亡者が帰ってきてまつることから転じて、健在な両親や兄弟などの家族の御魂を祝っているのだという。

「いきみたま」を「生身魂」と書いているが、これは江戸の町でも一般的だったようで、嘉永《かえい》四年（一八五一）の『東都遊覧年中行事』でも七月十五日に「貴賤佳節を祝ふ、生身《いきみ》魂《たま》とて現存《いきてゐる》の父母へ魚るいを祝ふ」とし、これでは健在な父母に魚を祝うことを「生身魂」としている。同じ嘉永四年の曲亭馬琴による『増補俳諧歳時記栞草《しおりぐさ》』には「生身魂」を秋の季語にあげていて、「蓮の飯」「さし鯖」も同意とし、延宝七年（一六七九）の『閑窓倭筆《かんそうわひつ》』から「生ける二親を供養」することが「生身魂」、元禄《げんろく》三年（一六九〇）の『盂蘭盆経鼓吹《うらぼんきょうこすい》』から七月十五日に「父母の寿命長久を祈る」のが「生身魂」、正徳二年（一七一二）の『和漢三才図会』から「蓮の飯、考妣《ちちはは》の霊前に供じ、又以て親戚に贈るを礼式とす。これを称して生霊《いきみ》祭《たま》といふ」などを引用している。

元禄十年（一六九七）に板行された河内《かわち》（大阪府）の国学者、蔀遊燕《しとみゆうえん》の『民間年中故事要言』には、「生見霊祝《いきみたまのいわい》」として七月十五日の前に「生見玉ノ祝」として「親方ヘ子方ヨリ酒肴ナト饋《ヲクリ》テ饗《モテナス》コト有、是ハ死シタル人ハ亡魂《ナキタマ》ヲ祭ルニ、今無事ニ生《イケ》ル人ヲ相見ル事ノ喜《ウレシ》キトテ生見《イキミ》霊《タマ》ノ祝儀トハ謂トナリ、何ノ世ヨリ角《カク》祝ソメシヤ不レ知」としている。この説明や先の『増補俳諧歳時記栞草』の引用からは、「いきみたま」は江戸時代前期にもあって、それは生きる父母の祝い、寿命長久の祈りであったことがわかる。

また、十九世紀初めの文化年間の「諸国風俗問状」の答えにも「いきみたま」の記載があり、現在の愛知県豊橋市では蓮飯と刺鯖と呼ぶ干鯖を親類に贈ることを「中元の祝儀」とか「いきみたま」と呼ぶが、両親のある者は盆中に魚を食い、片親が健在な者は十五日にだけ鱠《なます》を食べる。現在の京都府京丹後市峰山《みねやま》町では、父母のある者は「いきみたま」といって父母に食べ物か食べ物料を贈る。現在の広島県福山市（旧深《ふか》津《つ》郡本庄《ほんじょう》村）では、二親がある者は十五日に必ず魚を食べ、現在の父母を供養するのが「生身魂」であるという。さらに「いきみたま」という名はなくても、両親の健在を祝して刺鯖などの魚を贈ったり食べたりするのは、「諸国風俗問状」の答えでは、現在の秋田市、福島県白河、新潟県長岡市、奈良県高取町《たかとり》、福井県小浜市、兵庫県の淡路島、徳島県石井町でも行われている。

「諸国風俗問状」の答えなどからは「いきみたま」は各地で行われ、しかも盆行事としてよく知られていたことがうかがえるが、このことはさらに藤原定家の日記である『明月記』天福元年（一二三三）七月十四日の条に、「俗習」として両親がある者は魚を食べることが記されている。「俗習」とあるので、これは庶民の「しきたり」であり、鎌倉時代にはこのことが行われていた。さらに室町幕府の中次職（将軍へ諸事を取次ぐ役）である大館《おおだち》政藤が記し、その子である尚氏《ひさうじ》が永正六年（一五〇九）に写した「殿中年中行事」には、七月十一日に「女中、御所云々、為生見玉御祝儀、御参賀、有御献云々」（田北学『増補訂正編年大友史料』三十二）とある。この記録は長禄《ちょうろく》二年（一四五八）以来の足利《あしかが》家の行事であるというので、内容はわからないが足利将軍家でも「生見玉」が行われ、この時代には武家たちの間にもこの「しきたり」が広まっていたと考えられる。

盆魚と年取り魚―「みたま」の魚

最初にあげた神奈川県の「生き盆」「生き御魂」には、親に魚を振る舞うとか、食

盆のショウロサマ（精霊様）に供えるお中元
（宮崎県椎葉村向山日添）

べるという伝承はなかったが、他の地域では鯖やトビウオなどの魚が重要で、奈良県では前述のようにこの行事を「盆鯖」とも呼んでいるほどである。これと同じようにハレの時に魚が欠かせないのが大晦日《おおみそか》の夜に食べる「年取り膳《ぜん》」である。年取り膳を今でも行っているところは少なくなっているが、たとえば新潟県下越《かえつ》地方の荒川《あらかわ》流域にある関川村では、銘々の会席膳に荒川で獲《と》れた鮭の切り身を焼いたものと鮭の「いいずし（飯鮓）」を必ずつける。こうした大晦日からの正月魚は、新潟県から長野県を南北に通る中央地溝帯から東は鮭、西は鰤《ぶり》とする例が多いが、この魚は歳暮として貰《もら》うと神棚から吊《つ》り下げておくものだった。

「年取り膳」というのは、その名の通り新たな年齢を迎えるための膳であり、これによって新しい年を生きる力が授けられるというのが、その意味である。鯖などの「いきみたま」の魚で健在な親を寿ぐということは、まさに親の生きている「みたま」の寿ぎであり、正月と盆はともに、生きる「みたま」のまつりということができる。こうしたことからは、お歳暮とお中元という年二回の贈物の原義もここにあるといえよう。

盆踊り

【ぼんおどり】

「月遅れ」という発想

「立秋」というのは、秋に向かい始める日のことで、夏の暑さはこの頃がピークとなる。立秋は例年八月七日頃である。立秋などの二十四節気は太陽の動きを基準とするのに対し、旧暦の月日は月の朔望《さくぼう》が基準だったので立秋の期日は年によって異なり、六月後半から七月前半の間となった。正月とならぶ年中行事のお盆は、旧暦では七月十三日から十五あるいは十六日までの行事なので、通常は立秋を過ぎてからである。

明治五年（一八七二）十二月の太陰《たいいん》太陽暦から太陽暦への改暦は、その後の日本の年中行事を変えた。その変化は、正月などのように期日を優先して新暦の同じ期日とする、十五夜のように旧暦のまま続ける、あるいは旧暦期日を新暦では一ヶ月後の「月遅れ」とするという三通りの変化である。お盆は、いうまでもなく「月遅れ」行事の代表的なものだが、都市部では旧暦期日をそのまま新暦に移し、新暦七月に行うようになったところが多い。ただし「お中元《ちゅうげん》」は、本来は盆の贈答なので月遅れでいいはずなのに、これだけは七月が一般的となり、ちぐはぐな変化の仕方をしている。

改暦にともなって行事を月遅れにするというのは、季節感を重視するということだが、たとえば八王子市東浅川町《ひがしあさかわまち》の享保《きょうほう》五年（一七二〇）からの『石川日記』を見ていくと、改暦翌年の明治六年（一八七三）からお盆や鎮守の祭りなどは月遅れとなっていて、即座にこうした対応をしたのがわかる。新暦七月のお盆では季節はまだ梅雨時でそぐわず、しかもこの時期は小麦の脱穀など農作業が忙しい時だった。こうした季節感のずれと農作業という現実が、「月遅れ」という絶妙な発想を生んだのである。

新野高原の盆踊り

朝晩は涼しい風が吹き始める初秋のお盆は、家ごとに先祖の精霊を迎えての祭りと、里帰りした懐かしい顔も集っての盆踊りが行われる。長野県下伊那《しもいな》郡阿南《あなん》町の新野《にいの》では、八月十三日には街の中ほどに祀《まつ》られる市神様《いちがみさま》の前に櫓《やぐら》が組み立てられる。櫓は盆踊り歌をうたう「音頭取り」があがる「音頭台」となる。この日の夕方に各家では門口で迎え火を焚《た》いて精霊迎えを行う。十四日の昼には墓参りをし、「百八灯《ひゃくはっとう》」と呼んで小さな木片を燃やし、夜になると組み立てた音頭台のまわりで盆踊りが始まる。

初めに音頭台横の市神様への神事が行われ、音頭取りが台にあがって「すくいさ」と呼ぶ歌で踊りが始まる。踊り手は音頭台を中心に通りに沿って細長い大きな輪になり、音頭取りが歌い出すと、これに続けて踊り手が歌い返しながら踊る。踊りの動作はゆったりとし、歌には楽器伴奏がない古風な踊りで、踊り出しがすむと「音頭」「高い山」「おさま甚句《じんく》」「十六」「おやま」、さらに「すくいさ」の六種の歌と踊りを交互にまじえながら夜を徹しての盆踊りが続く。「すくいさ」「音頭」「おさま」「おやま」では扇を右手に持ち、「すくいさ」と「十六」は左回りに、他の歌と踊りは右回りに進む。

十五日も夜になると前夜と同じように盆踊りが始まるが、夜中の十二時を過ぎると各家では精霊送りを行う。この日

新野の送り盆（長野県阿南町新野）
昭和初期の写真。切子灯籠を祓って焼く
（折口博士記念古代研究所所蔵）

も朝まで続く盆踊りで街は賑《にぎ》わう。

そして、十六日夕方には、新盆の家から新仏に供えた切子灯籠《きりことうろう》が持ち寄られ、音頭台のまわりに吊《つ》り下げられて踊りが始まる。三晩目も朝まで踊り続けられ、東の空が白んで夜明けを迎えると、踊りが続くなかで音頭台の切子灯籠が降ろされ、市神様の前で和讃《わさん》が唱えられる。さらに街はずれに祀られるお太子《たいし》様の前にこの切子灯籠が運ばれ、「お太子様和讃」が唱えられ、これが終わると花火が上げられ、その合図で盆踊りが終わりに向かう。切子灯籠を持った人たちの行列が盆踊りの場に戻る頃には、踊りは「能登《のと》」の歌となっていて、切子灯籠の行列が来ると踊り手たちもこの行列について、お太子様とは反対側の街はずれまで行き、切子灯籠を積み上げて燃やして終了となる。

さまざまな盆踊り

新野高原の盆踊りは、三晩とも夜通しで踊り続けられ、最後に「神送り」と呼ぶ切子灯籠送りが行われるのが特色である。この三日間、音頭取りや踊り手は夜と昼が逆転するが、同様な盆の徹夜踊りは岐阜県の郡上《ぐじょう》市でも行われている。「郡上踊り」として知られている盆踊りで、これには八月十三日から十六日までの盂蘭《うら》盆《ぼん》の徹夜踊りと、七月中旬から始まる寺社の祭りで行われる縁日踊りがある。寛永年間（一六二四～一六四四）に始まったと伝えられ、現在は音頭屋台の太鼓、笛、三味線、拍子木の伴奏に合わせて踊られる。「古調かわさき」「三百」「春駒《はるこま》」「猫の子」など十曲ほどの踊り歌があり、踊り手は頬被《ほおかぶ》り、尻《しり》はしょりなどの姿で、下駄《げた》を踏みならしながら踊る。素早い手振りの踊りやゆったりしたリズムの踊り、また歌には語り物である口説《くど》きの音頭や甚句《じんく》があり、これに対して踊り手が歌い返したり、囃子《はやし》言葉で応じたりし、郡上踊りはバラエティーに富んだ内容をもつ。

新野や郡上の盆踊りからは、日常から解放された晴れやかな気持ちが年に一度の徹夜踊りに向かわせ、若者たちにとっては新たな男女の出会いを期待し、また交際を楽しむ時でもあった。こうした解放的なエネルギーに圧倒される盆踊りとしては、徳島市で八月十二日から十五日まで行われる「阿波《あわ》踊り」がある。高張提灯《たかはりぢょうちん》を先頭に、編笠《あみがさ》を被って下駄を立てて揃って踊る女踊りと独特の足さばきと身振りの男踊りが、鳴り物衆とともに進む姿からは、見ている者も「踊らにゃ　損　損」という気持ちになる。同じ徳島市でも、津田《つだ》町の盆踊りはやや趣きが違い、踊り手がさまざまに仮装をし、手に「四つ竹」を持って鳴らしながら踊る。

八月十六日から十八日までの、秋田県羽後《うご》町西馬音内《にしもない》の盆踊りは、端切れを縫い合わせた端縫いの衣裳《いしょう》に編笠、あるいは「彦三頭巾《ひこさずきん》」と呼ぶ黒頭巾をすっぽり被って踊る姿が印象的である。産三頭巾姿は、亡者の姿をかたどったものと伝えていて、この盆踊りは帰ってきた精霊と人間が一緒に踊る供養踊りとしての性格がある。西馬音内の盆踊りは、笛・太鼓・三味線・鼓・鉦《かね》などの囃子で、「音頭」から踊りが始まって、「甚句」の踊りへと移る。その踊りには多くの振りがあるのが特色で、甚句の踊りは「亡者踊り」とも呼ばれている。

異類異形が盆の踊り

このように盆踊りは、各地にさまざまな姿を見ることができる。歴史をさかのぼり、文化年間(一八〇四〜一八一八)に現在の新潟県長岡市周辺の民俗を記した『北越月令《ほくえつげつれい》』には、烏帽子《えぼし》や狩衣《かりぎぬ》姿、袖《そで》なしの羽織を着て花笠《はながさ》や頭巾を被り、白足袋《しろたび》を履くなど、男は女の姿に、女は男の姿に変装したり、狐の姿に仮装したりして、頭を打ち振りながら踊る盆踊りの様子が記されている。この時の囃子言葉は「淫事のことばかりにて、いと聞き苦し」とも書かれ、狂乱的ともいえる盆踊りもあったのがわかる。

盆踊りがさまざまな姿をもつのは、この踊りが「風流踊り《ふりゅうおど》」の性格をもつからである。「風流」というのは、仮装したり華美に装ったりして行う芸能のことで、十二世紀頃から始まり十四世紀にはさらに活発になる。その精神は、趣向を凝らして人を驚かすということで、たとえば近年まで運動会などに行われた仮装行列は、これを受け継いだ趣向である。

風流踊りの本来の趣旨は、人に祟《たた》りをなす御霊《ごりょう》を鎮めて他へ送ることで、盆踊りのほかに念仏踊りや雨乞《あまご》い踊り、虫送り、七夕《たなばた》の小町踊りなど、とくに夏から初秋の暑い時期に顕著に見ることができる。伏見宮貞成親王《ふしみのみやさだふさ》の日記である『看聞日記《かんもんにっき》』の応永年間（一三九四～一四二八）の記事には、お盆には「念仏拍物《ねんぶつはやしもの》」といって鉦を打つ操り人形などの飾りものを作り、念仏を囃子にしてこれを曳《ひ》き回すことが行われたり、永享《えいきょう》三年（一四三一）七月十五日には「念仏踊り」が行われたりしている。これらが融合して成立するのが盆踊りで、春日大社の神主が記した明応《めいおう》六年（一四九七）七月十五日の日記には、南都（奈良）では近年「盆ノヲドリ」が異類異形《いぎょう》の姿で行われていると記されている。

新仏の鎮送

こうして十五世紀に畿内で成立した盆踊りが各地に広がるのであるが、これには死者を供養する念仏踊りとしての要素が当初からあった。そのためか各地の盆踊りでは、新盆の家は特別扱いにされている場合が多い。愛知県豊田市の足助町綾渡《あすけあやど》に伝わる盆踊りは、夜に行う「夜念仏」と一緒になっていて、旧暦七月十三日から十六日には新仏のある家で夜念仏と盆踊りが披露されている。数年前に民俗採訪で訪ねた島根県吉賀町《よしかちょう》の柿木村《かきのき》白谷《しらたに》では、公民館前の広場で「鈴木主水白糸口説《すずきもんどしらいとくどき》」などの口説にあわせ、「団七踊り《だんしち》」や「こぬか踊り」と呼ぶ盆踊りが行われ、新盆の家ではこの場に死者の位牌《いはい》を並べている。宮崎県の高千穂峡《たかちほきょう》の西に位置する西臼杵郡《にしうすき》五ヶ瀬町鞍岡《ごかせちょうくらおか》では、盆の十四日夜には新盆の家に地区の人たちが集まり、ご馳走《ちそう》を頂いてから輪になって盆踊りを行っている。

文化年間の「諸国風俗問状《しょこくふうぞくといじょう》」の答えには、京都洛北《らくほく》の花園《はなぞの》（右京区《うきょう》）では、里の男女が六十センチ四方の灯籠《とうろう》を頭の上に付け、これに火をともして念仏を唱えながら踊るとある（大和高取《たかとり》領の項）。淡路島では松明《たいまつ》を振りながら、新仏のある家では山の下の段、二年目の仏がいる家では山の中段、三年目の仏のいる家では山の上段で歌をうたいながら踊るとある。この淡路島の墓地での盆踊りは「三昧《さんまい》踊り」と呼ばれているが、新しい仏を供養する新盆には、このように特別な盆踊りを行っている。それは、亡くなって間もない精霊は、まだ荒々しい性格をもつので、盆踊りによって和《なご》ませてあの世に送るためである。

地蔵盆　【じぞうぼん】

送り盆の後に

月遅れのお盆の最後は送り盆で、京都では八月十六日夜に東山《ひがしやま》大文字などで知られた五山《ござん》の送り火が行われる。これは文献の上では慶長八年（一六〇三）には行われており、四百年以上も続く行事である。京都市中の人たちは、先祖供養のための護摩木《ごまぎ》を奉納し、これが山に運ばれ送り火が点火される。

京都市中では五山の送り火が終わると、町内ごとの「地蔵盆」となる。現在は二十二、三日あるいはこの近くの日曜日に行われる場合が多く、子どもたちにとっては夏休み最後の行事となっている。さらに二十八日には「大日盆《だいにちぼん》」といい、大人たちが町内の大日尊をまつる。「河内音頭《かわちおんど》」発祥の地といわれている大阪府八尾《やお》市常光寺《じょうこうじ》の盆踊りは、地蔵盆の期日に行われ、富山市八尾町《やつおまち》の盆踊り「おわら風の盆」は、九月一日から三日までである。これは町練りをすることから「回り盆」と呼ばれ、元禄《げんろく》年間

（一六八八〜一七〇四）から始まったという。また、念仏踊りであるエイサーが行われる沖縄諸島、翁《おきな》と嫗《おうな》などが家々をまわるアンガマが出る石垣島など、琉球諸島のお盆は八月下旬の旧暦七月十三日からで、この時期に里帰りする人も多い。

月遅れのお盆が終わった後も、旧暦のお盆が通常は八月下旬にあり、盆に関連する歳事は九月上旬まで続く。

地蔵盆

「地蔵盆」は大阪府や京都府、兵庫県、滋賀県など近畿地方の人にとっては、馴染《なじ》み深く、大人たちにとっては懐かしい行事でもある。文化庁文化財保護部刊『盆行事』Ⅲによれば、京都市の上賀茂《かみがも》神社に近い上賀茂中大路《なかおおじ》町では八月二十二、三日に地蔵盆を行う。この町内では町内の集会所の脇に石造の地蔵尊《じぞうそん》と大日尊をまつり、この地蔵尊は「安産地蔵」として信仰を集めている。地蔵盆はその数日前の地蔵尊の化粧直しから始まる。石の地蔵を水で洗い、改めて全面に真白く白粉《おしろい》を塗り、二十二日には絵具で顔や衣裳《いしょう》、光輪などを描く。いわゆる化粧地蔵である。化粧が終わると金襴《きんらん》のよだれかけを懸け、お堂には几帳《きちょう》を下げて飾る。地蔵尊の前には供物として水や酒、紅白の重ね餅《もち》をあげ、ロウソク台を置き、両脇には花を供える。こうして地蔵尊の準備が済むと、お堂の前にはその年に子どもが生まれた家が奉納した提灯《ちょうちん》を吊《つ》り、他の町内との境には、子どもたちが絵を描いた大きな角行灯《あんどん》を道に渡し、小さな角行灯を町内の随所に吊る。

二十三日には、町内の人は「六地蔵巡り」を行う。これは六ヶ所の地蔵尊をお参りしてまわることで、この時には思い思いのものを各地蔵に供える。すると参拝者には、マンダラと呼ばれる赤い紙に地蔵尊の姿を印判したお札が授与される。

地蔵盆の化粧地蔵（福井県小浜市）
（服部比呂美氏撮影）

この日は、子どもたちは朝から地蔵尊をまつる集会所に集まり、町内の人が用意した福引きやスイカ割りなどで遊び、お菓子や絵本などのプレゼントをもらう。夜になると太鼓打ちやゲーム、盆踊りなどが行われて地蔵盆は終わる。

京都市中の地蔵盆では、「畚降《ふごお》ろし」といい、福引きの景品を民家の二階からザルのようなものに入れて下に降ろし、子どもに与えることも行われ、現在は子どもたちにとってはレクリエーションとなっている場合が多い。しかし、戦前までは二十三、四日が地蔵盆で、地蔵堂に提灯や行灯を吊り、地蔵尊に鏡餅やカボチャ、里芋《さといも》、ホオズキなどを供えた。二十三日の夕方には子どもたちがここに集まり、百万遍念仏を唱える所もあり、子ども中心の信仰行事であった。

こうした地蔵盆の姿はまだ各地に見られ、福井県小浜《おばま》市西津《にしづ》では子どもたちが地蔵をまつっている。地蔵盆の前になると子どもたちが石の地蔵を海で洗い、ベンガラや絵具で化粧を行う。この地蔵をお堂に納め、お堂に行灯や五色の紙の幡《はた》を飾る。八月二十三日には町内の子どもたちがお堂に集まり、「なーむ地蔵大菩薩《だいぼさつ》、唐辛子、辛子、山椒《さんしょ》と味噌《みそ》と唐辛子、参らんと通さんぞ」などと太鼓と鉦《かね》を叩《たた》きながら囃《はや》し、道行く人に参拝を促す。夜には町内の人たちがお堂で念仏をあげて地蔵盆が終わるが、小浜の地蔵盆は子どもたちが中心で、年長者が「大将」となって行事を指揮している。

地蔵盆の歴史と造り物

小浜の地蔵盆は、文化年間（一八〇四～一八一八）の「諸国風俗問状《しょこくふうぞくといじょう》」の答えには、七月二十四日には「地蔵祭り」として、路傍の石地蔵を仮のお堂にまつり、「いろいろの供物、様々のをかしき作り物などして、子供うち集まり、頻《しき》りに鐘をならし、南無地蔵大菩薩と唱」とある。現在とほぼ同様なことを行っていたようである。ここにある「をかしき作り物」は、今では途絶えている。また、当時は地蔵盆ではなく「地蔵祭り」と呼んでいたのがわかる。

お盆の後の地蔵尊の祭りを「地蔵盆」というようになったのは明治時代以降のことで、各地の江戸時代の記録では「地蔵祭り」とか「地蔵会」となっている。京都の江戸時代前期の年中行事を記した『日次紀事《ひなみきじ》』には、「洛下童児地蔵《らくかどうじ》祭」として七月二十四日に路傍の地蔵に香華を供えてまつるとある。現在の地蔵盆につながる地蔵祭りは、この記録が初期のもので、早い段階から子どもたちが中心となる行事だったようである。

嘉永《かえい》六年（一八五三）の『守貞謾稿』は、現在の大阪市中の地蔵盆を「七月二十四日　大坂諸所地蔵祭」として記している。市中では諸所に壇を作って棚をかけ、ここに地蔵をまつる者が多く、磁器店が並ぶ西横堀《にしよこぼり》の西岸では磁器を使って人物をかたどった造り物を飾り、これを「瀬戸物細工」と呼んで見物人が集まるとある。小浜の「諸国風俗問状」の答えにある「をかしき作り物」は、大坂では西横堀の「瀬戸物細工」だったのであり、盆後の地蔵祭りにはこうした趣向もあった。旧中山道《なかせんどう》の宿場町でもあった滋賀県米原市醒井《さめがい》では、地蔵盆の日に延命地蔵尊をまつり、現在も各町内が「牛若丸《うしわかまる》と弁慶」「桃太郎《ももたろう》」、その年の話題の人物などをモチーフにした造り物を飾っている。

盆月の地蔵祭り

このように二十四日に地蔵尊の祭りが行われるのは、この日が地蔵の縁日だからである。縁日というのは「有縁日」のことで、この日に参詣《さんけい》をしたり、まつったりすると特段の功徳《くどく》があるという。地蔵以外では八日と十二日は薬師《やくし》、十八日は観音、二十一日は大師《だいし》、二十五日は天神、二十八日は不動の縁日である。多くの参詣者がある寺社では、この日に露店が出たり、市《いち》が立ったりしたので、露店や市のことを「縁日」ともいうようになった。

盆月の旧暦七月に地蔵をまつることは、群馬県高崎市周辺の年中行事を記した安永九年（一七八〇）の『閭里《りより》歳時記』にもある。二十三日の夜は、地蔵尊をまつる通町《とおりまち》念仏堂に町内がさまざまな灯籠《とうろう》を供え、男女が集まって念仏と和讃《わさん》を唱え、参詣者が多いので商人も店を出す。念仏堂では二十四日には地蔵施餓鬼《せがき》が行われ、延養寺《えんようじ》という寺院で地蔵講があるので町内の各家では家の門口に提灯を吊る。ここにも多くの参詣者があると記されている。

関東地方でも盆の二十四日に地蔵祭りが行われ、こうした地蔵祭りが近畿や北陸地方などでは地蔵盆に変化していった。とくに盆の月に地蔵祭りが盛んになったのは、いうまでもなくこの直前に先祖の精霊を迎えてまつるからである。江戸時代には、とくに盆の十六日は御斎日《ごさいにち》といって十王《じゅうおう》にお参りすることが盛んで、ほぼ全国的に閻魔《えんま》堂などに参詣していた。この日は正月十六日とともに「藪入《やぶい》り」ともいい、奉公人は実家に帰り、嫁も里帰りする日だった。両日が御斎日で、天保《てんぽう》九年（一八三八）の『東都歳事記』には、浅草蔵前長延寺《ちょうえんじ》や本所《ほんじょ》回向院《えこういん》など、閻魔参りをする寺院が六十ヶ所ほど列記されている。閻魔参りの賑《にぎ》わいは、現在では想像もできないほどだったようである。

閻魔様に詣る（『東都歳事記』より）

閻魔大王などの十王は、地獄で死者の裁きをする王で、死者に責め苦を与えるが、地獄で死者を救う仏が地蔵尊である。こうした信仰は平安時代後期から広まっていくのであり、御斎日の閻魔参りからは、江戸時代には庶民の間にも十王信仰が根付いているのがわかる。盆の二十四日に地蔵をまつることが盛んになったのは、この日が地蔵の縁日であることに加え、この直前に閻魔参りが行われたからである。

地蔵尊と愛宕信仰

盆の二十四日には地蔵をまつるとともに、「愛宕《あたご》様の日」ともいい、盆の送り火のような松明《たいまつ》を焚《た》くところがある。これは神仏習合の時代は、愛宕神社の本地仏《ほんじぶつ》が地蔵尊だったからである。平安時代後期には、京都の愛宕山は修験者《しゅげんじゃ》の山で、地蔵菩薩の御利益がある山としての信仰があった。この地蔵は室町時代には騎馬の武将姿である勝軍《しょうぐん》地蔵となる。

愛宕神社の信仰は、よく知られているのは火災除《よ》けなど火伏せの神としての信仰で、その分布は全国にわたっている。盆の二十四日に松明を焚くのは、こうした愛宕信仰との関連といえる。一方で地蔵盆にまつられる地蔵尊を見ていくと、これが町内の共同井戸の場に存在する場合が各地にある。大森惠子氏の調査によれば、兵庫県豊岡《とよおか》市竹野《たけの》町では、上水道が完備する以前は共同井戸の上に石の地蔵尊をまつっていて、水《みず》汲《く》みに行ったときには地蔵にも手を合わせたという。

これは井戸と地蔵はともに町内のものだからとも考えられるが、地蔵と愛宕信仰との関連でいうなら、地蔵は火伏せの神である愛宕神社の本尊であり、地蔵尊は火災を防ぐ仏とも考えられ、火を消す水場にまつられたのである。井戸に地蔵をまつるのは、先の小浜にも見られる。

二百十日と風祭り【にひゃくとおかとかざまつり】

二百十日

八月上旬の立秋を過ぎ、月遅れのお盆が終わると心配になるのが台風の襲来である。強風に加えての大雨は各地に大きな被害をもたらすことがあり、台風が発生するとその進路と規模を伝える天気予報が気がかりになる。台風は熱帯海上で発生して黒潮の流れに沿うかのように北上するので、沖縄県はいち早く七、八月から台風の季節を迎える。それが次第に北東へと移動し、九州・四国から本州は多く八月末から九月上旬に台風に見舞われる。

暦の雑節に二百十日があげられ、さらに二百二十日も記されるのは、こうした台風の経験に基づくといえよう。二百十日は、いうまでもなく立春から数えて二百十日目である。立春からの日数が雑節となっているのは、この日と八十八夜で、八十八夜は「八十八夜の別れ霜」という言い方からわかるように遅霜の経験がもとになっている。

二百十日の期日は、現在の暦ではほぼ例年九月一日だが、旧暦の太陰太陽暦では立春の期日が年末から一月半ばの間を動いたので、二百十日も一定ではなく、七月下旬から八月上旬の間となった。

各地の風神社

暦に二百十日が記されるようになるのは、明暦二年（一六五六）の伊勢暦《いせごよみ》が最初で、その後各地で発行される暦にも広まった。しかし、大木をなぎ倒し、家の屋根をも吹き飛ばす台風は収穫前の稲も倒し、場合によっては収穫もままならなくなる。そのため風を抑える祭りは古代から行われ、『日本書紀』の天武天皇四年（六七五）には、龍田《たった》（現・奈良県三郷町《さんごうちょう》立野《たつの》）に風の神、広瀬《ひろせ》（現・奈良県河合町《かわいちょう》）に大忌《おおいみ》の神をまつらせたことが見えている。この風の神が現在の龍田大社、大忌の神が廣瀬大社であり、平安時代に制定された律令《りつりょう》の細則である『延喜式《えんぎしき》』（康保《こうほう》四年〈九六七〉施行）には四月と七月の四日に大忌・風神祭を行うことが定められている。龍田大社は春先には生《い》駒《こま》山系から奈良盆地へ西風が吹き出す場所にある。廣瀬大社は大和《やまと》川に曽我《そが》川や飛鳥《あすか》川などが合流する付近にあって農耕の神で、両社を同時にまつることで五穀豊穣《ほうじょう》を祈願したのである。旧暦の四月は田植え前、七月は台風シーズンの前であり、あらかじめ豊作と風を鎮めることを願った。

龍田の風神というのは、風神祭の祝詞《のりと》によれば天御柱命《あめのみはしらのみこと》、国御柱命《くにのみはしらのみこと》であり、これは竜巻の旋風を天と地の間の柱と見たてた神名だといわれている。現在の龍田大社の祭りは、もとの四月の祭りは瀧祭《たきまつり》と呼ばれる例祭となり、七月の祭りは風鎮《ふうちん》大祭として新暦七月第一日曜日に行われている。祭日が新暦七月になってからは、ちょうど半夏生《はんげしょう》の時期にあたるため地元ではこの祭りを「はんげしょ」とか「はげしょ」と呼びならわしている。祭儀は大祭一週間前から始まり、大祭翌日には龍田風神の降臨の地とされる御座峰《ござがみね》でも祭典が行われている。

龍田の風神は古代においては国家祭祀《さいし》となっていたが、風神の祭りとしては、伊勢神宮でも現在、五月十四日と八月四日に風日祈祭《かざひのみさい》が行われている。風雨の災害を防いで五穀豊穣を祈願する祭りで、これも平安時代末までは四月と七月に行われた。また、熊本県の阿蘇市には一《いち》の宮町宮地《みやまちみやじ》と手野《ての》に一社ずつ二社の風宮《かざみや》神社がまつられ、阿蘇神社の神職や氏子たちによって旧暦四月と七月の四日に祭りが行われている。御幣《ごへい》を持った神職が水田の間の道を歩いて悪い風を追い、手野の風宮神社の風穴に風を押し込め、団子を供えている。このほか風神社・風宮社は、静岡県や愛知県、岐阜県、群馬県などにも多くあり、井波風《いなみかぜ》の吹く富山県では砺波《となみ》平野などに不吹堂《ふかんどう》と呼ぶ風神堂がまつられている。南砺《なんと》市是安《これやす》の風宮不吹堂は寛文二年（一六六二）の創建で、盛大な祭りが行われた。富山市八尾《やつお》町の風の盆も、風の祭りと盆が結びついたもので、おわら節には「二百十日に風さえ吹かにゃ早稲《わせ》の米食っておわら踊ります」の歌詞がある。

風祭り

神社での風神祭は、災害をもたらす風を事前に鎮める祭りで二百十日以前に行われている。これに対し、家ごとの祈願あるいは集落の共同祈願としての風祭りは八月末から九月初めが多い。今ではこの行事を行っているところは少なくなったが、静岡県小山《おやま》町大御神《おおみか》では、二百十日の前に角取《つのとり》神社の注連縄《しめなわ》を外してきて、これを「風縄《かざなわ》」として田のあぜ道に張って風除《かぜよ》けの呪《まじな》いとした。そして、二百十日前日には角取神社で風祭りがあり、角取山の奥の院にも参拝に出かけた。角取神社は、地元では風の神として信仰され、その神社の注連縄に「風縄」としての呪力《じゅりょく》があると考えたのである。島根県では二百十日を「風日《かざび》」とか「厄日《やくび》」といい、安来《やすぎ》市では山の木に付いている山繭《やままゆ》を採ってきて笹舟《ささぶね》に乗せて川に流し、厄日を無事に過ごせることを祈願したという。薄緑色のきれいな山繭は、雨の多い年には多く、日照りの年には少ないので、こ

風の神をまつる
（福岡県八女市星野村内宮）
「風鎮祭」のお札をまつる

れを川に流すことで雨が少なくなることを願ったのである。

愛知県北設楽《したら》郡東栄《とうえい》町古戸《ふっと》では、組の行事として「風除け信心」を行っている。これは二百二十日に組の人たちが集会所に集まり、井戸脇の木に注連縄を張り、各自が十センチほどの長さに切った稲藁《いなわら》を持って祓《はら》えの言葉を唱えながら振り、風を送り出してからその藁を水路に流す行事である。同じく東栄町月《つき》では、厄日である二百十日の七日前から当日までの間に三回、家の主人たちが風除け信心の会場を務める家に集まり、風除けの祈願を行ったと伝えている。前者の古戸の風除けは、風の素《もと》を稲藁と祓えの言葉で払い出そうということであり、後者の月の行事はお籠《こも》りをしての祈願である。

福井県敦賀《つるが》市には、二百十日の厄日の三、四日前に地区の氏神に各戸の主人が集まり、かがり火を焚《た》いて参籠《さんろう》する風祭りがある。福井県高浜《たかはま》町には、地区の人たちが神社に集まって般若心経を唱える風除けの祈願があった。これらもお籠りによる祈願であり、般若心経の法力《ほうりき》にも頼ったのである。

風切り鎌

各地の二百十日頃の風祭りでは、このようにさまざまな風除けの祈願が行われているが、なかでも目立っているのは吹く風に向かって「風切り鎌」を立てる方法である。福島県南相馬《みなみそうま》市の原町《はらまち》では、二百十日を厄日とか荒れ日という。この日は「農止め」といって農作業を休み、近隣組の人たちが集まって「嵐除け日待ち」の行事を行い、各家ではオハギなどを作って無事に過ぎることを願った。さらに各家では竹竿《たけざお》の先に鎌を結びつけ、門口や母屋《おもや》の屋根の棟に高く掲げていた。原町に近い相馬市でも二百十日に竿の先に鎌を付けて高く掲げる習俗があった。

同様な風除けは各地にあり、愛媛県松山市周辺では、竹竿の先に鎌や包丁を結びつけて風上に向けて立てた。岐阜県飛騨《ひだ》地方では暴風のことを「鎌風」と呼び、これが吹き始めると戸を閉めて風に備えるとともに、窓から外に鎌の刃を出した。静岡県の西部地域では二百十日頃になると家の屋根に風切り鎌を付けた竿を立てたという。神奈川県相模原《さがみはら》市緑区の藤野《ふじの》では、台風が来そうになると長い竿の先に鎌を結びつけ、それを家の庭先に立てていた。秋田県大仙市でも雷が鳴る日には家の軒に鎌を立てた。

このように鎌を風除けに立てるのは、一つは長野県の諏訪大社を拠点とする諏訪信仰の衆魔《しゅうま》を調伏《ちょうぶく》する利剣としての薙鎌《なぎがま》の信仰に基づいている。薙鎌の「薙」が「凪《なぎ》」に通じて風除けとなるのであり、諏訪信仰とともに各地に広がった。そしてもう一つは、風そのものを神霊の通過と考え、その神霊を鎌で切って風を止めようという考え方に基づいている。風除けに風切り鎌を立てるところでは、しばらく立てておくことで刃に出る赤錆《あかさび》を、風の神霊の血だと説明する伝承も存在している。

風の三郎

風を神霊の通過と考えるのは、新潟県などに伝承されている「風の三郎《さぶろう》」からもうかがうことができる。新潟県東蒲原《ひがしかんばら》郡阿賀《あが》町の三川《みかわ》では、九月一日の風祭りには、子どもたちが集落の高台に集まって「風の三郎さん風吹いてくりゃんなくりゃんな」と大声で何度も叫ぶ行事があったという。「風の三郎」に風が吹かないように頼んでいるのである。同じ阿賀町の高清水《たかしみず》では、昭和四十五年（一九七〇）ごろまでは八月二十七日を「風神様」とか「風の三郎」の日といい、子どもたちがお宮に集まって境内に小さな小屋を造り、ここに灯明をあげて風神様をまつっていた。

柳田國男は日本の口承文芸、説話を論じた『桃太郎の誕生』の中で、西の空が大荒れして黒雲の中から大きな手を出し、その手を鉈《なた》で切られる新潟の「弥《や》三郎婆《さぶろうばば》」の話(「古屋の漏り」の項)を紹介しているが、この婆も大荒れの黒雲から出現する風の神といえよう。それは「弥三郎婆」という名が「風の三郎」と重なるところがあるからで、ここでは鬼婆《おにばば》となっている。

「風の三郎」「弥三郎婆」のように風の神や妖怪《ようかい》に「三郎」が付くなら、宮沢賢治《みやざわけんじ》の『風の又三郎』も三郎伝承に基づいた創作といえよう。その風は「どっどど　どどうど　どどうど　どどう／青いくるみも吹きとばせ／すっぱいくゎりんも吹きとばせ／どっどど　どどうど　どどうど　どどう」という風である。この日はさわやかな九月一日で「青ぞらで風がどうと鳴り日光は運動場いっぱい」だった。この風とともに登場するのが赤い髪の主人公・高田《たかだ》三郎で、「風の又三郎《またさぶろう》」と呼ばれる。

「風の三郎」の伝承は新潟県だけではなく、もっと広い範囲にありそうで読者の方々に情報を求めたいが、なぜ風が「三郎」なのかは、まだよくわかっていない。

十五夜の月見

【じゅうごやのつきみ】

旧暦八月十五夜

旧暦八月「中秋《ちゅうしゅう》」の月見は、今でも旧暦で行われる数少ない行事で、この日には、都会でもスーパーマーケットでススキや団子などを買って家路を急ぐ人の姿を見かける。旧暦八月十五夜は通常は新暦九月中旬から下旬となる。

月の朔望《さくぼう》は約二十九・五日で一巡し、旧暦では新月である朔《さく》を含む日が毎月の一日で、十五日はほぼ満月の望《もち》となる。月は朔から日が経つに従って三日月、上弦と大きくなるので、朔が「月立ち」の日となり、このことから一日を「ついたち」と呼ぶようになった。朔の月は日の出の頃に東の空に昇り、日没頃に西の空に沈む。だからこの夜は月が出ない暗闇《くらやみ》となる。これに対して望の月は、日没頃に東の空に昇り、日の出の頃に西の空に沈む。

中秋の夕暮れ時に東の空に昇ってくる望の月は、澄んだ空にひときわ大きく見える。

しかも西の空の夕焼けの余韻をうけて月は赤みがかり、高く昇るに従って白く冴《さ》えわたる。元禄《げんろく》時代に芭蕉の『おくのほそ道』を浄書したことで知られている、俳人・歌人であり柳沢吉保《やなぎさわよしやす》に仕えた歌学者の柏木素龍《かしわぎそりよう》は、この月を「明月や不二みゆるかと駿《する》河町《がちよう》」と詠んでいる。夜間照明のない時代には、十五夜の明るさは神田駿河台から富士山が見えるかもしれないと思わせるほどだった。そして月の出は、この日から一日に五十分ほど遅くなる。十七日の立待月《たちまちづき》、十八日の居待月《いまちづき》、十九日の臥待月《ふしまちづき》というのは、出が遅くなる月を待ちわびる人の姿からの命名である。

中秋の風流

毎月ある望の日の中で、とくに八月十五夜の月を「名月」として月見を行うようになったのは、中国の中秋節の影響に依《よ》っている。中国で中秋節が盛んになるのは唐代《とう》(六一八〜九〇七)で、八月十五日を「中秋」といって月を愛《め》でる詩が多く詠まれた。唐の文化を積極的に取り入れた日本の宮廷や公家《くげ》たちは、九世紀半ばには十五夜の行事を行っており、貞観《じようがん》元年(八五九)の『田氏家集《でんしかしゆう》』には「八月十五夜宴月」とか「八月十五夜惜月」とした宴《うたげ》が記されている。『竹取物語』のかぐや姫は八月十五夜に月の世界に帰り、『源氏物語』には源氏が須磨《すま》で殿上の十五夜の宴を思ったり、六条《ろくじよう》院《いん》で十五夜の宴として鈴虫の宴が行われたりする場面がある。

『栄花物語』には、康保《こうほう》三年(九六六)八月十五夜の、観月の宴の詳しい記載がある。宴には清涼殿《せいりょうでん》の前で草花の植え込みなどを競いあう「前栽合《せんざいあわせ》」が行われている。ただしこの時は、一方は海浜の洲《す》の絵に草花や遣《や》り水、虫、鵜飼《うかい》の船と篝火《かがりび》を描き、これに歌を書いて飾り、もう一方は「洲浜《すはま》」のつくりものに松竹や歌を添えた女郎花《おみなえし》を飾った、飾り物の競いあいだった。さらに『平家物語』には、伏見《ふしみ》や広沢池《ひろさわのいけ》で観月の宴をひらき、また、遠くは須磨、明石《あかし》、住吉《すみよし》、難波《なにわ》などに月を観に行くとあり、公家たちは十五夜の観月や宴に酔いしれ、夢中となっていたのがうかがえる。

こうして中秋の月見は、平安時代前期には新しい歳時文化として貴族社会に定着し、右大臣藤原宗忠《ふじわらのむねただ》の日記『中右記《ちゅうゆうき》』の長承《ちょうしょう》四年(一一三五)には、九月十三夜を名月の夜とするとあって、十二世紀前半には「後の月見」として九月十三夜の観月が行事に加わっている。

石竹とススキ

文化年間(一八〇四～一八一八)の「諸国風俗問状」の答えには、現在の福島県白河では、十五夜の宵に石竹《せきちく》(からなでしこ)の種子を、金銀箔《はく》を貼った扇で蒔《ま》くとさまざまな色の花が咲くと伝えているので、草花が好きな者はその種子を蒔くとある。これとほぼ同様なことは、水戸（茨城県）、長岡（新潟県）、吉田（豊橋・愛知県）、白子（三重県）、峯山（京都府）、淡路島（兵庫県）、福山（広島県）、和歌山、徳島にも記され、これは広い範囲で行われた。さらに、この日にヘチマを切って水を採りはじめるという言い伝えが水戸や長岡、福山に見えている。

いずれも現在の十五夜では行われていないが、石竹の種蒔きやヘチマ水を採ることは、その伝承内容からは『栄花物語』などに見える中秋の風流の、庶民へのひろがりと考えられる。

現在の十五夜には、沖縄地方を除いて全国的にススキの穂を月に供えている。これに加えてハギの花をあげるところも多く、また、季節の花を「十五夜花」として供えるところもある。しかし、この十五夜のススキは、先の「諸国風俗問状」の答えでは白河と水戸にあるだけで全国的ではない。東京都世田谷区上町の大場家の文化六年（一八〇九）『家例年中行事』では十五夜にススキをあげ、天保《てんぽう》九年（一八三八）の『東都歳事記』でも「すすきの花」などを月に供えている。江戸時代に十五夜にススキを供えることは武蔵野や江戸から東北地方南部にかけて行われ、それが明治時代以降に全国に広がったのである。

『栄花物語』に見える「前栽合」、「洲浜」の絵やつくりものなどの十五夜の風流は、江戸時代後期には、色とりどりの花を期待する石竹の種時きに変化して庶民に根付き、それが明治時代以降に、ススキなどの花を供えることへと形を変えていったと読み解ける。

芋名月・豆名月

十六世紀中頃の、宮廷年中行事を記した『年中恒例記』には、十五夜には天皇は茄《な》子《す》を食べ、枝豆、柿、栗、瓜《うり》、茄子、さらに芋《いも》、粥《かゆ》などを月に供えるとしている。こうしたことを宮廷で行うようになった年代は不明だが、季節の農作物を十五夜の月に供えることは、江戸時代には庶民の間では一般的だった。主とする供え物から十五夜を「芋名月」とか「豆名月」とも呼んでいた。供物はいずれも旬《しゅん》の作物で、これは現在も受け継がれている。いうまでもなく「芋」は里芋で、「豆」は大豆である。

現在の伝承では、十五夜のことを東北地方の北部では「豆名月」、東北地方南部から九州にかけて広く「芋名月」とも呼んでいる。これに対して、九月十三夜を東北地方北部では「芋名月」と言い、他の地方では「栗名月」ともいっている。

十五夜には月が見える縁側などの戸を開け放し、机を置いて花瓶に立てたススキ、里芋、梨など季節の果物、盛り上げた十五個の団子を供えるというのが一般的である。これに御飯や里芋の味噌汁《みそしる》、豆腐を加えたり、最中《もなか》を供えたりするところもある。最中は、この日が秋の真ん中で、しかも月の真ん中であることになぞらえたもので、団子は、静岡県では真ん中をちょっとくぼませた「ヘソ団子」にするなど、地方色をもつところもある。十五夜に供える団子は、家族の円満を願って丸いものを供える中国の中秋節にならったもので、大団円を意味するが、その普及は江戸時代だった。

十五夜（神奈川県平塚市入野）
ススキ、里芋、豆腐などを供える

「芋名月」「豆名月」の言い方は、これらが旬のものであることに違いないが、芋や豆に特化されているのは、十五夜は芋や豆の収穫祭としての性格をもつからである。なかでも里芋は、年中行事では正月の雑煮《ぞうに》やお盆の供物など、いくつもの行事で儀礼食あるいは供物として使われている。滋賀県蒲生《がもう》郡日野《ひの》町中山《なかやま》の芋競《くら》べ祭など、里芋の祭りも各地にある。おそらく中秋頃の里芋などの収穫祭は、中国から中秋節の行事を受け入れる以前からあり、中秋の観月の広がりのなかで、十五夜行事となっていったといえよう。

中秋の風流が貴族社会から庶民へ浸透したのに対し、『年中恒例記』のような農作物を供える宮廷の行事は、逆に庶民の行事が貴族社会へ取り込まれていったと理解できる。

十五夜の供物盗み

十五夜の宵には、月への供えものを子どもたちが盗み歩くことが全国的だった。現在もこれを地域活性化の行事として行っているところがあるが、供物盗みは子どもたちの教育に好ましくないということで、昭和初期あるいは戦後に止めさせられた場合が多い。さらに現在は行われていないが、十五夜の供物にする農作物は、各地で他家の畑から無断で取ってきてもよいとしていた。

こうした許される盗みは、十五夜以外には十三夜、七夕にもあって、どれも畑作物に限られているのが特色である。十五夜・十三夜の月見、七夕には、供物をあげる対象としての神は意識されていないが、子どもたちは顔を見られないように供物を盗むとか、盗まれると供えたものが下ろされたと喜んだなどとも伝え、神への供物と同等に考えられていたのがうかがえる。

供物については逆に、若い者、とくに未婚の女性は食べてはいけないというところがある。それは、月は朔望《さくぼう》を繰り返すので、同じように結婚、離婚を繰り返すことになるからと、この場合は朔望の繰り返しが人生になぞらえられている。

占いと綱引き

風流な趣向や里芋などの収穫祭のほかに、十五夜行事は占いや綱引きなど多様な内容をもっている。十五夜の占いは、怖ろしい占いで、満月の月明かりでできる自分の影を見て、それに首がないとまもなく死ぬ運命にあるというものである。奄美大島では、この影の占いは二十三夜の月で伝えられている。いずれも影は月による影である。こうした月影の占いは、たとえば月の朔望周期は子どもを産む女の性と結びつき、また、人間を若返らせる若水《わかみず》は月の神がもたらすと考えるなど、月は人の命と深い関係にあるとする心意に基づいている。

十五夜の綱引きは、日本では熊本・宮崎・鹿児島県から奄美、沖縄地方に顕著である。東西に分かれて稲わらやカヤで作った綱を引き合い、勝った側に豊作や幸運がもたらされるとか、綱引きをすることで災難や病気から逃れられるなどと伝えている。

十五夜綱引きにも占いとしての性格があり、八月十五夜の満月は人間や村の運勢を司るとも考えられていた。

重陽節供と菊花　【ちょうようせっくときっか】

陽の数字と重陽

「重陽《ちょうよう》」は「陽」の数字が重なる日の意味で、九月九日のことをいう。九が重なるので「重九《ちょうきゅう》」とも呼ばれるが、陽の数字というのは奇数のことで、祭事や儀礼などには陽数が尊ばれている。江戸時代には公的な祝祭日となる「五節供《ごせっく》」は、一月七日の人日《じんじつ》を除けば、三月三日の上巳《じょうし》、五月五日の端午《たんご》、七月七日の七夕《たなばた》、そして九月九日の重陽と、いずれも陽数が重なった日である。

五つの節供をひとまとまりにいう「五節供」は、室町時代の文安《ぶんあん》三年（一四四六）の『壒嚢鈔《あいのうしょう》』に見えていて、その後、江戸時代には徳川幕府が「五節供」を定めて一般化した。ただし、徳川幕府が一月七日を五節供の一つとしたのは元和《げんな》二年（一六一六）からで、『壒嚢鈔』では一月七日ではなく一月一日だった。しかし、いずれにしても「五節供」の期日は陽数の日で、公的な節日《せちび》は延長《えんちょう》五年（九二七）完成の『延喜《えんぎ》式《しき》』でも正月三節、五月五日節、七月七日節、九月九日節が「諸節」となっている。「五節供」の五自体が陽数であり、子どもの成長を祝って行う十一月の七五三も、陽数の年齢である。妊娠して胎児の無事な成育を願って行う腹帯《はらおび》の祝いも、妊娠五ヶ月目が全国に一般的で、五ヶ月以外では三ヶ月目、七ヶ月目、九ヶ月目に帯締めの祝いを行うところがあり、これも陽数の月が選ばれている。また、鎮守の祭りに町内に張りめぐらされたり、正月に家の神棚に張ったりする「しめなわ」は、漢字では「七五三縄」とも書き、陽数の原理は生活の中にしみ込んでいる。

菊酒と栗飯の節供

重陽の節供は、こうした陽数の最大値が重なる日の行事で、「菊の節供」とか「栗の節供」とも呼ばれている。少なくとも昭和初期までは、この日は仕事を休み、特別な料理を作って食べる節日だった。現在では、家の祭りとしては馴染《なじ》みが薄くなっているが、しかし、この季節に盛んに行われている菊花展や菊細工の趣向は、この日の行事に関係が深く、重陽節供の内容は現代社会にも底流している。

江戸時代、文化年間（一八〇四〜一八一八）の「諸国風俗問状」の答えから各地の様子を見ていくと、現在の福島県の白河では、九月九日には栗を入れた赤飯をつくり、

重陽節供の供物（徳島県海部郡牟岐町出羽島）
野菊、栗、赤飯を神棚に供える

これに菊の花を差した熨斗《のし》包みを添えて親戚《しんせき》などに贈り、農家では餅《もち》を搗《つ》いて祝った。愛知県の吉田（豊橋）では、「おかづら節供」といって麦に似た草で人形をつくり、これに女性の顔を描いた紙を巻きつけ、この人形に膳《ぜん》を供えたり、持ち歩いて遊んだりした。広島県の福山では、搗いた白餅と菊花酒をいただくが、家によっては栗飯または新小豆の赤飯で祝った。この地方では重陽の日にはキノコ狩りに出かけたり、俳諧《はいかい》を詠む人は高い岡《おか》に登ったりもした。同じく広島県の旧品治《ほんじ》郡（現・福山市）では、菊花を観賞し、神酒《みき》に菊花を差すか浸して飲み、新米の強飯《こわめし》を炊いて神棚に供え、親戚に贈って、家族でも食べた。

　和歌山ではこの日を栗節供といい、お祝いに栗を食べ、兵庫県の淡路島では栗飯を食べたり、菊酒を飲んだりし、ところによっては地神《じがみ》を祀《まつ》ったりもしたという。徳島県の石井町でも重陽には神酒徳利に菊の花を差して神棚に供え、栗飯か赤小豆飯を食べ、銚子《ちょうし》の口に菊花を差した菊酒をいただいた。熊本県の天草でも九日には菊酒を飲んだという。

今から約二百年前の重陽節供は、おおよそこのように行われていた。福島県南部から熊本県まで、ほぼ同じように菊花を愛《め》でて菊酒を飲み、栗飯や赤飯、餅などを食べているが、吉田や福山などのように他にはない内容を伝えるところもあった。

江戸時代末、嘉永《かえい》六年（一八五三）にできた喜田川守貞の『守貞謾稿』には、大坂や京都では、女の子がいる家では三月の雛《ひな》祭りの夫婦雛《めおとびな》（内裏雛《だいりびな》）だけを出し、いくつかの調度飾りを一緒に並べたことが見えている。これは江戸では行わないというので「諸国風俗問状」の答えに記された、草で人形を作って飾る「おかづら節供」はこの上方風《かみがたふう》の重陽節供に近いものといえよう。

衣替え

旧暦九月九日は、新暦でいえば十月中旬頃となる。この時期は、北海道や東北地方、沖縄地方などを除けば、男性ならば夏の背広から間服《あいふく》に衣替えをする季節である。早生《わせ》の柿は収穫の峠を越し、中手の柿が色づいて食べられる頃となる。ちょうど季節の変わり目であるためか、重陽節供は衣替えの恒例日ともなっていた。十六世紀半ばに記された『年中恒例記《ねんじゅうこうれいき》』には、九月一日から九日までは袷《あわせ》を着て、九日からは小袖《こそで》を着るとあるので、この日から重ね着となった。

先の「諸国風俗問状」の答えでも、今の茨城県の水戸では「重陽より綿入」、京都府の峯山では「九日より綿入並帽子」、広島県の福山では「重陽に綿いれを用い」、和歌山では「九日より綿入の衣服着」とある。現在の東京都世田谷区上町・大場家の文化六年（一八〇九）『家例年中行事』でも、「重陽祝。綿入小袖に成」と記され、天保《てんぽう》九年（一八三八）の『東都歳事記』でも「良賤今日より綿入衣を着す」とある。

重ね着や綿入れというように、重陽は冬支度を始める日でもあった。今ではとても考えられないが、江戸時代の文献からは、当時は寒さの来るのが早かったのがわかる。地球温暖化は確実に進んでいるのであり、歳時記の時代比較からは、気候変動も読み取れる。

菊酒と着せ綿

重陽の行事は、歴史的にはすでに『日本書紀』の天武天皇十四年（六八五）九月九日に宴《うたげ》が行われたことが見え、さらに平安時代の初めには菊花の宴が宮中の恒例行事になっていた。昌泰《しょうたい》三年（九〇〇）にできた菅原道真《すがわらのみちざね》の漢詩文集『菅家文草《かんけぶんそう》』には、盃《さかずき》に菊花を浮かべ、花を吹きながら酒を飲むことが詠まれている。こうすることで長寿が得られるとされていた。菊の節供としての重陽は、七世紀末まではさかのぼることができ、その伝統の流れが平安時代以降へとつながっているのである。

紫式部《むらさきしきぶ》は、自らの『紫式部日記』で、寛弘《かんこう》五年（一〇〇八）九月九日に藤原道長《ふじわらのみちなが》の北の方《かた》から「菊の綿」を贈られ、これでよく老いをぬぐい去りなさいと言われたことを記している。「菊の綿」とは、重陽の前夜に菊花の上に綿をかぶせて一晩置き、朝露でしっとり濡《ぬ》れ、しかも菊花の香りが移った綿のことである。これで顔をぬぐうなどすると若返ることができると信じられた。菊花に綿をかぶせることを「着せ綿」といい、このことは『源氏物語』や『枕草子』など平安時代の文学にも描かれている。

着せ綿の習俗は、九世紀末頃から行われるようになったが、菊花の朝露といい、菊酒といい、共通する効能は若返って長生きするということで、菊には不老長寿の呪力《じゆりよく》があると考えられた。これは中国では古く後漢《ごかん》の文献に見えている、菊花におおわれた水源から流れ出る水を飲んでいる谷の人びとは、普通に百歳を超えるほど長生きだという菊慈水《きくじすい》の伝説に基づいている。この伝説が中国の「登高《とうこう》」や菊酒などの重陽節の行事とともに日本に伝えられ、日本では朝廷や公家《くげ》の行事として定着するのである。

先にあげた俳諧をする人たちは高いところに登るという福山の重陽行事は、中国の重陽節の「登高」を知っていたからこそ行ったのである。

菊慈水の伝説は、日本では中国・周の穆《ぼく》王の寵愛《ちょうあい》を受けた慈童《じどう》の物語となり、謡曲などで知られるようになった。そして、菊慈水の呪力はその後さらに広まり、重陽の菊酒だけでなく、日本酒などの銘柄に「菊」の名が用いられるようになるのである。

菊花の呪力はこればかりではなく、たとえば『枕草子』には、重陽には菊の花を布に包んで寝殿の柱に結んでおき、五月五日にはこれをはずして菖蒲《しょうぶ》で作った薬玉《くすだま》と取り替えることが見えている。菊花にしても薬玉にしても、これらは邪気を祓《はら》うものである。

葬儀に菊花が用いられるようになったのは、古いことではないと思われるが、菊花には邪気や悪疫《あくえき》を祓う力があり、また、不老長寿の力があると考えられていたことからいえば、死者に菊を手向けることは死者の御魂《みたま》の神聖さと永遠を願ってのことになる。

看菊と菊細工

菊花を愛でることは、すでに平安時代中頃には「菊合《きくあわせ》」といい、菊の花の出来栄えを競い合ったり、前庭である前栽《せんざい》に菊を植えたりすることが行われている。看菊《かんぎく》の風

染井看菊（『東都歳事記』より）

重陽の菊（『商人取引状』より）

は古くからのことであるが、これが庶民化してにぎわうのは江戸時代になってからだった。

菊花は重陽の進物に添えられ、また、商人作法などを記した文政四年（一八二一）の『商人取引状』には、重陽の挿絵に竹矢来《たけやらい》の内側の屋敷地に小屋の中で菊花を育てる光景が描かれている。こうした菊は、重陽の頃は花のはしりで、看菊が本格化するのは新暦では十月下旬からである。『東都歳事記』では「染井看菊」の図があり、景物《けいぶつ》としての菊は立冬から四、五日目だとしている。「染井看菊」の染井は、今の東京都豊島区の染井で、ソメイヨシノの発祥の地でもある。この周辺には江戸時代後期には植木屋が多く、植木職人たちの手によって文化年間頃から菊花展や菊細工が行われるようになっていた。

「看菊」は『東都歳事記』の表現だが、これは自然に咲いている菊花を観るということではなく、丹精を込めた花の改良の技もあわせて観ることである。

江戸の看菊のにぎわいは想像以上のものだった。その後、菊花展や菊細工は何度かの流行の波をもちながら次第に全国へと広がっていくが、その起点は重陽の菊花にあり、重陽節供は菊花の文化を日本に根付かせたといえる。

神無月　【かんなづき】

月々の名

十月は神無月。読みはカミナヅキあるいは音便化《おんびん》してカンナヅキで、カミナシヅキとは読まない。これは睦月《むつき》、如月《きさらぎ》、弥生《やよい》……と同じく月をいう雅語《がご》で、それぞれに意味があって数字の月名とは趣《おもむき》が違っている。しかし、その意味にはさまざまな解釈があって、来歴がわからない月名がいくつもある。神無月はその一つであり、平安時代以降いくつもの語原説を見ることができる。いくつもの語原説が出ているのは、おそらくこの名が文字以前の呼び名で、後に漢字が宛《あ》てられたからと思える。カミナヅキの名自体は八世紀後半に編まれた『万葉集』巻八に見えており、平安朝以前の言葉である。

イエズス会の人たちが一五〇〇年代に編纂《へんさん》し、慶長八年（一六〇三）に刊行された『日葡辞書《にっぽじしょ》』には、カミナヅキという発音が記され、ジュウガチをいう歌語と説明されている。この辞典は日本語をポルトガル語に翻訳したもので、当時の日本語の発音がわかる貴重な辞書である。『古今和歌集』でも「かみな月」であり、奈良時代から平安、織豊《しよくほう》時代、そして現代へと言い方は変わっていない。

主な語原説をあげてみると、平安時代後期の歌学書である藤原清輔《ふじわらのきよすけ》の『奥義抄《おうぎしよう》』には、神々が出雲に出かけて出雲以外では神が不在になるから、鎌倉時代の『徒然草』には諸社に祭りのない月だから、賀茂真淵《かものまぶち》の『語意考《ごいこう》』（明和六年〈一七六九〉）には雷がない月だから、荻生徂徠《おぎゆうそらい》の『南留別志《なるべし》』には神嘗月《かんなめづき》だからといった具合である。語原説はこれだけではなく、刈稲の月でカリネヅキがカミナヅキになったとか、新穀で酒をかもすことの嚼《か》み為《な》し（醸成）がもとになっている、さらにカミナのカは黄葉のことで、黄葉成《もみじなり》の月だからというような説まである。

神無月の伝承

語原説は別にして、この月名にまつわる歳事を見ていくと、各地の神々が出雲に赴くという伝承が広くある。この伝承は文献では先にあげた『奥義抄』がもっとも古く、「十月天下ノモロモロノ神出雲ノ国ニ行キ」と記す。ここにある「天下」は平安時代末の『今昔物語集』にも使われている言葉で、全国という意味である。『奥義抄』は、全国のさまざまな神が出雲国に行き、出雲以外では神が不在になるのでこの月を神無月というと説明している。

同様な記載は、鎌倉時代後期の語原辞典といえる『名語記《みょうごき》』にも、十月を「カミナ月」というのは「日本国ノ諸神タチ、御マツリコトノタメニ、出雲ノイツキノ宮ヘアツマリ給テ、都城ニハカミイマセストテ、公家《くげ》ニモ、御神事ヲヲコナハレサレハ、神無月トイフ」とし、「コノ説、勿論歟《もちろんか》」と支持している。「出雲ノイツキノ宮」は出雲の杵築宮《きづき》で、出雲大社のことである。これら二書の説明からは、平安時代後期から鎌倉時代には、知識人の間でこの説が広まっていたのがうかがえる。しかし兼好法師の『徒然草』(一三一〇～三一年に執筆)は「十月を神無月と云ひて、神事に憚《はばか》るべきよしは、記したる物なし。本文《もとぶみ》も見えず。但し、当月、諸社の祭なき故に、この名あるか。この月、万《よろず》の神達太神宮へ集り給ふなど云ふ説あれども、その本説《ほんぜつ》なし。さる事ならば、伊勢《いせ》には殊《こと》に祭月とすべきに、その例もなし。十月、諸社の行幸、その例も多し。但し、多くは不吉の例なり」と言う。兼好は伊勢神宮に諸国の神々が集まるという説があるが、本説、つまり根拠はないし、伊勢でも祭月とする祭りもないと疑っている。

神無月の伝承に『徒然草』を加えていうなら、この時代には出雲説には揺らぎがあったことになる。しかも兼好は神事を憚るべきという言説にも根拠がないと主張し、斜に構えている。また、諸社で祭りがないので、神無月の名があるようだといい、後では「多くは不吉の例」だが、この月に諸社の行幸の例は多いと、言っていることに矛盾もある。

神送りと神迎え

兼好がいう「不吉の例」が具体的に何を指すのかは不明だが、その後の江戸時代の神無月伝承は、『奥義抄』や『名語記』の説明と一致している。文化年間（一八〇四〜一八一八）の「諸国風俗問状《しょこくふうぞくといじょう》」の答えを見ると、現在の新潟県である越後国長岡では、「十月は神々出雲の大社につどひ給ひて、男女の縁を結び給ふとて、女子持たるものは他に送るの縁にや、神送りを祝ひ、婦を迎ふべき男子持たるものは十月の神迎ひを祝ふ」ということで、神棚に神酒《みき》や灯明《とうみよう》をあげ、団子やぼた餅《もち》をつくる。神迎えは「御帰り参」として十月晦日《みそか》か十一月初めに鎮守・氏神にお参りする。また、この月は「神なし月とて婚礼をはじめ、もろもろのめでたきにきらふ」と記している。

出雲大社が縁結びの神という伝承が長岡周辺では江戸時代後期にはあったのであり、これに結びつけて神送りと神迎えを理屈づけている。「諸国風俗問状」の答えでは、現在の広島県福山市では、九月二十五日に天神、二十八日に住吉の神、これ以外のすべての神は十月一日に出雲に出て、帰って来るのはそれぞれの神の縁日だという。福井県の小浜《おばま》市では、同じく九月二十五日が天神の神送りで、他は月末日である晦日が神送りだと記し、出羽《でわ》国秋田では、特別なことはしないが九月末から十月初めには「神々の御旅とて、風すさみ雨そぼちて、あられなんど降来る」という。

秋田では出雲へ旅立つとは明言していないが、天候が荒れるのは神が旅立つ徴候というのであり、淡路島にも「此月《このつき》（九月）の末、風荒吹《かぜあれふく》を神送と云伝ふ」と同様な伝承がある。神の去来を風によって説明する考え方は、神無月伝承だけではなく二百十日頃の風祭りや霜月の大師講《だいしこう》などにもあり、日本人がもつ神観念の特徴である。

前述の長岡でいう十月は婚礼などの吉事を嫌うというのも広く見られ、十月は、現在の愛知県豊橋市である吉田では「吉事には大かた忌《いみ》きらふなり」、三重県鈴鹿市である白子《しろこ》でも伊勢参宮を忌むなど、総じて「吉事に忌さくるなり」という。京都府の峯山では縁談は行わない、広島県の旧品治《ほんじ》郡や沼隈《ぬまくま》郡では神事・祝儀は行わない、熊本県の天草《あまくさ》でもこの月は「婚礼等忌みさくる也《なり》」、茨城県の水戸では詳細は不明だが「此月を嫌ふも有」と記す。『徒然草』がいう「多くは不吉の例」というのは、こうしたことかもしれないが、十月という月をこのように忌月と考える感性は水戸以西の広範囲にわたっている。

中帰りと留守神

江戸時代後期の神無月伝承は現在もあり、なかでも埼玉県や東京都、神奈川県などでは、火の神でもあるオカマサマ（お竈様）の祭りと結びついた伝承がある。東京都府中市では、竈《かまど》の上にまつったお竈様には三十六人の子どもがあり、十月三十日あるいは三十一日には強くて寒い「おかま風」が吹くので、お竈様は自分の子どもの縁組みをするためにその風に乗って出雲に行くという。そのためこの日には土産として団子を三十六個あるいは倍の七十二個つくって桝《ます》に入れてお竈様に供える。この団子はよく晒《さら》した米粉で上手につくると自家の娘にも良縁が得られるともいう。そして、お竈様は一ヶ月後の十一月三十日に帰ってくるが、どういうわけか「中帰り」といって十一月十五日には一度帰ってくるので、御飯かソバをお竈様に供える。出雲に縁結びに行くお竈様は、自分の子どもだけでなく、大勢の人から縁結びを頼まれるので、ときには組合せを間違えてしまい、それで離婚がおきるのだと伝えている（『府中の口伝え集』による）。

いわゆる神無月がひと月遅れで十一月になっているが、出雲に行くのはお竈様だけで、しかもこのお竈様は中帰りをするのである。ほぼ同様の伝承は埼玉県にもあり、中帰りを「中通い」といっている。こうした伝承の一方、埼玉県から神奈川県などにかけては、留守神といい出雲に行かずに留守番をする神の伝承がある。この留守神は台所でまつるエビス・大黒《だいこく》様という所が多いが、なかにはお竈様が留守番をすると伝えるところもある。

出雲の神在祭

十月に出雲に神々が集まる伝承は、初めに記したように平安時代後期には確認でき、古くからの伝承である。これが一般化するのは中世後期以降で、江戸時代には列島の広範囲にひろまり、右のお竈様や留守神のような特色ある伝承が各地に形成されたといえる。しかし、こうした伝承が成立した経緯については不明な点が多く、今の時点では、例えば氷《ひ》川《かわ》神社など全国に多い出雲系の神々をまつる神社の成立や出雲の御師《おし》の活動などと関係があるのではという推測に留《とど》まっている。

神無月には、出雲では「神在祭《かみありさい》」が行われている。旧暦十月十日の祭りで、出雲大社では海彼《かいひ》から寄り来る神々を稲佐《いなさ》の浜で迎えて神事が行われる。神の使いであるセグロウミヘビを龍蛇神《りゅうじゃしん》とし、夜にこれを先頭に浜から本社へ神幸をする。十月十六日までの七日間は参集した神々による「神議《かんはかり》」が行われ、十七日にはカラサデ（神等去出）の祭りがあって諸神は佐太《さだ》神社に向かう。この日の前後には朝山《あさやま》神社や万九千《まんくせん》社、神魂《かもす》神社など出雲各地の神社にも神々が一日か二日立ち寄るので、各社でもカラサデの祭りが行われている。カラサデの日は必ずといえるほど天候が荒れ、夜には「カラサデ婆《ばば》」という妖怪《ようかい》が出没するとも伝えられるが、これは家の中で静かに慎むことを求めるからである。神在祭を「お忌みさん」とも呼ぶのは、こうしたことによる。出雲一帯では、旧暦十月は忌み慎む日が続いたのである。

先にあげた「諸国風俗問状」の答えにある十月の吉事、祝儀を忌むという伝承は、こうしたカラサデの慎みと結びついた伝承と考えることができるのであり、出雲信仰は日本人の生活の中に深く根付いているといえる。

亥の子と十日夜【いのこととおかんや】

収穫の季節

九月になると各地で稲刈りが始まり、本格的な収穫の季節を迎える。銘柄米として有名なコシヒカリは、戦後、福井県で育種され、昭和三十年代に新潟県や千葉県などで盛んに作られるようになった。それが全国各地に広がり、米の収穫時期は以前に比べて早くなった。コシヒカリの稲刈りは早いところでは八月末から始まり、九月中旬にはおおよそが終わる。しかし、この品種が普及する以前は稲刈りの盛時は十月で、成熟が遅い晩稲《おくて》の収穫は十一月だった。各農家では、冷害などに備えて稲刈り時期が異なる品種を数種ずつ作っていたので、米の収穫は二ヶ月以上にもわたっていたのである。

アキ（秋）という季節語はこうした収穫期のことで、新井《あらい》白石《はくせき》の『東雅《とうが》』などはこの語原を「飽く」と説いている。食糧が豊富にあるという意味での「飽く」で、その代表が米なので、この収穫期の「秋」をアキというとの解釈である。初夏の「麦秋」「麦の秋」、また旬《しゅん》を意味する「出来秋《できあき》」の「秋」はこうした語原の感性に基づいた言葉である。「出来秋」については、稲の稔《みの》った秋という解説をする辞典もあるが、実際にこの言葉がどう使われているかを見ていくと、特定の作物には限定されていない。「ナスの出来秋だから……」などと、作物の旬《しゅん》を言っている。「出来秋」は季節の秋には限定できない。

カッチゲの稲（茨城県龍ケ崎市下町）
刈りあげの稲をオカマサマに供える

稲作の儀礼と祝い

日本人が米に特別な思いを持つことは、秋をアキということだけではなく、稲作の節目ごとに儀礼があることからもうかがえる。苗代《なわしろ》の種蒔《たねま》きが終わると、その田圃《たんぼ》の水口に花を立てて飾って供物をする。田植えの開始時にはサオリ、終了時にはサナ

カッチゲの稲（茨城県龍ケ崎市大塚）
刈りあげの稲を家の入口の柱に縛る

ブリと呼ぶ儀礼がある。そして稲刈りの開始前には「穂掛け」といい、稔り始めた稲穂を数本刈り取って家でまつる竈神《かまどがみ》や荒《こう》神《じん》に供えたり、家の門口の柱や床の間の柱などに吊《つ》り掛けたりする。これは初穂を供えるという意味であり、実際の稲刈り始めの日に行う場合と、これを八月一日である「八朔《はっさく》」、秋分にもっとも近い戊《つちのえ》の日である「社日《しゃにち》」、十五夜などの歳事として行う場合がある。もちろん八朔は旧暦なので新暦では九月上旬、社日は九月二十日頃、十五夜は旧暦八月十五夜なので九月下旬である。

現在では「穂掛け」儀礼を行う家は少ないが、奄美諸島では各家のシキュマ、集落全体のアラホバナという初穂の祭りがある。沖縄県八重山地方でも各戸の穂掛けであるスクマには先祖に初穂の米を供えている。初穂儀礼はアジアの稲作圏では今も盛んな所が多く、中国貴州省《きしゅう》のトン族の村では牛を屠《ほふ》って肉や血を食べて盛大に祝う。

穂掛けを行い、家の稲刈りが済むと「刈り上げ」の祝いがある。「刈り上げ」のほか、「鎌祝《かま》い」とか「鎌柄洗《かまつか》い」とも呼び、赤飯を炊いたり、餅《もち》を搗《つ》いたりなどして祝っている。

刈り上げ祭

稲の刈り上げ祝いは、稲刈りが終わった日に家ごとに行う場合と、穂掛け同様、地域社会の歳事となっている場合がある。歳事としての刈り上げ祭は地方ごとに時期が違い、東北地方では九月九日、十九日、二十九日のミクンチ（オクンチ）の最後の日、関東や中部地方では十月十日の「十日夜《とおかんや》」、東海地方から近畿・中国・四国・九州地方では「亥《い》の子」といって十月はじめの亥の日に行われている。ほかに北九州地方では「お丑《うし》様」と呼んで十一月の丑の日、また石川県の能登半島では十二月五日にアエノコトという儀礼を行っている。

全国にさまざまな刈り上げ祭が伝えられているのである。北九州の「お丑様」では、この日に最後の稲を刈り取り、その稲束を、いかにも重そうな所作をしながら家に運ぶ儀礼があった。能登半島のアエノコトは、国の重要無形民俗文化財に指定されていて、家の主人が裃《かみしも》姿で田圃に行き、目が見えないという田の神を背負ったり、手招きをしたりして家に招く。その後、風呂《ふろ》に入れてから座敷で田の神に見立てた種籾《たねもみ》俵《だわら》に供物をして饗応《きょうおう》する。「お丑様」もアエノコトも、その儀礼はパフォーマンスとしての色彩が強く、芸能や演劇の原点がここにあることを思わせている。

亥の子と亥の子石

日本の代表的な刈り上げ祭である亥の子は、たとえば三重県熊野市では、各家では餅を搗いて臼《うす》や唐箕《とうみ》などの農具に供えて亥の神様をまつる。さらに子どもたちは頭の大きさほどの石を縄で縛り、これを持って家々で「亥の子、亥の子の餅くれな、門突くぞ」などと囃《はや》しながら地面を突き、亥の子餅をもらい回った。岡山県高梁市《たかはしし》備中町《びっちゅうちょう》では、十月の亥の子の日にはぼた餅を作って祝う。そして子どもたちは「亥の子石」と呼ぶ人の頭ほどの石に何本も縄を縛り付け、各家を回って、この石を持ち上げて地面を突きながら「亥の子の宵に祝わん者は、鬼生め、蛇生め、角はえた子生め、亥の子の宵に祝うた者は、西東繁盛、繁盛」と囃し立てていたと伝える。

文化年間（一八〇四〜一八一八）の「諸国風俗問状」の答えを見ていくと、現在の和歌山市では、十月の亥の日には「玄猪《げんちょ》の祝」を行った。小豆《あずき》や胡麻《ごま》などで色をつけた五色の餅、あるいは赤飯を炊いて祝い、子どもたちは丸い石を縄で縛り、これにいく筋もの縄を付け、この縄を引いて石を持ち上げ「インノコやインノコや」などと囃しながら地面を突いて家々を回る。現在の広島県福山市では、十月最初の亥の日に世話役の家の庭に竹を立てて注連縄《しめなわ》を張り、この中に亥の子石を置いて御神酒《おみき》や灯明、鏡餅などを供え、子どもたちは集まって相撲などをして朝方まで遊ぶ。夜明け頃には亥の子石を持ち出して市中の家を回り、「亥の子、亥の子、亥の子の餅を搗きやらん衆は、鬼を生め、蛇を生め、角はえた子生め」などと唱えて地面を突くと記している。

亥の子の行事としては、餅を搗くのが各地で一般的で、また右のように囃子詞《はやしことば》を唱えながら石で地面を突いて回ることが多い。その囃子詞は、「諸国風俗問状」の答えにある江戸時代後期のものが、現在も伝承されているのである。「鬼を生め、蛇を生め、角はえた子生め」という囃子は、中国・九州地方に広く確認できる。

十日夜

亥の子が亥の子石での地突きなら、関東や中部地方に伝承されている「十日夜」は、「藁《わら》鉄砲」といい、子どもたちが稲藁を束ねて棒のようにしたもので、地面を叩《たた》いて家々を回っている。群馬県みなかみ町《まち》では、十月十日の「十日夜」には、子どもたちが稲束の中にミョウガの茎を入れて縛った藁鉄砲で地面を叩きながら「十日夜、十日夜、朝切り蕎麦《そば》に昼団子、夕飯喰《く》ってぶったたけ」と唱えて家々を回った。長野県佐《さ》久《く》市では、十日夜の日には餅を搗いて小豆餡《あん》をつけて食べるが、この日には庭に田圃から案山子《かかし》を運んで置き、その前に一斗《いっと》升《ます》の上に餅をのせて供える家もあった。また、子どもたちは束ねた稲藁を縄で巻いた藁鉄砲を作り、これで各家の庭や道路を叩いて回った。

亥の子と十日夜とは行事名称が異なり、それぞれ行っている地方が違っている。しかし、埼玉県川島町《かわじままち》では十月九、十日の晩に藁鉄砲で地面を叩いて回るが、この時には「十日夜、十日夜、亥の子のぼた餅、生でもいい、焼いてもいい、煮てもいい、茹《ゆ》でてもいい」と囃した。この地域では囃子詞からいえば、十日夜と亥の子が混合して伝承されている。このように関東地方では亥の子と十日夜が一緒になっている場合が各地にあり、行事内容は、両者は同様なものといえる。

玄猪の祝い

「諸国風俗問状」の答えにあった和歌山市の「玄猪の祝」は、中国の用語が日本に伝わって広まったものである。十月亥の日に餅を食べれば年中の病を避けることができるとか、この餅を女性が食べることで何人もの子どもが授かるという信仰があった。

日本では平安時代中期には宮中でこの祝いが行われていたようで、「蔵人式《くろうどしき》」のなかに十月初亥の日に餅を調えて献ずることが記されている。『源氏物語』にも「その夜さり、ゐのこもちまゐらせたり」と、亥の子餅を食べたことが見えている。

鎌倉時代末の『二中歴《にちゆうれき》』には、十月亥の日に餅を食べると病気をしないので、大豆・小豆・大角豆《ささげ》・胡麻など七種の粉をまぶした「亥子餅」を作るとある。さらに伏《ふし》見宮貞成親王《みのみやさだふさ》の『看聞日記《かんもんにつき》』には、応永二十四年（一四一七）以降に十月に「今夜亥子也」との記事がある。室町時代には、現在の大阪府豊能《とよの》町の木代《きしろ》・切畑《きりはた》が宮中と幕府に「能勢《のせ》餅」と呼ぶ亥子餅を献上していた。

江戸幕府は十月初めの亥の日に「玄猪御祝儀」の儀式を行っており、平安時代以降、時々の政権は亥の子の行事を行った。「亥の子」が近畿地方を中心に西は九州まで、東は東海地方、一部は関東地方まで広がっているのは、こうした歴史的経緯に基づいている。この玄猪の祝いが、時に、稲の刈り上げの時期と重なり、農村では刈り上げの祝いとなった。ただし、石の地突きや藁鉄砲の地面叩きは、宮中などにはない行事で、農村ならではの、大地の精霊に対する収穫感謝の祝福行為といえる。

一方亥の子は、茶の湯ではこの日が炉開きの日であり、華道の池坊《いけのぼう》では「御玄猪」という花器があるなど、さまざまな分野に根をおろしている。庶民生活では、十月亥の日は炬燵《こたつ》開きの日でもあった。

亥の子や十日夜の行事は、現在では忘れられようとしているが、名店街に入っているような和菓子屋では、この日には「亥子餅」を売る店があり、季節の彩りとなっている。

えびす講

【えびすこう】

えびす講のバーゲンセール

「えびす」といえば、七福神の一つで商売繁盛の神としてよく知られ、江戸時代から旧暦十月二十日には商人の祭りとしてえびす講が各地で行われてきた。現在は、おおかた一ヶ月遅れの十一月二十日となっていて、長野市や山梨県甲府市、群馬県の高崎市や桐生《きりゅう》市、さらに広島市などのえびす講は、多くの人出がある。

長野市のえびす講といえば、「長野えびす講煙火《はなび》大会」が有名で、その開催回数はすでに百回を超えている。このえびす講煙火大会の始まりは、「おえべっさん」と呼ばれる岩石《がんぜき》町の西宮《にしのみや》神社の例大祭が、商店の大売り出しもあって、前日の「宵えびす」から賑《にぎ》わい、これにあわせて明治三十二年（一八九九）に商工業活性化を目的に煙火会を行ったことによる。百年以上の歴史をもつのである。十一月二十日といえば、近郊の農家では秋の収穫が終わり、その充実感と冬支度の始まりのなかで、煙火見物も兼ねて多くの人たちがえびす講へと向かった。煙火会そのものは、善光寺門前の花街である権堂《ごんどう》で遊客を集めるための煙火会が発端で、大正時代には花火師の技の競いあいとなり、現在では全国屈指の煙火大会となっている。

広島市のえびす講は、中区胡《なかえびす》町の胡子《えびす》神社の祭りでもあり、十一月十七日から十九日の宵宮、二十日の本祭にあわせて商店街が行っている。正式には「えびす講誓文《せいもん》祓《はら》い」といい、商店街では大売り出しをし、胡子神社周辺には縁起物の竹の熊手である「こまざらえ」を売る露店がならぶ。「誓文祓い」というのは、本来は、商人たちが普段の商いの駆け引きで嘘をついてしまった罪を祓う行事で、これが転じて罪ほろぼしに安値の売り出しを行った。バーゲンセールのルーツはここにあり、江戸時代から京阪では旧暦十月二十日のえびす講を「誓文祓い」と呼び習わしていた。

江戸の無礼講とベッタラ市

えびす講の賑わいは、江戸でも見られた。天保《てんぽう》九年（一八三八）の『東都歳事記』には「十月十九日　今夜、大伝馬町《おおでんまちょう》一丁目二丁目、通旅籠町《とおりはたごまち》に商家夷《えびす》講の市《いち》立つ。正月十九日の如し」「十月二十日　商家愛比寿《えびす》講。正月二十日の如し。浅草寺《せんそうじ》西の宮稲荷境内、愛比寿開帳」とあるだけだが、これには挿絵がついていて、二階の座敷で

商家のエビス講（『東都歳事記』より）

は親戚《しんせき》や知人などを招いての宴席の姿、階下ではえびす様に大きな鏡餅《かがみもち》などを供え、その前で三方《さんぼう》に大きな鯛《たい》をのせて頭上にかかげ、これを取り囲んで競《せ》り市の真似をする姿が描かれている。

この絵は、一階は商家の店先、二階は料亭の座敷と描き分けられていて、ともに立錐《りっすい》の余地がないほど多くの人がいる。二階の宴席では、上半身裸になって五十センチほどもある大盃をはやしたてられながら飲みほしたり、三味線を持った芸妓《げいぎ》が座に向かったり、幇間《ほうかん》とおぼしき人が踊ったりしている。宴会の客には僧侶《そうりょ》や武家も混じり、まさに無礼講の酒宴が続いている。挿絵には史邦《ふみくに》の「まづ鯛と筆をとりけり愛比寿講」、名古屋・昨丁の「大酒や三日足たたずえびす講」の句が添えられている。史邦の句は一階の大鯛の競り市、昨丁の句は二階の宴《うたげ》を詠《よ》んだもので、飲み過ぎて三日間足が立たないというのである。

江戸の町のえびす講は、京阪とはやや趣が違っていたようで、えびす講の競り市は、正月二十日のえびす講にも行われていた。店にまつる「蛭子《えびす》の像」の前で、さまざまな品の競りをして、千両、万両などと値をつけ、値が決まると手をうって競売成立とした。もちろんこれは縁起かつぎの演技だが、こうして商売の繁盛を願ったのである。

そして、十月十九日の「夷講の市」というのが今も東京日本橋の大伝馬町や堀留町で開かれるベッタラ市である。ベッタラというのは、浅漬け大根のことで、江戸時代末にはえびす講の市でこれを売る露店が立っていた。嘉永《かえい》六年（一八五三）の喜田川守貞の『守貞謾稿』は、えびす講の前日にはえびす像をまつる祠《ほこら》や神棚、供物をするための三方、小桶《こおけ》やまな板を売る店、えびす様に供える鯛を売る店、大根の塩糠《ぬか》、あるいは麹《こうじ》を加えた塩糠で浅漬けにしたものを売る店が出る。この市は大伝馬町一丁目だけだったが、次第に露店の出る場が広がり、店も小間物や玩具、さらに植木を売る店も出るようになった。市は十九日の一夜だけで、この市は「くされ市」と呼ばれていると記している。

ベッタラ市の名は、明治二十八年（一八九五）十月のえびす講を報ずる「都新聞」に見え、明治中期にはこの名が広まっていた。大正八年（一九一九）十月十九日の「都新聞」には、浅漬けの露店六百軒と植木や神具を売る露店二百七十軒など、合計で千軒ほどの店が出るとある。ベッタラの名の由来は、買った大根の浅漬けを荒縄《あらなわ》で縛ってぶら下げて持ち、ときにその汁がほかの人にべったりと付くからだという。

旧暦十月二十日は今でいえば十一月中・下旬で、早生《わせ》の大根が出回り始める季節である。いわば旬を迎えようとする前に、ベッタラ漬けを買い求める心意気がこの市を盛んにしたのであった。ベッタラ漬けは、買って数日後が食べ頃となる。

年二回のえびす講

『東都歳事記』にもあるように、えびす講は年に二回、旧暦十月二十日と、正月二十日あるいは正月十日に行われた。正月のえびす講は「初えびす」ともいい、新暦でも一月が一般的である。大阪府の今宮戎《いまみやえびす》神社、堀川《ほりかわ》戎神社、大阪天満宮、兵庫県の西宮《にしのみや》神社、京都府の京都ゑびす神社などはいずれも「十日戎」で、上方《かみがた》文化圏では十日が多い。江戸・東京など東日本では二十日が恒例だが、東北地方の北部には十二月五日にえびす講を行っているところもある。

家でまつるエビス・大黒（岩手県宮古市鍬ヶ崎）

年二回のえびす講のうち、福笹《ふくざさ》が授けられる十日戎は江戸時代に始まったようである。江戸でも正月二十日のえびす講は、一七〇〇年代前半から行われるようになった。えびす様の本社の一つでもある西宮神社では、正月十日は「御狩《みかり》神事」とか「忌籠祭《いごもりさい》」という神事の日で、周辺の家々も前夜から門を閉ざし、静かにお籠《こ》もりをする日だった。

　正月のえびす講は、十月に対して後に行われるようになった。しかしその後、商家を中心に正月のえびす講が広がり、東日本の各地では、農山村の家々でも、えびす講は正月二十日と十月二十日の二回となった。農山村では各家が台所などに「およべっさん」などといって、棚を設《しつら》えてえびす・大黒像をまつり、年に二回えびす講を行っている。

　江戸近郊、現在の東京都世田谷区上町の大場家の年中行事などを記した文化六年（一八〇九）『家例年中行事』には、正月二十日には家にまつる「蛭子神」に生魚か塩魚を供え、夕飯には「恵比寿講」ということで、客用の黒塗椀《わん》と膳《ぜん》を使って供物をしている。煮物、椀に御飯を盛り上げた高盛飯、大根と鯨の汁、そして生の鰯《いわし》かコノシロが供物である。十月二十日も供物は同じだが、供える魚は大根を初売りしてその代金で買うとある。こうした大根がベッタラ漬けなどになったのである。

大場家のようなえびす講の膳は、「えびす膳」といい、普通とは異なる椀の並べ方をするところがある。しかも関東地方などでは、えびす神は正月二十日に稼ぎに出かけるので、中味が空の一升桝《ます》を棚に供え、十月二十日は稼ぎに出かけていたえびす様が帰ってくるので、家にあるお金をかき集めて桝に入れて供えた。年に二回えびす講を行うようになって、えびす神が家を出たり、帰ってきたりと去来すると考えられるようになった。そして、えびす神には田植え後には稲苗を、稲刈り後には刈った稲穂を供えるというように、この神は農作の神にもなった。台所にまつるというのは、家の経済を見守る神ということである。

福の神と寄り神

福の神としてのえびす神は、室町時代の京の町衆文化として起こった七福神巡りに西宮神社のえびす神が加えられたことによる。「七難即滅七福即生」という仏教の教

石像のエビス神（佐賀市）
市街地の路地には多くのエビスがまつられている

えや禅宗の「竹林の七賢人」の図幅などがもとになって「七福神」が生まれ、とくにえびす神の信仰は、西宮神社の神職でもある願人《がんにん》がえびす神のお札などを配りながら広めた。えびすの姿は、右手に釣竿《つりざお》を持ち、左手や左脇腹に大きな鯛を抱え持つもので、この神像が江戸時代には正月の宝船の絵にもなった。

えびす神信仰は、ほぼ全国的だが、なかでも九州の北西部地方が盛んで、佐賀県の佐賀市や唐津《からつ》市などにはいたるところに石のえびす神がまつられている。佐賀市では長崎街道沿いの路地などに四百体を超えるえびす神が建立され、地元の方々が花や常磐木《ときわぎ》を供えている。享保《きょうほう》年間（一七一六〜一七三六）に石のえびす神を建てることが盛んになったようで、鯛を抱えた「鯛えびす」を中心に、「踊りえびす」「夫婦《めおと》えびす」などさまざまな像がある。JR佐賀駅のホームには、平成十六年（二〇〇四）三月に「旅立ち恵比須」と名づけられたえびす神が建てられているほどである。佐賀ではえびす像と並んで「西宮」と刻んだ石塔がまつられ、西宮神社のえびす信仰が広がったのがわかる。

一方では、えびす神は海から流れ寄る外界からの神としての性格をもつ。えびすを恵比寿、愛比寿などと表記するのは福の神としてだが、戎や夷、胡、蛭子は外からの寄り神としての表記で、荒々しい神としての意味をもつ。主に西日本の漁師たちは、海で引き上げた水死者や遺体の一部を海辺でえびす神としてまつったほどで、外来の荒々しい神を丁重にまつることで、我が身が守られると考えた。平安時代末の辞書である『色葉字類抄』の広田社の項に「エビス」と片仮名書きの神名が登場し、えびす神信仰は古い歴史をもつとともに、庶民生活に浸透するなかで、多様な姿をもつようになったのである。

七五三の祝い　【しちごさんのいわい】

七五三の季節

北海道で九月下旬から始まる紅葉は、次第に南下し、関東や近畿地方の大都市周辺では十一月上旬が見ごろとなる。暦の上では、例年十月二十三日が霜降《そうこう》で、十一月七日が立冬である。立冬というのは、文字通り冬に向かい始めるということで、気候としてはまだ過ごしやすい時期である。七五三の祝いが行われる十一月十五日は、こうした季節で子どもの成長を祝う行事としては格好の時といえる。

七五三を江戸時代までさかのぼると、『東都歳事記』では、「十一月十五日嬰児《えいじ》宮参り。髪置《かみおき》（三歳男女）、袴着《はかまぎ》（五歳男子）、帯解《おびとき》（七歳女子）等の祝ひなり。当月始めの頃より下旬まで、ただし十五日をもっぱらとする。尊卑により分限《ぶげん》に応じて、各あらたに衣服をととのへ、産土神《うぶすながみ》へ詣じ、親戚の家々を廻り、その夜親類知己をむかへて宴を設く」とある。今いう「七五三」は、ここにいう「髪置」「袴着」「帯解」のことで、新しい衣服で鎮守社へ詣《もう》でての祝いの宴《うたげ》は、江戸市中では今から二百年ほど前も、十一月十五日が中心だった。

これより約百年前の享保《きょうほう》二十年（一七三五）の『続江戸砂子』に収められた「江府《ごうふ》年行事」も髪置、袴着、帯解の祝いは十一月十五日で、江戸の町ではこの時代にはこの日が七五三祝い日となっていた。いうまでもなく江戸時代の十一月十五日は旧暦で、新暦では十二月二十日前後の冬至《とうじ》の頃である。旧暦の霜月《しもつき》にはその名の通り霜が降りたり、江戸近郊でも氷が張ったりし、同じ十一月とはいえ旧暦の時代の七五三は寒いなかでの神詣でだった。

子どもの宮参り（『東都歳事記』より）
肩に担がれて参る姿がある

寛文《かんぶん》六年（一六六六）の『遠《おち》近集《こちしゅう》』には、大坂の梶山保友《かじやまほゆう》作「袴着とみん五ツ子の橋の霜」の句があり、天明《てんめい》四年（一七八四）の『柳筥《やないばこ》』には「霜の中車でまゐる七五三」が収められている。前の句は、社への神橋に降りた霜の上に、足跡とともに五歳の子が着た袴の裾《すそ》の擦《す》り跡があったのであろうか。そして後の句は、霜で晴着の裾が汚れないように子どもが肩車をされて神詣でをする姿を詠んでいる。冬の季語

「霜の袴」は、こうした姿に由来する。

七五三祝いの期日

霜月の七五三をさらにさかのぼると、伏見宮貞成親王の『看聞日記』の永享七年(一四三五)十一月十五日には同家の姫宮、同十一月二十三日には後花園《ごはなぞの》天皇の姫君の髪置が見える。また平安時代の藤原行成《ふじわらのゆきなり》の日記『権記《ごんき》』には長保《ちょうほう》三年(一〇〇一)十一月十三日に敦康《あつやす》親王の着袴《ちゃっこ》、藤原資房《すけふさ》の日記『春記《しゅんき》』には長暦《ちょうりゃく》二年(一〇三八)十一月二十五日に、やはり着袴の記録がある。藤原実資《さねすけ》の日記『小右記《しょうゆうき》』では、長和二年(一〇一三)八月十日に着袴の期日を陰陽師《おんみょうじ》の賀茂光栄《かものみつよし》に占わせたところ、十一月十六日が最吉日と出たと記している。

室町時代や平安時代末にさかのぼっても、このように霜月の髪置や袴着を見ることができる。平安時代後半である十世紀初めから十一世紀半ばにかけての、公家《くげ》たちの着袴儀礼は十一月あるいは十二月のことが多いのだが、二月や四月、五月、六月、七月、八月、十月の場合もあって一定していない。鎌倉時代や室町時代の髪置、袴着の

期日も同じように十一月という限定はなく、江戸時代の初めも同様な状況であった。それが江戸時代中期になると前述のように十一月十五日となる。現在の七五三祝いの期日は、平安時代後期以降の十一月あるいは十二月に行ったのをもとにして、今から三百年ほど前に江戸市中などの都市部で固定化されたといえる。十一月や十二月というのは、この時代の年齢はいわゆる「算《かぞ》え」で正月元日には全員が年をとったので、その前に歳の祝いをしようということである。

髪置・袴着・帯解

『東都歳事記』や「江府年行事」の「髪置」は、幼児の髪をのばし始める儀礼である。「江府年行事」では、このときには「白髪《しらが》」などと言って、麻や真綿《まわた》に末広や松・梅の作りものを五色の水引で結び付け、これを頭の上に被《かぶ》って鎮守社にお参りするという。この髪飾りは『東都歳事記』の時代には「近年、市中には少なし」と、廃《すた》れ始めているが、「白髪」と呼ぶのは、いうまでもなく長寿の願いである。麻疹《はしか》や疱瘡《ほうそう》などで亡くなる子どもが多かった時代だったので、それこそ三つ子の命を案じたのである。子どもの性格を言う「三つ子の魂百までも」は負の諺《ことわざ》だが、これはこの儀礼からいえば長寿願望の諺となる。

「髪置」は、鎌倉幕府の『吾妻鏡《あづまかがみ》』に「生髪《せいはつ》」という名で記されている例が古く、平安時代まではさかのぼれない。これに対して「袴着」は、前述のように「着袴」として平安時代後期の記録に多くが見られる。文字通り「袴」を初めて着ける儀礼であり、その年齢は三歳を中心に、五歳の場合もあった。男女ともに行っていて、七歳での袴着もあった。「帯解」は着物の付《つ》け紐《ひも》を外して帯を結び始める儀礼で、これは室町時代後期の文献には九歳の儀礼として出てくる。三条西実隆《さんじょうにしさねたか》の日記である『実隆公記』には、長享二年（一四八八）十二月十三日に「九歳少女帯直《おびなおし》」と見える。

このように文献記録をたどっていくと、三、五、七歳の髪置、袴着、帯解というのは、平安時代の三歳から七歳の「着袴」の儀礼がもとになり、これが分化して独立したもので、江戸時代になって定型化し、後に今日の七五三となったという歴史がたどれる。

年齢と儀礼

文化年間（一八〇四〜一八一八）の各地の風俗習慣を記した「諸国風俗問状」の答えには、髪置、袴着、帯解の祝いが各地に広まっていく姿やこれ以外の年齢儀礼が見える。現在の福島県白河市では、三歳男女が「髪置」、五歳男子が「上下着《かもしもぎ》」（裃着《かみしもぎ》）、七歳女子が「紐解《ひもとき》」、さらに九歳の男子が「下帯初」、十三歳の女子が「鉄漿《かね》つけ初」の祝いをするが、農家ではこれらのときにさしたる祝いは行っていないという。茨城県水戸市では、子どもの祝いは「三五七」のほかに、男子は九歳で褌《ふんどし》を締め、女子は十三歳で「かねそめの祝」をするという。京都府京丹後市峰山町では、男女三歳で髪置、男子五歳で袴着の社参をするが、武家である家中《かちゅう》の家ではさらに男子は九歳で、女子は七歳で「褌初」をするとある。女子の褌初は、もちろん腰巻の着け初めである。また、和歌山市では三歳に男女とも髪置、五歳に男女とも「袷着祝儀《あわせぎしゅうぎ》」、七歳は女子の「下紐初」、九歳は男子の「下帯初」で、女子は十二歳になると「鉄漿初」の祝いを行っているという。

白河や峰山では明らかに武家と庶民とに差があり、江戸時代後期でも地方都市では江戸のような三、五、七歳の祝いは定着していない。徳島県石井町高川原では三歳の髪置は五歳に行い、袴着は稀《まれ》だといい、熊本県天草郡では三歳、五歳、七歳の祝いはないと答えている。江戸時代中期には、現在に近いかたちで江戸などの大都市で髪置、袴着、帯解の祝いが行われていたのであるが、文化年間にはまだ全国化はしていない。しかし一方では、九歳や十三歳の祝いがあって、年齢の祝いは七五三だけではなかった。いずれも陽数である奇数の年齢というのが特色で、九歳や十三歳の下着の着け初め、「おはぐろ」の付け初めは、成人となる前段階の祝いであった。

七歳の試練

七五三の祝いをどのように行ったのか、各地で古老の方々から聞き書きをすると、その歴史は意外に新しく、戦後もしばらく経ってからという答えが大半である。農山漁村で育った五十歳代以上の人たちは、自分の子どもや孫の七五三は行っても、自分自身のときにはこの祝いはなかったのではなかろうか。「七五三」という言い方自体が一般化するのも戦後以降だった。では「七五三」以前の、庶民にとっての年齢の祝いは何かといえば、それは七歳祝いだった。七歳は人生の大きな区切りで、大人への助走を始める年齢であって、村落社会では七歳に幼児の世代から子どもの世代へと移った。現在の学齢年齢もこうした人生区分に基づいていて、七歳の年祝いは各地にさまざまな習俗が伝えられている。

宮城県気仙沼《けせんぬま》市周辺では、七歳になると羽田《はた》山に鎮座する羽田神社への「お山がけ」を行う。旧暦八月十五・十六日の行事で、男子が十六日には山頂の奥の院をめがけて登る。しかもこの「お山がけ」は親が同伴せず、オジなどが付き添って手助けをせずに山頂までの苦行を励ます。千葉県や茨城県南部では七歳の祝いを「紐解」とか

「帯解」といって盛大に祝うが、千葉県上総《かずさ》地方では、子どもは生まれてからこのときまでは、出産を介助した「取り上げ婆さん」とその夫の「取り上げ爺《じい》さん」が仮の親となった。紐解のときに「七年間、私ども老夫婦が子どもをお預かりしましたが、今日をもってお返しします」との挨拶《あいさつ》があり、実の親に返す式があった。形の上だけ

七歳の「お山がけ」（宮城県気仙沼市）
羽田神社へ登る
（川島秀一氏撮影）

七歳の「初七夕」（岐阜市）
（武藤直美氏撮影）

のことだが、子どもは七歳までは他人の子どもとなったのである。

岐阜県東南部から愛知県尾張地方にかけては、七歳を迎えた年の七夕を「初七夕」といい、家に竹飾りや贈られた切子《きりこ》灯籠《どうろう》などを飾っている。そして、翌月には「八《や》つ八月《はちがつ》」と言って、八歳になったということで犬山《いぬやま》市の大縣《おおあがた》神社に参るしきたりがある。また鹿児島県などには、七歳になった男女が正月七日に七軒の家から七草粥《ななくさがゆ》をもらい歩いて食べるならわしがあった。「七歳までは神のうち」というが、これは言葉だけのことではなく、日本にはさまざまな七歳儀礼が伝えられている。なかでも先の羽田神社の「お山がけ」のような試練の儀礼は各地にあり、七歳の子どもに試練を与え、自立心を養ったのがうかがえる。

大師講と新嘗の神

【だいしこうとにいなめのかみ】

高僧の伝説

日本にはその土地の事物と結びついた伝説が数多く伝えられている。そのなかには日本の仏教史上、重要な役割を果たした何人もの高僧の伝承がある。たとえば千葉県内の高僧伝説を見ていくと、行基《ぎょうき》や弘法大師《こうぼうだいし》、日蓮上人《にちれんしょうにん》に関するものがいくつもある。

行基は奈良時代の僧で、主に畿内《きない》を回って仏教の教えを説くだけでなく、池堤を築いたり、橋を架けたりするなどの社会事業を行い、行基菩薩《ぼさつ》とも称された人物である。この僧の伝説が千葉県内にも多くある。千葉市の千葉寺《せんようじ》は行基が訪れて、桜の木で十一面観音を彫って安置し、聖武《しょうむ》天皇に奏上して本堂や寺坊を建立《こんりゅう》したと伝える。印旛《いんば》村の松虫寺《まつむしでら》も、聖武天皇の皇女松虫姫が病気平癒の祈願に下向し、印旛の薬師に祈願すると病気が治り、それに随行した行基に七仏薬師を彫らせて松虫寺を建立したという。

弘法大師の伝説としては、多古町《たこまち》の逆さ銀杏《いちょう》は弘法大師の突いた杖《つえ》が根付いたもの、銚子市長崎町《ながさきまち》では水に困っているこの地の人々のために独鈷《とっこ》で地を突いたら清水が湧き出たなど、弘法大師の法力を伝える伝説が数々ある。成田市《なりた》には巡って来た大師に家の里芋《さといも》は石だと言って差し上げなかったら、その家の里芋は何度作っても石になったという伝説がある。

日蓮上人は千葉県鴨川市《かもがわ》の生まれで、千葉県内には多くの日蓮伝説が伝わっている。鴨川市の誕生寺には日蓮の産湯《うぶゆ》を汲《く》んだ誕生井があり、同市の小松原《こまつばら》には念仏信者の東条景信《とうじょうかげのぶ》に襲われたときに袈裟《けさ》を掛けて身代わりとした松がある。

高僧巡来の歳事

こうした高僧の伝説や伝承は千葉県に限らず各地にあって、その信仰は今も生きている場合が多いが、日本の年中行事のなかには、十一月に大師と呼ばれる高僧が訪れて来ると伝える日、あるいは大師をまつる日がある。十月は神無月《かんなづき》で、神々が出雲《いずも》に出かける月であるのに対し、十一月は高僧が家々を訪ねて来るのであり、十月と十一月には対照的な伝承があるといえる。

広島県の安芸高田市《あきたかた》には、昔弘法大師が病人の姿で訪ねて来て宿を求め、大師はみずから畑から大根蕪《かぶ》を盗んで汁にして食べた。宿の主人が大師に、「あなたは足の指がないので雪の上に残った足跡から畑から作物を盗んだことが判ってしまう」と言ったら、大師は呪文《じゆもん》を唱えてさらに雪を降らして足跡を隠して去ったと伝えている。この伝説が十一月二十三日の大師講に、小豆と大根蕪を入れた団子汁をつくる由来になっている。合掌造りで有名な岐阜県の白川村《しらかわ》では、十一月二十三日の大師講の晩には、かつては弘法様が粉を挽《ひ》く石臼《いしうす》の目を立てに来てくれるので、石臼をきれいに洗って目を上にして莚《むしろ》の上に並べ、そこに米に小豆を入れて炊いた小豆飯と干し菜の味噌汁《みそしる》を供え、家人はこれを食べて祝ったとか、この日の夜には弘法様が、火にあたってばかりいて足に火ぶくれが出来ているると、それを剝《は》ぎ取りに来るので、火ぶくれの出来ている者は恐れて隠れたなどの言い伝えがある。

福岡県には、十一月十四日はこの地に空也《くうや》上人が来られた日なので、各家ではその翌日に上人にあげるための、指のように細長い団子をつくって寺参りをしたところがある。また和歌山県の熊野では、十一月二十三日は昔、安倍晴明《あべのせいめい》が来て山蛭《やまひる》の口を捻《ひね》って人に付かないようにしてくれた日なので、この日にはオシロイ餅《もち》といい、白い米粉のしとぎ団子を晴明様に供えると伝える。訪れて来るのは弘法大師でなく、このように空也上人や安倍晴明の場合もあるが、全国的に多いのは大師様で、それは弘法大師だとするところが多い。

来訪の伝承はなくとも、十一月二十三日を大師講といって粥《かゆ》や団子、餅、小豆飯などをつくって祝うところが各地にある。愛知県北設楽《きたしたら》郡では、十一月二十三日は大師講あるいは大師の年取りといい、小豆粥を煮て神仏の棚に供え、この粥が翌朝に凍っていると翌年は豊年になるといった。秋田県の鹿角《かづの》地方で、十一月四日には小豆粥、十四日には小豆飯、二十四日には小豆餅をつくって神棚に供えるというのは、十一月に大師講を三回行う「三大師」の伝承である。新潟県の東蒲原《ひがしかんばら》地方でも十一月四日、十四日、二十四日が大師講の日で、団子を入れた粥や栗を入れた粥を煮るが、このダイシは達磨《だるま》大師《だいし》とか聖徳太子《しょうとくたいし》、あるいは示現《じげん》太郎《たろう》とも呼ぶ示現大師であるなど、一定していない。

大師講に供える粥などには箸《はし》を添えるが、この箸は萱《かや》で長いものを作るとか、二本の長さを変えて長い箸と短い箸にするなど、特別な伝承がある。日本の歳事には、その時だけに特別な箸を作り、通常は使わない箸の伝承があるが、こうした箸が後に割り箸を生んだと言える。大師講に関しては、さらに大師様には二十四人もの子どもがいると伝えたり、この日には「大師講吹き」などと言って天候が荒れると伝えたりするところが各地にある。ここで言う十一月二十三日というのは、旧暦の時代なら北国や高地では雪が降り始める時期である。

江戸時代の大師講

こうした各地の十一月の大師講は、江戸時代の文献や記録にも見ることができる。天保《てんぽう》九年（一八三八）の『東都歳事記』には、江戸でも十一月二十五日は天台智者大《ちしゃだい》師《し》の供養に、大師講といって普通の家でも大師粥と呼ぶ赤小豆粥を炊く。そして、浄《じょう》土《ど》・法華《ほっけ》・一向宗《いっこうしゅう》なども元は天台宗から出たので、在家でもその報恩を思ってこれを行うのだと、理屈づけをしている。高崎周辺の年中行事を記した安永九年（一七八〇）の『閭里《りより》歳時記』は十一月二十四日には大師講粥という小豆粥を作り、家ごとに仏前に供えて食べると記し、さらに大師には伝教《でんぎょう》、智證《ちしょう》、弘法などがいるが、この大師は中国の天台の智者大師だと説明している。また、仙台周辺の年中行事を記した『仙台風』（一七八一年頃）は、大師講には天候が大荒れすると記している。

文化年間（一八〇四〜一八一八）の「諸国風俗問状」の答えにも大師講の記載は各地にあって、現在の秋田県の大館《おおだて》では、十一月四日は赤小豆粥、十四日は赤小豆飯、二十四日は餅を搗《つ》き、いずれも長い葭《よし》の箸を使って食べるという。新潟県の長岡では、十一月二十三日に大師講粥をつくるが、これには団子を入れ、箸は栗の木で一本は長く、一本は短くするが、耳が遠い者はこの箸で耳の中を突くとよく聞こえるようになる。この晩の雪を「跡隠しの雪」と呼ぶのは、智者大師が里々を巡り歩いた足跡を見えないようにするためだという。現在の徳島県である阿波では、十一月二十三日には大師講粥といって赤小豆粥をつくると記している。

江戸時代の文献や記録類からは、先にあげた伝承と大きな差はないことと、この歳事は列島の各地で行われていたことがわかる。

来訪する神

『東都歳事記』や『閭里歳時記』、「諸国風俗問状」の答えの長岡では、大師講の大師は、智者大師であると理屈づけをしようとしている。この時代の識者たちも、どうしてこの行事を大師講と呼び、この日の粥を大師粥というのかが疑問だったのである。しかし、各地の伝承を見ていくと、高僧の忌日に結びつけての説明ではこの行事は説明がつかないことがわかる。それは、この日は「大師講吹き」とか「跡隠しの雪」などといって天候が荒れると伝えていることである。外界からの神霊の来訪や去来にともなって風が吹くなど、天侯が荒れるという伝承は、神無月の神々の出雲への去来にも付随し、日本人の神霊観には、こうした考え方があったのがわかる。

さらに訪れてくる大師は、病人の姿や足が悪い、あるいは貧しい者の姿や子だくさんとされている。奄美地方や沖縄県には、大晦日《おおみそか》に貧しい姿の者が訪ねて来て年明けの朝に水を汲み、これで顔を洗うと若返ることを教える昔話がある。これが元日の朝に汲む、若返りの水である若水の由来を説く昔話である。また、奈良の法華寺《ほっけじ》の光明《こうみょう》皇后《こうごう》の湯《ゆ》施行《せぎょう》の説話では、光明皇后が湯施行を行うのは風呂《ふろ》が出来て最初に訪れて来た病人で、この病人が湯施行によって光を放ち、香ばしい瑞相《ずいそう》をもつ阿閦仏《あしゅくぶつ》に変身する。訪ねて来た貧者や最初に訪れる病人は、人智が及ばない神や仏なのである。大師は足が悪いなどの言い伝えについては、日本の神伝承では、田の神は目が見えない神、エビスは耳が遠い神とか足が悪い神などと伝え、ほかの神にも似た伝承がある。

新嘗の神

このように見てくると、大師講の大師は家々を訪れる神のカテゴリーにあるのがわかろう。八世紀前半の『常陸国風土記』「筑波郡」の条には、「古老《ふるおきな》のいへらく、昔、神祖《みおや》の尊《みこと》、諸神《もろがみ》たちのみ処《もと》に巡り行《い》でまして」で始まる、福慈《ふじ》の岳《やま》（富士山）と筑波の岳の物語がある。富士の神は神祖の宿りを「新粟《わせ》の初嘗《にいなめ》して、家内諱忌《やぬちものいみ》せり」と断るが、筑波の神は「新粟の初嘗」しているが神祖に従い飲食を出して拝み仕える。これによって富士山は冬も夏も雪・霜が降って人が登れなくなり、筑波山は春と秋に諸国の大勢の人が登って歌垣《うたがき》をするようになったというのである。

訪ねて来た神祖を拒絶するか、歓待するかで、山のありようが違うのである。この神祖の尊が巡り来るのが新嘗《にいなめ》の日である。新嘗の祭りは、秋の稲の収穫時であり、これは霜月の祭りであった。十一月二十三日といえば、現在は勤労感謝の日だが、これは収穫祭の歳事がもとになっている。大師講の伝承は『常陸国風土記』にあるような、新嘗に来訪する神の伝承だったのである。

冬至

【とうじ】

二十四節気と季節の区分

二十四節気の一つである冬至は、現在の暦では十二月二十二日頃だが、明治五年（一八七二）十二月まで公的に使われていた太陰太陽暦では十一月で、期日は年によって異なっていた。それは、旧暦の太陰太陽暦は月の満ち欠けを基準に日付を決め、一方では太陽の運行を基準とした二十四節気を併用したからである。日付の決定は新月の日を毎月の一日とした。これだと一年の日数は三百五十四日となり、期日と季節の周期にずれが生ずる。このずれを補正するのが閏年《うるうどし》で、旧暦では二、三年に一度ずつ閏年を置き、十二ヶ月のどこかの月を繰り返して一年を十三ヶ月とした。そして一方では、暦に二十四節気を置いて季節変化がわかるようにしたのである。

二十四節気の期日の決め方には、太陽の周りを地球が一巡する三六五・二五日を二十四分して決める平気法《へいきほう》と、天球上の太陽の動きをもとにした定気法《ていきほう》の二種類があり、日本では幕末の天保暦《てんぽうれき》以降、現在も定気法によっている。

平気法では冬至を起点として、ほぼ十五日を単位として二十四節気が決められ、定気法でも太陽の南中高度が最も低い冬至を、暦をつくる上で重要な起点の一つとした。いずれにしても、立春、雨水《うすい》、啓蟄《けいちつ》、春分、清明《せいめい》……と続く二十四節気には、冬至・夏至《げし》と春分・秋分の「二至二分」と、立春・立夏・立秋・立冬という四つの「立」があり、これらが季節区分の基準となっている。季語の原則は、立春から立夏前日までが春、立夏から立秋前日までが夏、立秋から立冬前日までが秋、立冬から立春前日までが冬だが、季節区分にはいくつかの基準があって、天文学では、春分から夏至前日までが春、夏至から秋分前日までが夏、秋分から冬至前日までが秋、冬至から春分前日までが冬である。

一陽来復

このように「二至二分」と「四立」は季節の区切りとなり、より身近には、たとえば「暑さ寒さも彼岸まで」は春分と秋分に基づいた季節感、また、立秋を基準に暑中見舞いと残暑見舞いが分けられ、そして、冬至には「一陽来復《いちようらいふく》」の表現からうかがえるように、春への兆しを感じる季節感があった。

冬至は太陽の南中が一年中で最も低いだけではなく、この日は一年のうちで最も昼が短く、夜が長い。これは逆に言えば、この日を境に太陽の南中高度は再び高くなり、昼の時間も長くなり始めるということである。「冬至から日ごとに米の粒だけ日が延びる」とか「日ごとに畳の目の幅だけ日が延びる」というのは、「一陽来復」という思いの表現である。

こうした季節感を示す祭りが、東京都新宿区の穴八幡宮《あなはちまんぐう》と隣接の放生寺《ほうしょうじ》で行われている冬至祭で、冬至から「一陽来復」と記した守り札の授与が始まるので、当日は参拝者で坂下の参道から山門の奥までいっぱいとなる。この守り札は筒のように丸めてまつるもので、金銀融通の御利益があるといわれている。同様な祭りは京都市右京区《うきょう》嵯峨《さが》朝日《あさひ》町の車折《くるまざき》神社にもあって、やはり冬至から立春まで一陽来復のお札授与が行われている。

お火焚きと太陽の復活

春の息吹を待つ「一陽来復」には、その奥底に太陽の復活を願う気持ちがあり、北欧ではこうした冬至祭がキリスト教と習合してクリスマスとなった。そして、日本では旧暦十一月の「お火焚《ひた》き」に、衰えた太陽の復活を願う気持ちがうかがえる。京都市内では十一月になると八坂《やさか》神社や伏見《ふしみ》稲荷《いなり》大社、北野天満宮、さらに太秦広隆寺《うずまさこうりゅうじ》など、多くの社寺で大きな火を焚く祭りが行われている。現在は期日が変わっているところもあるが、伏見稲荷大社では新暦十一月八日が火焚祭で、本殿での火焚きに続いて稲荷山の斎場でも忌火《いみび》が焚かれ、神楽《かぐら》や人長舞《にんじょうのまい》が奉納されている。

「鳴滝《なるたき》の大根焚《だいこだ》き」で有名な右京区の了徳寺《りょうとくじ》の大根焚きは、現在は十二月九・十日だが、もとは十一月九日だった。了徳寺の尼僧が巡錫《じゅんしゃく》の親鸞上人《しんらんしょうにん》に塩味の煮大根を振舞ったのが行事の始まりと伝えられている。この大根は中風除《ちゅうぶよ》け、延命長寿のご利益があるといわれ、特定の食べ物が中風除けになるという冬至のご利益と一致している。

京都では、この季節に訪れてくるジョウビタキを「火焚鳥」とも呼んでいる。火焚祭で火打ち石を打つ音とジョウビタキの鳴き声が似ていることからの命名で、ジョウビタキは、その鳴き声が火焚祭と重なって、季節を告げる鳥になったのである。

火焚きの祭りは大阪でも盛んで、江戸時代前期の記録には「御火焼」と呼ぶ行事が多くの神社に見えている。十一月のこうした祭りは、京都の年中行事を記した貞享《じょうきょう》二年（一六八五）の『日次紀事《ひなみきじ》』には、柴薪《たきぎ》を焚いて子どもたちが「お火焼き、お火焼き」とはやし立てるが、これは来復の神気を得るためと説明されている。来復の神気というのは、いうまでもなく大火を焚いて衰えた太陽の復活を願うことで、この祭りで春への気配を感じとったといえる。十一月にはお茶の世界では「炉開き」が、また、現代的なビルではボイラー開きが行われているが、これらは炉の火を新たな火にかえる火替えで、これも火焚祭に通ずる行事である。

冬至の食べものと病気

冬至といえば、中風除けや風邪除けにカボチャを食べる日というのが一般的である。中風というのは、半身が不随になったり、腕や脚が麻痺《まひ》したりする病気のことで、かつては風邪の一症状ともみられた。しかし、半身不随や腕・脚の麻痺は、多くは脳卒中であり、回復は難しいと恐れられてきた。

日本の年中行事では冬至に限らず、いくつもの行事に病気除けの食べものが伝えられている。しかし、中風など、病を特定しているのは冬至に特有である。文化庁が行った昭和三十年代末の調査によれば、冬至の食べものは、カボチャのほかにコンニャク、小豆、豆腐、柚子《ゆず》、餅《もち》、粥《かゆ》、赤飯などがある。茨城県や栃木県・埼玉県・長野県の一部などではコンニャク、奈良県・大阪府・鳥取県などでは小豆で、この小豆は小豆粥にした。島根県や山口県では豆腐といい、大分県や鳥取県では柚子を食べるところもある。冬至にこうしたものを食べると夏病みをしないとして、翌年の夏まで効力があると伝えている場合もある。

このように冬至の食べものは全国的には種々あるが、なぜ冬至に中風が意識されるのかは、冬至は二十四節気では「中気《ちゅうき》」に当たるからだといえよう。二十四節気には「節気《せっき》」と「中気」があり、これらがほぼ十五日ごとに交互に置かれ、冬至は必ず十一月に置くというように、「中気」は、各月に固定されてそれぞれの月を特徴付けている。

この「中気」の読みが中風につながったのである。前述したように冬至は太陽の南中高度が最も低く、一年で最も日が短い。しかも忙しかった秋の収穫が終わる時期で、体力的にも弱る季節である。こうしたことが、冬至の食べものに特に中風除けを意識させたと思われる。冬至の食べものを江戸時代までさかのぼってみると、文化年間(一八〇四〜一八一八)の「諸国風俗問状」の答えでは、北は秋田から南は熊本の天草まで、豆腐や柚子、小豆飯、小豆粥、餅はあってもカボチャは出てこない。

カボチャは唐茄子《とうなす》とか南京《なんきん》、あるいはポルトガル語のカンボジャ・アボボラがもとになってボーブラなどとも呼ばれている。名前からして外来の作物で、日本へは天文年間(一五三二〜一五五五)にもたらされたという。江戸時代以前に伝来しており、少なくとも明治時代には食べられていたはずである。しかし、昭和四年(一九二九)

に刊行された矢部善三著『年中事物考』でも、冬至には豆腐、フキノトウ、トウガラシなど「と」のつくものを食べると薬になるといわれているとあるだけで、カボチャは出てこない。これらからすれば、冬至カボチャはアジア・太平洋戦争中から戦後にかけて日本列島に一気に広がり、その栄養素から有効性が喧伝《けんでん》されたのではなかろうか。

柚子と柚子湯

冬至でもう一つ気がかりなのは柚子で、天保《てんぽう》九年（一八三八）の『東都歳事記』には、冬至には「今日、銭湯風呂屋にて柚子湯を焚く」とある。現在確認できる冬至の習わしとしての柚子湯は、群馬県や埼玉県、千葉県、東京都、神奈川県、山梨県、富山県など関東地方から中部・北陸地方で、これは江戸時代末に江戸の銭湯で行われていた柚子湯が広まったのがうかがえる。

しかし、冬至の柚子は前述のように食べものにもなっていて、中国地方や九州北部地方で伝えている。神奈川県相模原市では、柚子湯に入ると中風にならないとか、風邪をひかないなどというほか、冬至には柚子を麴味噌《こうじみそ》あるいは糠味噌《ぬかみそ》に漬《つ》け、これを元旦《がんたん》に取り出して薄く切って歯固めの干し柿と一緒に食べたとか、雑煮《ぞうに》と一緒に食べたという。

冬至には、以上の行事や習わしのほか、神農祭《しんのうさい》といい、薬種商などによって「くすしの神」として神農《しんのう》がまつられていた。現在も日本医薬総鎮守という大阪市中央区の少彦名《すくなひこな》神社は「神農さん」と通称され、十一月に神農祭を行っている。神農は古代中国の伝承上の皇帝で、医薬の祖とされているが、神農と並んで中国医学の祖とされるのが黄帝《こうてい》である。神農と黄帝の結びつきにはいくつもの伝説があるが、日本でも冬至にまつる神農と黄帝とが医薬の神として結びつき、黄帝の「黄」が冬至に柚子を選ばせ、薬効があると考えられたと推測できる。

中が黄色いカボチャが冬至の食べものに選ばれたのも、ここに理由がありそうである。相模原市の、元旦に冬至に漬けた柚子を食べるというのは、何とも手が込んでいるが、冬至と元旦との結びつきは、先に述べたように冬至が春への兆しの日だったからである。

日本の伝承文化、あるいは伝統文化と考えられている事がらに対する関心はまだまだ根強いが、戦後の昭和三十・四十年代の高度経済成長、そしてバブルの崩壊、市場原理主義の横行は、日本人の生活様式のみならず、その価値観さえも大きく変えてきたといえよう。

平成二十五年（二〇一三）八月に出版された『民俗小事典　食』（吉川弘文館）に収められている関沢《せきざわ》まゆみ「『食』の民俗の現在」では、高度経済成長後の、現在の日本人の食生活のあり方を①個食・孤食、②冷凍食品と食の外部依存、③購入惣菜《そうざい》の消費拡大、④外食化の進行、⑤食の不安と安全、の五項目に特徴づけて説明している。

この関沢の説明からは、つまりは食の個別化と外部化が、一見パラレルに、しかし「見せかけの多様化」という同根の価値観をもとにして進んでいることがいえる。こうした状況は、さまざまな儀礼食・行事食を含む歳事も似ており、すでに大林太良《おおばやしたりょう》は、平成四年（一九九二）刊『正月の来た道』（小学館）の初めに「年中行事は価値を失ったのか」の一項を設け、第二次世界大戦後の年中行事の変化について、全国化と統一化、形式化と内容の喪失があり、それは「年中行事に《めでたさ》が失われていく過程でもある」と指摘している。大林の言うのも、結局は年中行事の、実生活そのものからの乖離《かいり》であり外部化と言うことができる。

そして食生活と年中行事両者の変化に共通しているもう一つは、手間を省いた手っ取り早さを求めるということである。何が言いたいのかといえば、こうした傾向は、伝承文化や伝統文化に対する関心も同じで、「しきたり」や「文化」を論じた書籍は、手っ取り早く読める、内容が薄い「うわべ本」がもてはやされている。

さまざまな社会状況が同じ方向をむいているように思えてならないが、こうした状況の中で日本の伝承文化としての歳事―年中行事を扱った書冊をまとめたのは、それぞれの行事の歴史や意味内容について、じっくり読め、ここを起点に日本の文化や歴史について思索を深められるものを出しておきたかったからである。

これは私の、現代社会に対するささやかな抵抗、あるいは思い上がりかもしれないが、日本には多種で多様な、しかも地域色豊かな歳時文化＝歳事が、まだ伝えられている。中国や韓国、台湾などと同様、高文化社会が早くから形成されて来たのであり、多くの方々にこうした歳事の歴史や意味内容を知り、考えて頂けたら筆者としては望外の幸せである。

ここで本書刊行の経緯に触れておくと、本書は平成二十一年（二〇〇九）四月から二十四年（二〇一二）三月までの三年間三十六回にわたり、月刊誌『ＮＨＫ俳句』（ＮＨＫ出版）に連載した「歳時伝承の世界」をもとにしている。この連載は、俳句の「歳時記」を見直すとともに奥行きを出す材料としたいというのが編集担当者の浦《うら》川聡子《かわさとこ》さんの企画だった。私の日本の年中行事に関する学外での連続講座を受講されたのがきっかけだったが、浦川さん自身は『クロイツェル・ソナタ』を第一句集に、『水の宅急便』『眠れる木』と続いて句集を出している新進の俳人でもある。ただ、今思うと、本書のような硬めの内容の連載を、よくぞ三年間も続けさせてくださったと思う。

四百字で十枚の「歳時伝承の世界」連載は、月刊誌なので月々のめぐりは早く、入稿や校正が期日ぎりぎりで浦川さんを困らせることもあった。それでも何とか三十六回を書くことができたのは、平成十三年（二〇〇一）四月から二十二年十二月までの十年間、毎年十回ずつ合計百回にわたる講座「日本の年中行事」を行っていたからである。これは勤務校の社会人対象の公開講座（オープン・カレッジ）で、各回とも資料プリントを作成、配布して講義を行った。多くの受講者があって結果的には十年間受講される方もあり、毎回違うテーマで講義を行うことは難儀だったが、おかげで十年百回の講座の中から三十六のテーマを選んで「歳時伝承の世界」を執筆できた。連載を一本にまとめることができたのは、大学の先輩でもある詩人の瀬戸口《せとぐち》宣司《のぶし》さんの推薦もあってアーツアンドクラフツの小島雄社長が出版を引き受けてくださったからである。平成十三年からの講座が、『NHK俳句』連載を経て一つの書冊にすることができ、ひとまずの区切りができた。末筆ながら、講座や連載を支えてくださった方々、一書にしてくださった方々にあつく御礼申し上げる。

なお、執筆にあたっての参考文献は巻末に付したが、本文中の個々の伝承事例については、その地の市町村史民俗編に拠《よ》ったものが多いことを明記しておく。

平成二十五年八月　　小川　直之

文庫版あとがき

平成二十五年（二〇一三）に出版した『日本の歳時伝承』（アーツアンドクラフツ刊）に、新たに正月行事から「みたまの飯」「若水」「七日正月と七草粥」、盆行事から「いきみたま」の項目を加えて、新たに文庫本として出版したのが本書である。また、これ以外の行事についても、新たに知り得た資料によって補訂したところがあるので、本書は『日本の歳時伝承』の増補改訂版ということができる。

そもそも『日本の歳時伝承』は、「あとがき」にも記したように『NHK俳句』（NHK出版）に平成二十一年（二〇〇九）四月から三年間にわたって連載した「歳時伝承の世界」をまとめたものだった。月刊誌なのでその時季の行事を取り上げる必要があり、さまざまな内容をもっている正月や盆については、紹介できなかったことがいくつもあった。文庫本とするにあたり四項目を加えたのは、書いてないことを補いたかったからである。現在に生きる人たちに、このことは知っておいてもらいたい行事を選んで加えた。

それでも日本各地に伝えられている年中行事には、ここに取り上げていない行事がいくつもある。本書に記した各行事を読んで頂ければわかるように、私たち庶民のあいだに受け継がれている年中行事には、奈良時代、平安時代にも行われていたものがいくつもある。もちろん古い時代の行事とその内容は、基本的には公家《くげ》たちの世界である。奈良・平安時代の庶民生活においてどのように行われていたのかはわからないが、全体としてみれば、現在の年中行事には一千年以上の歴史をもつものがいくつもある。その反面、今の初詣《はつもうで》のように明治時代になって始まった行事、室町時代以降に現在につながる姿となった雛《ひな》祭りや端午節供など、折々の行事には変化、変遷がある。本書の主題は、民俗学の成果をもとにして、暮らしのなかで継承されている年中行事の具体的な内容と意味、その歴史的な変遷である。この意味では、本書は日本人がどのように生活を組み立ててきたのかを考えたものである。

少子高齢化と中山間地などの過疎化が進む現代社会は、おおよそ昭和三十年代からの高度経済成長期より深刻な諸課題を抱えている。具体的には、地域社会の存続さえ危機的なところが各地にあり、また、本書に取り上げたいくつもの年中行事は、行われなくなったり継続が困難になったりしている。こうしたなかで、本書が、もう一度現在の生活と未来に何が必要なのかを考える縁《よすが》のひとつとなれば幸いである。
最後に、旧著の増補改訂版として文庫本化の機会をつくり、編集をしてくださった泉実紀子さんにお礼申しあげておきたい。

平成三十年一月

小川　直之

【参考文献】

青木信仰『時と暦』UP選書　東京大学出版会　昭和五十七年（一九八二）
飯倉義之「恵方を向いてまるかぶれ―二〇〇五年・関東地方の『節分の巻寿司行事』広告資料―」『都市民俗研究』都市民俗研究会　平成十七年（二〇〇五）
五十嵐謙吉『歳時の文化事典』八坂書房　平成十八年（二〇〇六）
石井研士『都市の年中行事』春秋社　平成六年（一九九四）
市古夏生・鈴木健一校訂『新訂　東都歳事記』上・下　ちくま学芸文庫　平成十三年（二〇〇一）
池田亀鑑校訂『枕草子』岩波文庫　昭和三十七年（一九六二）
伊藤幹治『稲作儀礼の研究―日琉同祖論の再検討―』而立書房　昭和四十九年（一九七四）
伊藤唯真編『仏教民俗学大系　6　仏教年中行事』名著出版　昭和六十一年（一九八六）
今村充夫『加賀能登の年中行事』北国新聞社　昭和五十二年（一九七七）
上江洲　均『南島の民俗文化』ひるぎ社　昭和六十二年（一九八七）
植田重雄『ヨーロッパの祭と伝承』早稲田大学出版部　昭和六十年（一九八五）
上野誠・大石泰夫編『万葉民俗学を学ぶ人のために』世界思想社　平成十五年（二〇〇三）
遠藤元男・山中裕『年中行事の歴史学』弘文堂　昭和五十六年（一九八一）

大島建彦『疫神と福神』三弥井書店　平成二十年（二〇〇八）
大島建彦編『餅』岩崎美術社　平成元年（一九八九）
大島建彦編『事八日―二月八日と十二月八日―』岩崎美術社　平成元年（一九八九）
大島建彦編『講座日本の民俗6　年中行事』有精堂　昭和五十三年（一九七八）
大林太良『正月の来た道』小学館　平成四年（一九九二）
大森惠子『念仏芸能と御霊信仰』名著出版　平成二十一年（二〇〇九）
大森義憲『甲州年中行事』山梨民俗の会　昭和二十七年（一九五二）
小形信夫・金野静一『岩手の年中行事』岩手県文化財愛護協会　昭和五十九年（一九八四）
小勝郷右『花火―火の芸術』岩波新書　昭和五十八年（一九八三）
小川和佑『桜の文学史』文春文庫　平成十六年（二〇〇四）
小川直之『地域民俗論の展開』岩田書院　平成五年（一九九三）
小川直之「明治改暦と年中行事―太陽暦受容の諸相―」『近代庶民生活の展開―くにの政策と民俗―』三一書房　平成十年（一九九八）
小川直之「正月」『暮らしの中の民俗学2　一年』吉川弘文館　平成十五年（二〇〇三）
小川直之「『花より団子』の心意」『伝承文化研究』第6号　平成十九年（二〇〇七）
小川直之「稲荷信仰の地域的受容に関する一事例」『朱』五十二号　伏見稲荷大社　平成二十一年

（二〇〇九）
小川直之編『日本年中行事選集』第一回（全五巻）クレス出版　平成三十年（二〇一八）
小野重朗『十五夜綱引の研究』慶友社　昭和四十七年（一九七二）
小野重朗『鹿児島の民俗暦』海鳥社　平成四年（一九九二）
大日方克己『古代国家と年中行事』吉川弘文館　平成五年（一九九三）
折口信夫『古代研究』民俗学篇1　昭和四年（一九二九）（『折口信夫全集』2所収　中央公論社）
折口信夫『古代研究』民俗学篇2　昭和五年（一九三〇）（『折口信夫全集』3所収　中央公論社）
折口信夫「年中行事」昭和五年（一九三〇）、昭和七年（一九三二）（『折口信夫全集』17所収　中央公論社）
折口信夫「七夕祭りの話」昭和五年（一九三〇）（『折口信夫全集』17所収　中央公論社）
川口孫治郎『自然暦』八坂書房　昭和四十七年（一九七二）
喜田川守貞著・宇佐美英機校訂『近世風俗志（四）（守貞謾稿）』岩波文庫　平成十三年（二〇〇一）
北野博美『年中行事』（日本民俗選集第七巻）クレス出版　平成二十一年（二〇〇九）（昭和八年五月から昭和十年四月刊の雑誌『年中行事』を合本したもの）
清崎敏郎『俳諧と民俗学』岩崎美術社　昭和四十二年（一九六七）

曲亭馬琴編・藍亭青藍補・堀切実校注『増補　俳諧歳時記栞草』上・下　岩波文庫　平成十二年（二〇〇〇）
儀礼文化研究所編『大日本年中行事大全』おうふう　昭和五十四年（一九七九）
工藤紘一『田山暦・盛岡暦を読む』熊谷印刷出版部　平成十六年（二〇〇四）
倉石忠彦『年中行事と生活暦』岩田書院　平成十三年（二〇〇一）
倉田一郎『農と民俗学』岩崎美術社　昭和四十四年（一九六九）
倉林正次『神の祭り　仏の祭り』佼成出版社　昭和五十六年（一九八一）
黒田一充『祭祀空間の伝統と機能』清文堂　平成十六年（二〇〇四）
小池淳一『伝承歳時記』飯塚書店　平成十八年（二〇〇六）
小島瓔禮『太陽と稲の神殿』白水社　平成十一年（一九九九）
五来　重『宗教歳時記』角川選書　昭和五十七年（一九八二）
今野圓輔『季節のまつり　日本の民俗　第七巻』河出書房新社　昭和五十一年（一九七六）
酒井卯作『稲の祭』岩崎美術社　昭和三十三年（一九五八）
桜井　満『花と日本人』雄山閣出版　平成六年（一九九四）
白幡洋三郎『花見と桜〈日本的なるもの〉再考』ＰＨＰ新書　平成十二年（二〇〇〇）
新谷尚紀「盆」『暮らしの中の民俗学２　一年』吉川弘文館　平成十五年（二〇〇三）

世田谷区立郷土資料館『口訳　家例年中行事』世田谷区教育委員会　昭和六十一年（一九八六）
高木博志『近代天皇制の文化史的研究』校倉書房　平成九年（一九九七）
高谷重夫『盆行事の民俗学的研究』岩田書院　平成七年（一九九五）
武田久吉『農村の年中行事』有峰書店　昭和四十八年（一九七三）
田中　元『古代日本人の時間意識―その構造と展開―』吉川弘文館　昭和五十年（一九七五）
田中宣一『祀りを乞う神々』吉川弘文館　平成十七年（二〇〇五）
田中宣一『年中行事の研究』桜楓社　平成四年（一九九二）
田中宣一・宮田登編『年中行事事典　改訂版』三省堂　平成二十四年（二〇一二）
田中久夫『祖先祭祀の展開　日本民俗学の課題』清文堂　平成十一年（一九九九）
谷直樹・増井正哉編『まち祇園祭すまい　都市祭礼の現代』思文閣出版　平成六年（一九九四）
田畑千秋『奄美の暮しと儀礼』第一書房　平成四年（一九九二）
坪井洋文『イモと日本人　民俗文化論の課題』未來社　昭和五十四年（一九七九）
所　功『京都の三大祭』角川選書　平成八年（一九九六）
富山　昭『静岡県民俗歳時記』静岡新聞社　平成四年（一九九二）
鳥越憲三郎『歳時記の系譜』毎日新聞社　昭和五十二年（一九七七）
長沢利明『江戸東京の庶民信仰』三弥井書店　平成八年（一九九六）

長沢利明『江戸東京の年中行事』三弥井書店　平成十一年（一九九九）
中村　喬『中国の年中行事』平凡社選書　昭和六十三年（一九八八）
中村　喬『続中国の年中行事』平凡社選書　平成二年（一九九〇）
中村義雄『魔よけとまじない―古典文学の周辺―』塙新書　昭和五十三年（一九七八）
西尾実・安良岡康作校注『新訂　徒然草』岩波文庫　昭和六十年（一九八五）
日本随筆大成刊行会『日本図会全集　東海道名所図会下巻　東都歳事記』昭和三年（一九二八）
日本随筆大成刊行会『日本図会全集　都名所図会』昭和三年（一九二八）
日本民俗研究大系編集委員会編『日本民俗研究大系』第3巻周期伝承　國學院大學　昭和五十八年（一九八三）
日本昔話学会『昔話と年中行事』（『昔話―研究と資料―』第二三号）三弥井書店　平成七年（一九九五）
野本寛一『稲作民俗文化論』雄山閣出版　平成五年（一九九三）
野本寛一『焼畑民俗文化論』雄山閣出版　昭和五十九年（一九八四）
芳賀日出男『ヨーロッパ古層の異人たち―祝祭と信仰』東京書籍　平成十五年（二〇〇三）
橋浦泰雄『月ごとの祭』岩崎書店　昭和三十年（一九五五）
橋本　章『近江の年中行事と民俗』サンライズ出版　平成二十四年（二〇一二）

朴　銓烈『「門付け」の構造　韓日比較民俗学の視点から』弘文堂　平成元年（一九八九）
原田敏明『宗教　神　祭』岩田書院　平成十六年（二〇〇四）
平山敏治郎『歳時習俗考』法政大学出版局　昭和五十九年（一九八四）
平山敏治郎・平岡定海『大和の年中行事』角川新書　昭和三十八年（一九六三）
平山敏治郎・竹内利美・原田伴彦編・校訂『日本庶民生活史料集成』第九巻風俗　三一書房　昭和四十四年（一九六九）
平山敏治郎編・校訂「諸国風俗問状答」（『日本庶民生活史料集成』第九巻所収）
藤井一二『古代日本の四季ごよみ』中公新書　平成九年（一九九七）
藤田秀司『餅』秋田文化出版社　昭和五十八年（一九八三）
松崎憲三編『諏訪系神社の御柱祭』岩田書院　平成十九年（二〇〇七）
松山光秀『徳之島の民俗［1］シマのこころ』未來社　平成十六年（二〇〇四）
三田村鳶魚編・朝倉治彦校訂『江戸年中行事』中公文庫　昭和五十六年（一九八一）
宮坂静生『季語の誕生』岩波新書　平成二十一年（二〇〇九）
宮田　登『江戸歳時記』吉川弘文館　昭和五十六年（一九八一）
宮田　登『日和見　日本王権論の試み』平凡社選書　平成四年（一九九二）
宮田登・萩原秀三郎『催事百話―ムラとイエの年中行事―』ぎょうせい　昭和五十五年（一九八〇）

守屋美都雄『校註　荊楚歳時記　中国民俗の歴史的研究』帝国書院　昭和二十五年（一九五〇）
安室　知『餅と日本人　「餅正月」と「餅なし正月」の民俗文化論』雄山閣出版　平成十一年（一九九九）
柳田國男編『歳時習俗語彙』昭和十四年（一九三九）復刻版　昭和五十年（一九七五）国書刊行会
柳田國男『年中行事覚書』昭和三十年（一九五五）（『柳田國男全集』16　ちくま文庫　一九九〇年）
柳田國男『新たなる太陽』昭和三十一年（一九五六）（『柳田國男全集』16　ちくま文庫　一九九〇年）
柳田國男『月曜通信』昭和二十九年（一九五四）（『柳田國男全集』16　ちくま文庫　一九九〇年）
柳田國男『日本の祭』昭和十七年（一九四二）（『柳田國男全集』13　ちくま文庫　一九九〇年）
矢部善三『年中事物考』素人社書屋　昭和四年（一九二九）
米山俊直『祇園祭』中公新書　昭和四十九年（一九七四）
若月紫蘭著・朝倉治彦校注『東京年中行事』1、2（東洋文庫）平凡社　昭和四十三年（一九六八）
和歌森太郎『日本歴史新書　年中行事』至文堂　昭和四十一年（一九六六）
和歌森太郎『神ごとの中の日本人』弘文堂　昭和四十七年（一九七二）
脇田晴子『中世京都と祇園祭』中公新書　平成十一年（一九九九）

本書は２０１３年に（有）アーツアンドクラフツから
刊行された単行本に加筆、改訂し、文庫化したものです。

日本《にほん》の歳時《さいじ》伝承《でんしょう》

小川《おがわ》直之《なおゆき》

平成30年 4月25日 初版発行
令和7年 3月25日 9版発行

発行者●山下直久

発行●株式会社KADOKAWA
〒102-8177 東京都千代田区富士見2-13-3
電話 0570-002-301(ナビダイヤル)

角川文庫 20905

印刷所●株式会社KADOKAWA
製本所●株式会社KADOKAWA

表紙画●和田三造

ISBN978-4-04-400374-6 C0139

◆◇◇

角川文庫発刊に際して

角川源義

第二次世界大戦の敗北は、軍事力の敗北であった以上に、私たちの若い文化力の敗退であった。私たちの文化が戦争に対して如何に無力であり、単なるあだ花に過ぎなかったかを、私たちは身を以て体験し痛感した。西洋近代文化の摂取にとって、明治以後八十年の歳月は決して短かすぎたとは言えない。にもかかわらず、近代文化の伝統を確立し、自由な批判と柔軟な良識に富む文化層として自らを形成することに私たちは失敗して来た。そしてこれは、各層への文化の普及滲透を任務とする出版人の責任でもあった。

一九四五年以来、私たちは再び振出しに戻り、第一歩から踏み出すことを余儀なくされた。これは大きな不幸ではあるが、反面、これまでの混沌・未熟・歪曲の中にあった我が国の文化に秩序と確たる基礎を齎らすためには絶好の機会でもある。角川書店は、このような祖国の文化的危機にあたり、微力をも顧みず再建の礎石たるべき抱負と決意とをもって出発したが、ここに創立以来の念願を果すべく角川文庫を発刊する。これまで刊行されたあらゆる全集叢書文庫類の長所と短所とを検討し、古今東西の不朽の典籍を、良心的編集のもとに、廉価に、そして書架にふさわしい美本として、多くのひとびとに提供しようとする。しかし私たちは徒らに百科全書的な知識のジレッタントを作ることを目的とせず、あくまで祖国の文化に秩序と再建への道を示し、この文庫を角川書店の栄ある事業として、今後永久に継続発展せしめ、学芸と教養との殿堂として大成せんことを期したい。多くの読書子の愛情ある忠言と支持とによって、この希望と抱負とを完遂せしめられんことを願う。

一九四九年五月三日